AF315785

GRAMMAIRE

DE

L'ENFANCE.

[illegible]

[illegible]

[illegible]

[illegible]

[illegible]

[illegible]

MANIÈRE

DE SE SERVIR DE CETTE GRAMMAIRE.

On donnera un exemplaire à chacun des élèves de la même force : on indiquera la leçon théorique qui devra être lue successivement par tous les élèves; quand ils l'auront tous lue, ils fermeront leurs livres ou même les remettront au maître ou au moniteur dans les écoles mutuelles. On adressera au premier élève la première question qui suit la leçon; s'il répond bien, on adressera au suivant la deuxième question, et ainsi de suite jusqu'à la fin; s'il répond mal, on s'adressera au suivant qui deviendra premier, s'il répond juste, et l'élève déplacé répétera la réponse. Si le second élève ne répond pas d'une manière satisfaisante, on s'adressera successivement à ceux qui viennent après lui; jusqu'à ce qu'on en ait trouvé un qui réponde juste, et on le fera passer premier. Si aucun ne satisfait à la question proposée, on fera soi-même la réponse, et l'on obligera tous les élèves à la répéter, chacun à son tour.

Quand cet exercice sera terminé, on fera écrire sur la planche noire, ou sur l'ardoise, ou sur les cahiers, les mots contenus dans l'exercice qui suit les questions, de manière à ce qu'ils soient les uns sous les autres, et les élèves devront analyser, à mesure qu'ils se présentent, tous les mots qu'ils sont censés connaître, d'après le nombre des leçons qu'ils ont reçues; c'est-à-dire que, lorsqu'ils auront vu ce qui regarde le substantif, ils analyseront tous les substantifs qui se trouveront dans le morceau transcrit; quand ils auront vu l'adjectif, ils analyseront les substantifs, les articles et les adjectifs qu'ils reconnaîtront, et ainsi de suite jusqu'à la fin de la première partie.

Si l'exercice se fait à la planche noire, le premier élève commencera, puis le deuxième, puis le troisième, etc. Celui qui se trompera cédera sa place à celui qui redressera sa faute, et la place de premier appartiendra en définitive à celui qui se trouvera le premier à la fin de la leçon.

On ne s'en tiendra pas à ces trois exercices, qui sont cependant bien plus profitables que ceux que l'on fait faire d'ordinaire dans les écoles; cette grammaire est encore destinée à être donnée en devoir, et voici comment :

La première fois, les enfans copieront très-proprement la leçon théorique telle qu'elle est dans le livre.

La deuxième fois, ils diviseront leur cahier en deux colonnes; ils écriront à gauche les questions, et à droite les réponses comme il suit, savoir :

Qu'est-ce que la grammaire?	*La grammaire est l'art de parler, etc.*
Qu'est-ce que parler ?	*C'est exprimer sa pensée, etc.*

La troisième fois, ils analyseront les petites phrases qui sont à la fin de la leçon pratique, en se conformant à ce qui a été dit plus haut pour cet exercice.

Nous répèterons ici qu'il faut toujours exiger que le devoir soit fait très-proprement. Les enfans ne peuvent profiter qu'à ce prix.

Nous avons lieu de croire que notre petite grammaire sera utile aux maîtres et aux élèves, et qu'elle leur épargnera, aux uns et aux autres, beaucoup de peine.

GRAMMAIRE FRANÇAISE.

PREMIÈRE PARTIE.

NOTIONS PRÉLIMINAIRES.

Iʳᵉ LEÇON. — THÉORIE.

La Grammaire est l'art de parler et d'écrire une langue selon les règles de cette langue.

Parler, c'est exprimer sa pensée par des mots qui ont une signification connue, et qui sont la matière du langage.

Écrire, c'est représenter ou peindre la parole au moyen de signes ou caractères appelés lettres.

Il y a dans notre langue vingt-cinq lettres dont six se font entendre en élevant la voix, et se nomment *voyelles* ; et dix-neuf ne peuvent se faire entendre seules : ces dernières s'appellent *consonnes*.

Les voyelles ou lettres sonnantes sont : *a, e, i, o, u, y*.

Les consonnes, ou lettres sonnant avec les voyelles, sont : *b, c, d, f, g, h, j, k, l, m, n, p, q, r, s, t, v, x, z*.

La réunion des lettres qui se prononcent ensemble est

(2)

ce qu'on appelle *syllabe ;* quelquefois une seule lettre
forme une syllabe.

Un mot a autant de syllabes qu'il a de réunions ou
de groupes de lettres qui vont ensemble dans la prononciation : ainsi les mots *pain, vin, grand, froid,* n'ont
qu'une syllabe et sont appelés *monosyllabes ; petit, vilain,
savant, enfant,* en ont deux, et sont appelés *dissyllabes ;
répété, enchanté, grammaire,* en ont trois, et sont appelés
trissyllabes ; et, en général, tous les mots qui ont plus
d'une syllabe, s'appellent *polysyllabes.*

EXERCICES.

Qu'est-ce que la Grammaire?
Qu'est-ce que parler ?
Qu'est-ce qu'écrire ?
Combien y a-t-il de lettres?
Quelles sont les voyelles ?
Quelles sont les consonnes ?
Pourquoi les voyelles s'appellent-elles ainsi?
Qu'est-ce qu'une syllabe ?
Comment appelez-vous les mots composés d'une seule
   syllabe ?
Citez trois mots d'une syllabe ?
Comment sont appelés les mots de deux syllabes?
Citez trois mots de deux syllabes ?
Quel est le nom donné aux mots de trois syllabes?
Citez trois mots de trois syllabes.
Comment appelez-vous en général les mots composés de
   plusieurs syllabes?
Citez plusieurs polysyllabes ?

2e **LEÇON.** — THÉORIE.

On appelle diphtongue la réunion de deux sons en
une seule syllabe, comme *bien, pion, dieu, biaiser,
diable, viande,* etc.

Il y a quatre sortes d'*e* :

1º L'*e muet*, dont le son est sourd, comme dans les mots *homme, monde, bouche, livre,* etc.

2º L'*é fermé*, qui se prononce la bouche presque fermée, comme dans *parenté, vérité, décédé, répété,* etc.

3º L'*è ouvert*, qu'on prononce la bouche un peu ouverte et en desserrant les dents, comme dans *succès, père, après, décès ;* etc.

4º L'*é long* ou *très-ouvert,* qui se prononce en ouvrant la bouche : *fenétre, tempéte, féte, prétre,* etc.

L'*y* est employé pour un *i,* lorsqu'il est placé au commencement ou à la fin des mots, et dans le corps d'un mot après une consonne : *yonne, yeux, dey, dynastie, style,* etc.

Mais placé entre deux voyelles, il a le son de deux *i : essuyer, envoyer, moyen, joyeux,* etc.

Il y a quatre sorte d'*h* :

1º *h muette* ou *nulle,* comme dans les mots *homme, histoire, rhume, chrysalide.*

2º *h aspirée* ou *rude,* comme dans *héros, hangard, haras, hérisson.* La voyelle qui suit cette *h* doit être prononcée fortement du gosier, et ne doit pas être liée avec celle qui est avant. Ainsi, on ne lie pas les mots suivans : *les héros, les hangards, les haras, les hérissons.*

3º L'*h* combinée avec le *c* pour faire l'articulation *ch,* comme *chat, chose, chasse.*

4º L'*h* combinée avec *p* pour faire l'articulation *ph* (*f*), comme *prophète, physique, philosophe.*

Des Accens.

On appelle *accens* de petits signes que l'on met sur quelques voyelles, pour en changer la prononciation, et quelquefois pour changer la signification d'un mot : ces accens sont :

1º L'accent *aigu* (') qui se met sur les *é fermés : répétés, bonté.*

2º L'accent *grave* (`) qui se met sur les *è ouverts : décès, après.*

3° L'accent *circonflexe* (ˆ) qui se met sur les voyelles longues : *pâte, apôtre, flûte, arrêt.*

4° Le *tréma* (¨) dont l'usage est de faire prononcer séparément deux voyelles qui sont ensemble : *Saül, Moïse, Pyrithoüs, Sinaï.*

EXERCICES.

Qu'est-ce qu'une diphtongue ?

Citez trois mots où il y ait une diphtongue ?

Combien y a-t-il de sortes d'*e* ?

Quel est le son de l'*e* muet ? de l'*é* fermé ?

Quel est le son de l'*è* ouvert ? de l'*ê* long ?

Citez deux mots où il y ait un e muet ?

Citez deux mots où il y ait un é fermé ?

    où il y ait un è ouvert ?

    où il y ait un ê long ?

Dans quel cas l'*y* est-il employé pour un i ?

    est-il employé pour deux i ?

Combien y a-t-il de sortes d'*h* ?

Citez deux mots où il y ait une *h* muette ?

    deux mots où il y ait une *h* aspirée ?

    deux mots où il y ait une *h* combinée avec le *c* ?

    deux mots où l'*h* soit combinée avec le *p* ?

Combien y a-t-il d'accens ?

Quel est l'usage de l'accent *aigu* ? et de quel côté est-il tourné ?

    de l'accent *grave* ?

    de l'accent *circonflexe* ?

Quel est l'usage du *tréma.*

3ᵉ LEÇON. — THÉORIE.

Pour parler la langue française, on emploie *dix* sortes de mots, qui sont : le *nom* ou *substantif*, l'*article*, l'*adjectif*, le *pronom*, le *verbe*, le *participe*, la *préposition*, l'*adverbe*, la *conjonction*, l'*interjection*. Tous les mots français sont l'un de ces dix.

DU NOM OU SUBSTANTIF.

Le *nom* ou *substantif* est un mot qui sert à nommer les

personnes ou les choses. Ainsi, *dieu*, *homme*, *maison*, *cheval*, *jardin*, *plume*, etc. , sont des noms, parce qu'ils expriment le nom de quelqu'un ou de quelque chose.

Il y a deux sortes de noms : le *nom commun* et le *nom propre*.

Le nom est *commun*, s'il convient à toutes les personnes ou à toutes les choses de la même espèce, quelle que soit leur qualité ou manière d'être : ainsi *homme* est un substantif *commun*, parce qu'il est le nom de tous les hommes ; *ville* est un substantif *commun*, parce que toutes les villes, grandes ou petites, belles ou vilaines, s'appellent *ville*.

Mais s'il exprime le nom *particulier* d'une personne ou d'une chose, alors on l'appelle nom *propre* ou *individuel* : ainsi, *Joseph* est un nom *propre*, parce que c'est le nom particulier d'une personne ; *Paris*, *Lyon*, *Clermont*, sont des noms *propres*, parce que ce sont les noms particuliers de ces villes.

Mais parmi les substantifs communs, on a remarqué qu'il y en a qui, quoique au singulier, présentent à l'esprit la réunion ou l'assemblage de plusieurs objets de même espèce, tels sont : *peuple*, *régiment*, qui représentent plusieurs personnes réunies ; *ville*, plusieurs maisons ; *mois*, plusieurs jours ; *forêt*, plusieurs arbres. On les a appelés, pour cela, substantifs *collectifs*, c'est-à-dire, mots qui expriment une collection ou réunion.

Les *collectifs* sont *généraux* ou *partitifs*; ils sont *généraux*, quand ils représentent la *collection entière* des objets qu'ils désignent, comme *le peuple périra un jour*; *l'armée a été vaincue*; c'est-à-dire, *tout le peuple en général périra*; *toute l'armée en général a été vaincue*; et ils sont *partitifs*, quand ils ne représentent qu'une partie, une portion de la totalité, comme *une foule de gens dorment paisiblement*; *une multitude de mouches vinrent m'accabler*; c'est-à-dire, *une partie de toute la foule, une partie de toute la multitude*.

EXERCICES.

Combien y a-t-il d'espèces de mots en français ?

Qu'est-ce que le nom ou substantif ?

Citez-moi six noms ?

N'y a-t-il pas plusieurs sortes de substantifs ?

Qu'est-ce que le nom commun ?

Qu'est-ce que le nom propre ?

Quelle différence y a t-il entre le nom propre et le nom commun ?

Citez deux noms communs et deux noms propres ?

N'y a-t-il pas d'autres substantifs ?

Pourquoi sont-ils appelés ainsi ?

Combien y a-t-il de sortes de collectifs ?

Quand est-ce que les collectifs sont généraux ?

Quand est-ce que les collectifs sont partitifs ?

PRATIQUE.

Remarque. La personne chargée d'enseigner, fera écrire à l'élève les passages suivans, qui lui serviront de dictée, et lui fera reconnaître les différens substantifs qui y sont compris. Elle aura le soin de faire distinguer les noms propres des noms communs, etc.

1° La *vertu* est préférable aux *richesses ; l'amitié* à *l'argent*, et *l'utilité* aux *plaisirs*.

2° La *Loire*, qui est la plus grande *rivière* du *royaume* de *France*, passe dans la *ville* de *Nantes*, située dans la *province* de *Bretagne*.

3° *Alexandre* disait souvent : je ne suis pas plus redevable à *Philippe*, mon *père*, qu'à *Aristote*, mon *précepteur* ; si je dois à l'un la *vie*, je dois à l'autre la *vertu*.

4° La *flotte* des *ennemis* a été battue par notre *escadre*.

5° La *plupart* des *gens* sont intéressés.

6° Une *infinité* d'*enfans* sont paresseux.

~~~~~~

4ᵉ LEÇON. — THÉORIE.

Du Genre.

Le *genre* sert à faire la distinction des êtres mâles d'avec les êtres femelles.
~~~~~~

Il y a dans les noms deux genres : le *masculin* ou *mâle*, le *féminin* ou *femelle*; ainsi , *cheval , mouton , homme* , sont du *masculin; jument, brebis, femme* etc. , sont du *féminin*.

Il semble, d'après cela, que les choses qui ne sont pas *vivantes* devraient être d'un troisième genre , parce qu'elles ne sont ni mâles ni femelles : cependant , par imitation , on leur a donné le genre masculin ou le genre féminin, parce que, sans doute, on n'a pas jugé à propos d'en faire une classe particulière; ainsi, *livre , chapeau , habit* , etc. , sont du masculin; *table , plume , maison,* etc. , sont du féminin , quoiqu'ils ne soient réellement ni mâles ni femelles.

Pour ces sortes de noms, on connaît de quel genre ils sont , en y joignant les mots *un , une , le , la;* si on peut mettre devant *un* ou *le;* le nom est *masculin;* si l'on peut mettre *une* ou *la,* il est du *féminin.*

Du nombre.

Le *nombre* sert à faire distinguer si l'on parle *d'un* ou de *plusieurs* objets.

Il y a dans les noms deux nombres : le *singulier,* quand il s'agit *d'un seul;* et le *pluriel,* quand il s'agit de *plusieurs : un homme, une femme* , sont du *singulier ,* parce qu'on ne parle que d'un seul de ces objets; *des hommes,* des *femmes* , sont au *pluriel ,* parce qu'il s'agit de plusieurs.

EXERCICES

Qu'est ce que le genre ?
Combien y a-t-il de genres ?
Quels sont les noms du genre masculin ?
Quels sont les noms du genre féminin ?
Les noms des choses inanimées ont-ils aussi des genres ?
Comment connaît-on le genre de ces noms?
Citez deux noms inanimés du masculin ?
Citez trois noms inanimés du féminin ?
Qu'est-ce que le nombre ?

Combien y en a-t-il ?
Qu'est-ce que le singulier ?
Qu'est-ce que le pluriel ?

PRATIQUE. — ANALYSE.

Turenne et *Condé* réunissaient la *prudence* et l'*intrépidité*. Mon *père* aime l'*histoire* naturelle de *Pline*.

Turenne. . . . subs. propre d'homme. mascul. sing.
et. . . . . . .
Condé. . . . subs. propre d'homme, masc. sing.
réunissaient.
la. . . . . . .
prudence. . . . subst. commun. fémin. singul.
et. . . . . . .
l'. . . . . . .
intrépidité. . subst. comm. fémin. singul.
Mon. . . . .
père. . . . . substantif comm. masc. sing.
aime . . . . .
l'. . . . . . .
histoire. . . . nom comm. fémin. sing.
naturelle. .
de. . . . . .
Pline. . . . . subst. propre d'homme, masc. sing.

Analysez de même :

1° Le *ciel* et la *terre* annoncent la *puissance* et la *sagesse* du *Créateur*. 2° L'*intérêt*, le *plaisir* et la *gloire*, sont les trois *motifs* des *actions* et de la *conduite* des *hommes*. 3° Les *sciences* et les *lettres* ornent l'*esprit* et le *cœur*. 4° La *légèreté*, les *grâces* de *Théano*, et sa *taille* élancée arrêtaient tous les *regards*. 5° La *vertu* suffit au *bonheur* du *sage*. 6° *Voltaire* était un *poëte*, et *Rousseau* un *philosophe*.

5ᵉ LEÇON. — THÉORIE.

Variation des noms.

Les noms , à part un très-petit nombre de ceux qui désignent les animaux , ne sont que d'un seul genre , c'est-à-dire , que le même nom n'est pas du masculin et du féminin ; mais seulement de l'un ou de l'autre, et alors on n'a pas dû chercher une forme particulière pour chaque genre. Mais il n'en est pas de même du nombre ; presque tous les noms ont le singulier et le pluriel ; il a donc fallu marquer par quelque signe cette différence de nombre , et voici comment on a fait :

Quand les noms ne finissent pas au singulier par *s , z , x , al , ail , eau , eu , ou*, on y ajoute une *s* au pluriel , ainsi, pour former le pluriel de *père, mère, jardin, maison,* etc. , on ajoute une *s* à la fin, et l'on a *pères , mères , jardins, maisons,* etc.

S'ils finissent par *s, x, z,* on n'y change rien au pluriel : ainsi, *pois, bois, fils, bras , voix, croix, nez,* etc. , s'écrivent de même au pluriel.

S'ils finissent par *al* et *ail*, on change presque toujours cette terminaison en *aux*, et l'on a le pluriel.

EXEMPLE.

Cheval fait au pluriel	*chevaux.*
animal	*animaux.*
général	*généraux.*
hôpital	*hôpitaux.*
travail	*travaux.*
bail	*baux.*
corail	*coraux.*

Exception. Les noms *bal , régal , détail , éventail ,*

épouvantail, gouvernail, portail, détail, et quelques autres, font leur pluriel en y ajoutant une *s* à la fin.

Les substantifs qui finissent au singulier en *eau, eu, ou,* prennent une *x* au pluriel :

> chapeau fait au pluriel chapeaux.
> manteau   manteaux.
> troupeau   troupeaux.
> cheveu   cheveux.
> aveu   aveux.
> adieu   adieux.
> genou   genoux.
> chou   choux.
> caillou   cailloux.

Exception. Les noms clou, cou, fou, sou, trou, verrou, joujou, bijou, toutou, matou, écrou, bambou, prennent au pluriel une *s* et non pas une *x*.

Aïeul, ciel, œil, bétail, ail, font au pluriel aïeux, cieux, yeux, bestiaux, aulx. Il y a ici quelques petites exceptions à observer. On dit : des *ciels* de lit, des *ciels* de tableau ; des *œils* de bœuf (petite lucarnes), et mes *aïeuls*, quand on veut désigner le grand-père paternel et le grand-père maternel.

Il y a des noms qui n'ont point de pluriel, tels sont *sagesse, négligence, patience, paresse, habileté, ignorance, or, argent, cuivre, fer;* et, en général, tous ceux qui désignent des métaux et des qualités morales.

Il y en a d'autres qui n'ont point de singulier, tels sont : *vêpres, funérailles, ancêtres, frais, dépens, pincettes, ténèbres, vitraux, mœurs, matériaux, mouchettes, pleurs,* etc.

EXERCICES.

Les noms ont-ils une marque particulière pour distinguer le genre ?

Les substantifs ont-ils un signe particulier pour distinguer le nombre ?

Si le nom finit par *s, x, z, al, ail,* etc. , comment marque-t-on le pluriel ?

N'y a-t-il pas quelques exceptions ?

Comment forme-t-on le pluriel des noms terminés au singulier en *eau, eu, ou* ?
Quelles sont les exceptions ?
Comment font au pluriel *aïeul, ciel, œil, bétail, ail* ?
N'y a-t-il pas quelques exceptions ?
Y a-t-il des substantifs qui n'ont point de pluriel ? citez-en six ?
N'y en a-t-il pas qui n'ont point de singulier ?
Citez-en six ?

PRATIQUE,

Nota. On fera écrire à l'enfant tous les substantifs suivans au singulier, et il en formera le pluriel.

1º Mots qui font leur pluriel avec une *s* : le *roi*, le *coucou*, la *porte*, le *portail*, la *chaise*, le *carnaval*, la *règle*, le *bambou*, la *langue*, le *toutou*, un *volume*, le *sérail*, un *auteur*, un *camail*, un *ouvrage*, mon *hibou*, mon *bonnet*, le *bijou*, une *montagne*, un *volcan*, une *rivière*, un *champ*, un *lapin*.

2º Mots auxquels on n'ajoute rien au pluriel : le *lis*, le *lambris*, le *bras*, le *poids*, le *discours*, le *temps*, le *crucifix*, le *remords*, la *croix*, la *voix*, le *choix*, le *nez*, le *sonnez*, le *rez-de-chaussée*.

3º Mots qui font leur pluriel en *aux* : l'*arsenal*, un *canal*, un *local*, le *caporal*, l'*émail*, le *corail*, le *travail*.

4º Mots dont le pluriel est *x* : le *lapreau*, le *perdreau*, le *chevreau*, le *feu*, l'*essieu*, l'*enjeu*, le *milieu*, le *jeu*.

~~~~~~

6e LEÇON. — THÉORIE.

DE L'ARTICLE.

L'*article* est un mot qui se met devant les noms communs, devant les noms propres de pays, de rivière, etc., qui en fait connaître le nombre, et quelquefois le genre.
~~~~~~

Ce mot, qui est employé dans le discours pour annoncer que le substantif auquel il est joint est pris dans un sens déterminé, est au singulier : *le* pour le masculin, comme LE *père*, LE *maître*, LE *livre*; *la* pour le féminin, comme LA *mère*, LA *maîtresse*, LA *plume*. Au pluriel, *les* pour les deux genres, comme : LES *pères*, LES *mères*, LES *maîtres*, LES *maîtresses*, etc.

Ces mots, *le, la, les*, sont appelés *articles simples*.

On ne dit pas *de le*, ni *de les*, mais on dit : *du, des*, comme : *le chapeau* DU *père, la maison* DU *maître, il y a* DES *pères*, DES *mères, nous avons* DES *livres*, DES *plumes*.

On ne dit pas non plus *à le*, ni *à les*, mais on dit *au, aux*, comme : *je vais* AU *bois, je plais* AUX *hommes*, AUX *femmes, prenez-vous-en* AUX *livres*, AUX *plumes*.

Les mots *du, des, au, aux*, sont donc des articles aussi bien que *le, la, les*; mais ils sont appelés *articles composés*.

C'est cette transformation des mots *de le, de les, à le, à les*, en *du, des, au, aux*, que quelques grammairiens appellent *contraction*, mais qui n'en est réellement pas une.

Si le mot qui vient après *le* et *la* commence par une *voyelle* ou une *h muette*, on supprime *e* et *a* de l'article, et l'on remplace ces deux lettres par un signe appelé *apostrophe* (') Exemple. L'*homme a de* L'*humanité*, et non pas LE *homme a de* LA *humanité*; L'*enfant aime* L'*instruction*, et non pas LE *enfant aime* LA *instruction*.

Comme l'on voit, *l'* tient la place *de le* ou *de la*, il est donc aussi un article. La suppression de ces lettres s'appelle *élision*.

Quand on veut reconnaître si *l'* remplace *le* ou *la*, c'est-à-dire, s'il est du masculin ou du féminin, on essaie de le remplacer par les mots *un* ou *une*; s'il peut être remplacé par *un*, il est pour *le*, et l'article est masculin; s'il peut être remplacé par *une*, il est pour *la*, et il est du féminin. Ainsi, *l'* devant *homme* est du masculin, parce qu'on peut dire *un homme*; *l'* devant *instruction* est du féminin, parce qu'on peut dire *une instruction*.

EXERCICES.

Qu'est-ce que l'article?

Quel est l'article du masculin au singulier?

du féminin au singulier?

du pluriel des deux genres?

Comment sont appelés *le, la, les?*

Comment dit-on au lieu de *de le, à le?*

au lieu de *de les, à les?*

Comment appelle-t-on les articles *du, des, au, aux?*

Comment appelle-t-on la transformation de *de le, de les, à le, à les,* en *du, des, au, aux?*

Si le mot commence par une *h muette* ou une *voyelle,* quel changement y a-t-il à faire à l'article?

Mais on ne voit pas de quel genre est l'; comment fait-on pour reconnaître s'il est du masculin ou du féminin? Donnez des exemples?

PRATIQUE. — ANALYSE.

LE *roi* et LA *reine* demeurent AU *château* DES *Tuileries.* L'*affranchissement* DES *communes* enleva LES *priviléges* AUX *seigneurs.*

LE . . . . article simple , masculin singulier.

roi. . . . . substantif commun , mascul. singul.

et. . . . .

LA . . . . article simple , féminin singulier.

reine. . . . . substantif comm. féminin singulier.

demeurent. . . . . .

AU . . . . pour *à le,* art. composé , masc. sing.

château. . . . . . nom commun , masculin singulier.

DES . . . . pour *de les,* art. composé , fém. plur.

Tuileries. . . . . . substantif propre , féminin pluriel.

L'. . . . . pour *le ,* article simple , masc. sing.

affranchissement . nom commun , masculin singulier.

DES . . . . pour *de les ,* art. comp. fémin. plur.

communes . . . . nom commun , féminin pluriel.

enleva. . . . .

LES . . . . article simple , masculin pluriel.

2

priviléges . . . . nom commun, masculin pluriel.
aux. . . . . pour *à les*, art. comp. mascul. plur.
seigneurs. . . . . substantif commun, mascul. pluriel.

Analysez de même:

1° C'est l'*abondance* des *richesses* et l'*abondance* des *paroles* qui perdent les *hommes*. 2° Je plains l'*homme accablé* du *poids* de ses *loisirs*. 3° Tôt ou tard la *vertu*, les *grâces*, les *talens*, sont vainqueurs des *jaloux*, et vengés des *méchans*. 4° La *fraîcheur* des *nuits* est utile aux *personnes* qui habitent les *régions* chaudes.

∿∿∿∿∿∿∿∿∿∿∿∿∿∿∿∿∿∿∿∿∿∿∿∿∿∿∿∿∿∿∿∿∿

7ᵉ LEÇON. — THÉORIE.

DE L'ADJECTIF.

L'*adjectif* est un mot qui exprime la qualité ou la manière d'être des personnes ou des choses; ou qui sert à les déterminer, c'est-à-dire à les désigner d'une manière particulière; de là, deux sortes d'adjectifs, qui sont les *adjectifs qualificatifs* et les *adjectifs déterminatifs*.

On connaît qu'un mot est *adjectif* quand on peut le joindre au mot *personne* ou au mot *chose*, comme : Une *personne* savante, une belle *personne*, une *chose* agréable, cette *chose*.

Il n'y a qu'une seule espèce d'*adjectifs qualificatifs*; car, que la qualité soit bonne ou mauvaise, ce n'est toujours qu'une qualité ou manière d'être; ainsi, *bon, mauvais, grand, petit, beau, laid, savant, ignorant*, etc. sont des *adjectifs qualificatifs*, parce qu'ils expriment des qualités.

Mais il n'en est pas de même des *adjectifs déterminatifs*, parce qu'on peut déterminer de plusieurs manières les personnes et les choses dont on parle; par exemple , si je dis : CE *livre*, CETTE *plume*, UN *livre*, UNE *plume* , MON *livre* , MA *plume* , QUELQUE *livre* , QUELQUE *plume*, je détermine les noms *livre* et *plume* de plusieurs manières ; il y a donc plusieurs espèces d'*adjectifs déterminatifs*, qui sont : les *adjectifs démonstratifs* ou *indicatifs*, les *adjectifs possessifs*, les *adjectifs* de *nombre* ou *numéraux*, les *adjectifs indéfinis*.

Les adjectifs étant destinés à accompagner les substantifs, pour exprimer la manière d'être des personnes ou des choses, ou pour les déterminer, doivent être du même genre et du même nombre que les substantifs auxquels on les joint ; ainsi on dira : UNE *personne* PRUDENTE , et non UN *personne* PRUDENT ; UN *homme* COMPLAISANT, et non UNE *homme* COMPLAISANTE.

Nous avons cinq adjectifs qui changent de forme pour exprimer différens degrés de significations. Ce sont :

    meilleur, au lieu de *plus bon*, qui ne se dit pas.

    excellent, au lieu de *très-bon*, qui se dit également ;

    moindre, au lieu de *plus petit*, qui se dit aussi ;

    pire, au lieu de *plus mauvais*, qui s'emploie ;

    majeur, pour *très-grand, très-important.*

Remarque. Nous n'admettons pas de degrés de signification dans les adjectifs, parce que ces degrés ne peuvent s'obtenir que par une addition de mots ; or, si on les admet pour les adjectifs, il faut aussi les admettre pour les verbes ; car, au moyen des mots *autant*, *plus*, *davantage, moins, fort, beaucoup*, etc. , on aurait des verbes au comparatif et au superlatif.

EXERCICES.

Qu'est-ce que l'adjectif ?

Combien y en a-t-il d'espèces ?

Y a-t-il plusieurs espèces d'adjectifs qualificatifs ?

Comment connaît-on qu'un mot est adjectif ?

N'y a-t-il pas plusieurs espèces d'adjectifs déterminatifs ?

Quelles sont ces espèces ?

L'adjectif n'est-il pas sujet à quelques règles ?

Combien avons-nous d'adjectifs qui changent de forme pour exprimer différens degrés de signification ? Dites-les ?

PRATIQUE. — ANALYSE.

Un GRAND *chapeau* sur *la tête*, un GROS *livre* sous *le bras*, de GRANDES *lunettes* sur *le nez*, de GROS et VILAINS *souliers aux pieds,* voilà *le* VÉRITABLE *portrait* d'un *pédant*.

Un . . . .
GRAND . . . . adjectif qualificatif, masc. singulier.
chapeau . . . . . substantif commun, masculin singul.
sur . . . .
la . . . . article simple, féminin singulier.
tête . . . . nom commun, féminin singulier.
un . . . .
GROS . . . . adjectif qualificatif, mascul. singul.
livre . . . . substantif commun, masculin sing.
sous . . . .
le . . . . article simple, masculin singulier.
bras . . . . substantif commun, masculin sing.
de . . . .
GRANDES . . . . . adjectif qualificatif, féminin pluriel.
lunettes . . . . . nom commun, féminin pluriel.
sur . . . .
le . . . . article simple, masculin singulier.
nez . . . . substantif commun, masculin sing.
de . . . .
GROS . . . . adjectif qualificatif, masculin plur.
et . . . .
VILAINS . . . . . adjectif qualificatif, masculin plur.
souliers . . . . substantif commun, masculin plur.
aux . . . . pour *à les,* article comp. masc. plur.
pieds . . . . . . nom commun, masculin pluriel.
voilà . . . .
le . . . . article simple, masculin singulier.
VÉRITABLE . . . . adjectif qualificatif, masculin sing.
portrait . . . . . nom commun, masculin sigulier.
d' . . . .
un . . . .
pédant . . . . . . nom commun, masculin singulier.

Analysez de même :

1° Ma *sœur* et mon *frère* sont devenus plus STUDIEUX et plus DOCILES. 2° Un *magistrat* INTÈGRE et un BRAVE *officier* servent également *la patrie.* 3° *La religion* veille sur *les crimes* PRIVÉS; *les lois* veillent sur *les crimes* PU-- BLICS. 4° *Les triomphes les* plus GLORIEUX sont *les* plus DIFFICILES à remporter. 5° *Les poètes* ANCIENS passent pour DIFFICILES à expliquer. 6° *La condition* HUMAINE est un VÉRITABLE *état de guerre.*

∿∿∿∿∿∿∿∿∿∿∿∿∿∿∿∿∿∿∿∿∿∿∿∿∿∿∿∿∿∿∿∿∿

8ᵉ LEÇON. — THÉORIE.

Adjectifs qualificatifs.

Puisque les adjectifs peuvent recevoir les deux genres et les deux nombres, il faut savoir comment se marque la différence du masculin au féminin, du singulier au pluriel.

Formation du féminin.

Il y a des adjectifs qui sont terminés au féminin comme au masculin; ce sont ceux qui finissent par un *e muet,* comme *faible, agréable, utile, aimable, pénible, infirme,* et beaucoup d'autres. Ces adjectifs n'ont pas de différence pour le masculin et le féminin; ainsi on dit : *un homme* AIMABLE, *une femme* AIMABLE; *un homme* PAISIBLE, *une femme* PAISIBLE, etc.

Quand les adjectifs ne finissent pas au masculin par un *e muet,* on y en ajoute un à la fin pour former le fé-- minin.

EXEMPLE.

Prudent fait au féminin *prudente.*
  méchant   *méchante.*

2*

grand	*grande.*
saint	*sainte.*
petit	*petite.*
rond	*ronde.*
vilain	*vilaine.*
gris	*grise.*

Quand on veut connaître quelle est la dernière lettre d'un adjectif au masculin, il n'y a qu'à chercher le féminin, et en ôter l'*e muet* de la fin, ce qui reste est le masculin ; ainsi je veux savoir quelle est la dernière lettre des adjectifs *rond*, *grand*, *saint*, je cherche le féminin *ronde*, *grande*, *sainte*, j'en retranche l'*e muet* de la fin, et je vois quelle est la dernière lettre du mot au masculin.

Il y a des adjectifs qui n'ont pas *d'e muet* à la fin, et qui cependant ne forment pas leur féminin en y en ajoutant un.

EXEMPLE.

Essentiel fait au féminin *essentielle.*	
ancien	*ancienne.*
bon	*bonne.*
gros	*grosse.*
gras	*grasse.*
pareil	*pareille.*
vermeil	*vermeille.*
nul	*nulle.*
sot	*sotte.*
net	*nette.*
épais	*épaisse.*
éternel	*éternelle.*
mortel	*mortelle.*

On voit que dans ces adjectifs, le féminin se forme en redoublant la dernière lettre du masculin, et en y ajoutant un *e muet*; il en est ainsi de beaucoup d'autres que l'usage fera connaître.

Les adjectifs qui finissent en *eur* ou en *eux*, font ordinairement leur féminin en *euse*, comme :

parleur fait au féminin *parleuse.*
trompeur — *trompeuse.*
dangereux — *dangereuse.*
honteux — *honteuse.*
flatteur — *flatteuse.*
radoteur — *radoteuse.*
peureux — *peureuse.*

Il y a des adjectifs qui ont deux terminaisons pour le masculin, ce sont :

beau devant une consonne, *bel* devant une voyelle.
nouveau — *nouvel.*
vieux — *vieil.*
fou — *fol.*
mou — *mol.*

On forme le féminin de ces adjectifs en prenant le mot finissant par *l*, en redoublant cette lettre et en y ajoutant l'*e muet*.

EXEMPLE.

Beau ou *bel* fait au féminin *belle.*
nouveau ou *nouvel* — *nouvelle.*
vieux ou *vieil* — *vieille.*
fou ou *fol* — *folle.*
mou ou *mol* — *molle.*

EXERCICES.

N'y a-t-il pas des adjectifs qui sont terminés au masculin comme au féminin ?

Quels sont-ils, et dites-en quelques uns ?

Comment forme-t-on le féminin des adjectifs qui n'ont pas un *e* muet à la fin ?

Citez-en quelques-uns ?

Comment fait-on pour connaître quelle est la dernière lettre d'un adjectif au masculin ?

Donnez quelques exemples ?

Citez-moi des adjectifs qui ne forment pas leur féminin en ajoutant un *e* muet ?

Comment ces adjectifs forment-ils leur féminin ?

Comment les adjectifs terminés au masculin en *eur* et en *eux* forment-ils leur féminin ?

Formez les féminins des adjectifs *beau*, *nouveau*, *fou*, *mou* ?

PRATIQUE.

Nota. On fera écrire les mots suivans, et ceux portés dans la présente leçon, au masculin, et on en fera former le féminin :

1° Mots dont le féminin est formé par un *e muet* seulement : *constant, lourd, chagrin, blond, chaud, prêt, dur, niais, fort, léger, discret, complet, court, gourmand, froid, inquiet.*

2° Mots qui forment leur féminin en redoublant la dernière consonne suivie de l'*e muet* : *cruel, tel, mensuel, coquet, muet, sujet, bas, las, exprès, gentil.*

3° Mots en *eur* et dont le féminin est *euse* : *moqueur, voleur, dormeur, railleur, cabaleur, emprunteur, glaneur.*

9ᵉ LEÇON. — THÉORIE.

Suite de la formation du féminin.

Quelques adjectifs forment leur féminin très-irrégulièrement.

EXEMPLE.

Blanc	fait au féminin	*blanche.*
franc		*franche.*
frais		*fraîche.*
sec		*sèche.*
grec		*grecque.*
public		*publique.*
caduc		*caduque.*
doux		*douce.*

roux	*rousse.*
jaloux	*jalouse.*
faux	*fausse.*
long	*longue.*
benin	*benigne.*
malin	*maligne.*
pécheur	*pécheresse.*
protecteur	*protectrice.*
chanteur	*cantatrice* (au théâtre)
traître	*traîtresse.*
vengeur	*vengeresse.*
défendeur (en justice)	*défenderesse.*
demandeur (id.)	*demanderesse.*
amateur	*amatrice.*
directeur	*directrice.*

Les adjectifs qui finissent au masculin par *f*, changent au féminin *f* en *ve*.

EXEMPLE.

Neuf	fait au féminin.	*neuve.*
bref		*brève.*
naïf		*naïve.*
plaintif		*plaintive.*
descriptif		*descriptive.*

Formation du pluriel dans les adjectifs.

Les adjectifs qui ne sont pas terminés au singulier par *al*, *au*, ou qui n'ont pas une *s* ou une *x* à la fin, prennent une *s* au pluriel; cette règle est sans exception, surtout pour le pluriel féminin , ainsi :

bon	fait au pluriel	*bons.*
sot		*sots.*
grand		*grands.*
rond		*ronds.*
bonne	fait au pluriel	*bonnes.*
sotte		*sottes.*

grande fait au pluriel *grandes.*
ronde   *rondes.*

Les adjectifs qui finissent au singulier par *s* ou par *x*, n'ajoutent rien au pluriel.

mauvais   fait au pluriel *mauvais.*
vieux   *vieux.*
généreux   *généreux.*
punais   *punais.*

Les adjectifs terminés au singulier par *eau* prennent *x* au pluriel.

beau   fait au pluriel *beaux.*
nouveau   *nouveaux.*

Ceux qui sont terminés en *al*, changent *al* en *aux* :

principal   fait au pluriel *principaux.*
municipal   *municipaux.*
communal   *communaux.*
général   *généraux.*

Il y a quelques adjectifs en *al* qu'on doit éviter d'employer au pluriel masculin, ce sont : *filial, fatal, vénal, frugal, conjugal, austral, boréal, final, littéral, pastoral,* et quelques autres. Quand on a besoin de s'en servir au pluriel masculin , on tourne sa phrase autrement.

EXERCICES.

Citez-moi des adjectifs qui font leur féminin irrégulièrement ?
Comment les adjectifs en *f* forment-ils leur féminin ?
Comment forme-t-on le pluriel dans les adjectifs ?
Si les adjectifs ont au singulier une *s* ou une *x*, ou s'ils sont terminés par *au, al,* comment le pluriel se forme-t-il ?
N'y a-t-il pas des adjectifs qui n'ont pas de pluriel masculin ?
Citez-en quelques-uns ?

PRATIQUE.

On fera écrire tous les adjectifs mentionnés dans la

présente leçon, au masculin et au féminin, au singulier et au pluriel, jusqu'à ce que l'enfant les écrive
sans faute.

~~~~~~

10.e LEÇON. — THÉORIE.

Adjectifs déterminatifs.

Nous avons vu plus haut qu'il y a quatre sortes d'*adjectifs déterminatifs*, qui sont : les *adjectifs démonstratifs*, les *adjectifs numéraux*, les *adjectifs possessifs*, et
les *adjectifs indéfinis*.

Adjectifs démonstratifs.

Les *adjectifs démonstratifs* ou *indicatifs* sont ceux qui
servent à montrer à l'esprit ou aux yeux les objets dont
on parle, pour les distinguer des autres. Ces adjectifs sont:

pour le singulier. { masculin, { *ce* devant une consonne : CE *bois*, ce *chat.*
cet devant une voyelle ou *h* muette : CET *oiseau*, CET *homme.*
féminin... *cette* : CETTE *femme*, CETTE *alouette.*

Pour le pluriel des deux genres CES : CES *arbres*, CES
branches.

Adjectifs de nombre.

Les *adjectifs* de *nombre* ou *numéraux* sont ceux qui
ajoutent aux substantifs l'idée de nombre ou de rang.
De là deux espèces d'*adjectifs numéraux* : l'adjectif *numéral cardinal* et l'adjectif *numéral ordinal.*

L'adjectif *numéral cardinal* est celui qui marque le
nombre, comme : *un, deux, trois, quatre, cinq, six, sept,*
~~~~~~

(24)

huit, neuf, dix, vingt, trente, quarante, cinquante, cent, mille, million, etc.

L'adjectif *numéral ordinal* est celui qui sert à marquer l'ordre ou le rang, comme : le *premier,* le *second, troi- sième, quatrième, dixième, vingtième, trentième, cinquan- tième, centième,* etc.

Adjectifs possessifs.

Les *adjectifs possessifs* désignent les personnes à qui appartiennent les choses dont on parle, comme : MON *cheval,* MA *brebis,* MES *agneaux,* etc.

Si une seule chose appartient à une seule personne, on dit, pour le masculin : *mon, ton, son* : MON *livre,* TON *livre,* SON *livre*; pour le féminin, *ma, ta sa* : MA *plume,* TA *plume,* SA *plume.*

Mais il faut remarquer que, si le nom féminin com- mence par une *voyelle* ou une *h muette,* on emploie *mon, ton, son,* au lieu de *ma, ta, sa* ; ainsi on dira : MON *image,* pour MA *image*; TON *histoire,* pour TA *histoire*; SON *épée,* pour SA *épée.*

Si une chose appartient à plusieurs, on dit : *notre, votre, leur,* pour le masculin et le féminin, comme : NO- TRE *maison,* VOTRE *oiseau,* LEUR *château.*

Si plusieurs choses appartiennent à une seule per- sonne, on dit : *mes, tes, ses,* comme MES *brebis,* TES *chevreaux,* SES *bœufs.*

Si plusieurs choses appartiennent à plusieurs per- sonnnes, on dit : *nos, vos, leurs,* pour le masculin et le féminin, comme NOS *livres,* VOS *vignes,* LEURS *bois.*

Adjectifs indéfinis.

Les adjectifs indéfinis sont ceux qui ne désignent pas une personne ou une chose déterminée.

EXEMPLE.

Certain, certaine, chaque, quelque, quelconque, aucun, plusieurs, tout, toute, tous, toutes.

EXERCICES.

Qu'est-ce que l'adjectif démonstratif?

Cet adjectif n'a-t-il pas deux formes pour le masculin singulier?

Quelle forme prend l'adjectif démonstratif au singulier, devant une voyelle ou *h* muette?

Et devant une consonne?

Quelle est la forme de l'adjectif démonstratif au pluriel, tant pour le masculin que pour le féminin?

Qu'est-ce que l'adjectif numéral?

Combien y en a-t-il d'espèces?

Qu'est-ce que l'adjectif possessif?

Quelle forme prend cet adjectif pour désigner qu'une seule chose appartient à une seule personne ?

Pour désigner qu'une seule chose appartient à plusieurs personnes? Donnez des exemples?

Quelle forme prend-il pour désigner que plusieurs choses appartiennent à une seule personne?

Et pour désigner que plusieurs choses appartiennent à plusieurs personnes? Donnez des exemples?

Citez-moi des adjectifs indéfinis?

Pourquoi les appelle-t-on indéfinis?

PRATIQUE.—ANALYSE.

CE *vieillard*, CET *enfant* et CETTE *femme*, sont venus pour vous offrir CES *présens. Saturne* emploie VINGT-NEUF *ans* CINQ *mois* DIX-SEPT *jours*, à faire SA *révolution* autour *du Soleil*. MON *père*, MES *frères* et VOS *amis* viendront *dimanche prochain* voir NOS *belles prairies*.

CE . . . . adjectif démonstratif, mascul. sing.
vieillard. . . . . substantif comm. masculin singulier.
CET. . . . . adjectif démonstrat. mascul. singul.
enfant. . . . . . nom commun, masculin singulier.
et. . . . .
CETTE. . . . . . adjectif démonstratif, fémin. sing.
femme. . . . . . nom commun, féminin singulier.
sont. . . . .
venus. . . . . . .
pour. . . . .

vous. . . . .
offrir . . . .
CES. . . . . adjectif démonstratif, mascul. pluriel.
présens. . . . . . substantif commun, mascul. pluriel.
Saturne. . . . . . nom propre de planète, masc. singul.
emploie. . . . . .
VINGT-NEUF. . . adjectif numéral cardinal.
ans . . . . nom commun, masculin pluriel.
CINQ. . . . . . . adjectif numéral cardinal.
mois. . . . . . . nom commun, masculin pluriel.
DIX-SEPT . . . . adjectif numéral cardinal.
jours . . . . . . substantif commun , masculin plur.
à. . . . .
faire. . . . . . .
SA . . . . adjectif possessif, féminin singulier.
révolution . . . substantif commun, féminin singul.
autour. . . . . .
du. . . . . pour *de le*, art. compos. masc. sing.
Soleil. . . . . . nom propre, masculin singulier.
MON. . . . . . . adjectif possessif, masculin singulier.
père. . . . . . . nom commun, masculin singulier.
MES. . . . . . . adjectif possessif, masculin pluriel.
frères . . . . . . substantif commun, masculin pluriel.
et. . . . . . .
VOS. . . . . . . adjectif possessif, masculin pluriel.
amis. . . . . . . substantif commun, masculin pluriel.
viendront . . . .
dimanche . . . nom commun, masculin singulier.
prochain. . . . adjectif qualificatif, mascul. singul.
voir. . . . . . .
NOS . . . . adjectif possessif, féminin pluriel.
belles . . . . . . adjectif qualificatif, féminin pluriel.
prairies . . . . . substantif commun, féminin pluriel.

Analysez de même :

1° *Le* PREMIER *roi* de *Rome* fut *Romulus* ; *le* SECOND,
Numa ; *le* TROISIÈME, *Tullus Hostilius* ; *le* QUATRIÈME,

Ancus Martius ; le CINQUIÈME , *Tarquin l'ancien.* 2º *La rose* a SA *beauté,* SA *fraîcheur* et SON *odeur;* mais elle a aussi SES *épines.* 3º QUELQUE *service* que vous rendiez à UN *ingrat* , il ne vous en aura AUCUNE *reconnaissance.* 4º CET *enfant* ne revient pas de SA *classe;* mais en QUELQUE *endroit* qu'il soit allé , il a perdu SON *temps.* 5º Il y a plus de VINGT *ans* que j'ai vendu CETTE *maison* TRENTE MILLE *francs ;* j'ai acheté UNE *ferme* située à DEUX CENTS *pas* de *la grande forêt des Ardennes.*

<hr>

11ᵉ LEÇON. — THÉORIE.

DES PRONOMS.

Quand on a nommé les personnes ou les choses dont on parle , et que l'on continue à en parler, on ne peut pas toujours répéter leur nom ; on emploie pour les remplacer des mots que l'on appelle *pronoms ,* et qui tiennent la place des noms.

Ainsi, au lieu de dire : *Joseph* n'est pas venu en classe hier, et si *Joseph* continue à perdre son temps, *Joseph* ne s'instruira pas autant que *Joseph* pourrait le faire ,

On dit : *Joseph* n'est pas venu en classe hier, et s'*il* continue à perdre son temps , *il* ne s'instruira pas autant qu'*il* pourrait le faire.

Au lieu de dire : Emile a lu ce *livre ;* demain il lira votre *livre,* mon *livre* et son *livre ;*

On dit : Emile a lu ce *livre ;* demain il lira *le vôtre , le mien* et *le sien.*

Les mots *il, le vôtre , le mien , le sien* sont des *pronoms,* parce qu'ils tiennent la place des noms déjà exprimés et qu'on ne veut pas répéter.

Il y a cinq espèces de *pronoms :*

Le *pronom personnel;* le *pronom relatif* ou *conjonctif,* le *pronom possessif,* le *pronom démonstratif* ou *indicatif,* le *pronom indéfini.*

Des Pronoms personnels.

Les *pronoms personnels* sont des mots que l'on emploie pour tenir la place du nom des personnes ou des choses auxquelles on attribue une action ou un état; tantôt c'est à la personne qui parle, tantôt à celle à qui l'on parle, tantôt à celle de qui l'on parle : de là trois *rôles* ou *personnes*.

La première personne, c'est-à-dire celle qui parle, est représentée dans le discours par les mots *je*, *me*, *moi*, au singulier, *nous*, au pluriel.

La seconde personne, c'est-à-dire celle à qui l'on parle, est représentée par les pronoms *tu*, *te*, *toi*, au singulier, *vous*, au pluriel.

La troisième personne, c'est-à-dire celle de qui l'on parle, est représentée par les pronoms *il* (1), *elle*, *lui*, pour le singulier, *ils*, *elles*, *eux*, *leur*, pour le pluriel. Les mots *le*, *la*, *les*, *en*, *y*, lorsqu'ils sont devant un verbe et qu'ils peuvent se tourner par *lui*, *elle*, *eux* ; *de lui*, *d'elle*, *d'eux* ; *à lui*, *à elle*, *à eux*, sont aussi des *pronoms personnels* ; il en est de même de *se* et de *soi*.

EXERCICES.

A quoi sert le pronom ?
Qu'est-ce que le pronom ?
Y en a-t-il plusieurs espèces ? Nommez-les ?
Qu'est-ce que le pronom personnel ?
Combien y a-t-il de pronoms ?
Quelle est la première personne, et quels sont les pronoms qui la représentent ?
Quelle est la seconde, et quels sont ses pronoms ?
Quelle est la troisième personne, et quels sont les pronoms qui la représentent ?

(1) REMARQUE. Il est pronom absolu lorsqu'il ne peut pas être remplacé par les mots : *cette personne*, *cette chose*. Exemple : *Il* importe, *il* faut, *il* pleut, *il* gèle, *il* y a, etc.

PRATIQUE. — ANALYSE.

Jᴇ ᴛᴇ prie de ᴍᴇ remettre *le livre* que ᴛᴜ ᴍᴇ promis *dimanche dernier*. *Ton petit frère* est plus *sage* que ᴛᴏɪ. Iʟ désire que ᴠᴏᴜs ʟᴜɪ donniez *son histoire ;* mais ne ʟᴀ ʟᴜɪ donnez pas. Nous avons appris que ᴛᴜ es *malade*.

Jᴇ . . . . pronom personnel de la 1ʳᵉ personne
du singulier, des deux genres.

ᴛᴇ . . . . pron. pers. de la 2ᵉ pers. du singulier,
des deux genres.

prie . . . .

de . . . .

ᴍᴇ . . . . pron. pers. de la 1ʳᵉ person. du sing.,
des deux genres.

remettre . . . .

le . . . . article simple masc. singul.

livre . . . . nom comm. masculin singulier.

que . . . .

ᴛᴜ . . . . pronom pers. de la 2ᵉ pers. du sing.,
des deux genres.

ᴍᴇ . . . . pron. pers. de la 1ʳᵉ person. du sing.,
des deux genres.

promis . . . .

dimanche . . . . . nom commun, masculin singulier.

dernier . . . . . . adjectif qualif. masculin singulier.

Ton . . . . adjectif poss. masculin singulier.

petit . . . . adjectif qualific. masc. singulier.

frère . . . . nom commun, mascul. singulier.

est . . . .

plus . . . .

sage . . . . adjectif qualif. mascul. singulier.

que . . . .

ᴛᴏɪ . . . . pronom person. de la 2ᵉ personne du
singulier, des deux genres.

Iʟ . . . . pron. pers. de la 3ᵉ pers. du singulier
masculin.

désire . . . .

que . . . .

3*

vous. . . . . pron. pers. de la 2ᵉ pers. du pluriel, des deux genres.

lui . . . . pron. pers. de la 3ᵉ personne du sing. des deux genres.

donniez . . . . . .

son . . . . adjectif possessif, féminin singulier.

histoire. . . . . . nom comm. féminin singulier.

mais. . . . .

ne. . . . .

LA. . . . . pronom.

LUI. . . . . pron. pers. de la 3ᵉ pers. du singulier, des deux genres.

donnez. . . . . . .

pas. . . . .

Nous. . . . . pronom pers. de la 1ʳᵉ pers. du plur., des deux genres.

avons . . . .

appris. . . . . . .

que . . . .

TU. . . . . pron. pers. de la 2ᵉ pers. du singul., des deux genres.

es . . . .

malade. . . . . . adjec. qualif. masculin singulier.

Analysez de même.

Eurydice étant morte, *Orphée* descendit *aux enfers* pour LA redemander. Il ne tint à rien qu'IL ne ramenât avec LUI *sa chère Eurydice;* mais à peine eut-IL détourné *la tête* pour voir si ELLE LE suivait, qu'ELLE disparut. 2° *L'empereur Tite* disait : « Si quelqu'un parle mal de MOI, IL faut bien SE garder de LE punir. S'IL a parlé par *légèreté*, IL faut LE mépriser : si c'est par *folie*, IL faut avoir *pitié* de LUI : si c'est *une injure*, IL faut LUI pardonner. » 3° *La vertu* lie *les hommes* en LEUR inspirant *une confiance mutuelle. Le vice*, *au* contraire, LES divise, en LES tenant en garde les uns contre les autres. 4° Nous pouvons affaiblir *nos passions;* mais ELLES ne meurent qu'avec NOUS.

12ᵉ LEÇON. — THÉORIE.

Des Pronoms relatifs ou conjonctifs.

Le *pronom relatif* ou *conjonctif* est celui qui a rapport à un nom ou à un pronom déjà exprimé et qu'il rappelle; il sert encore à lier deux membres de phrase, comme : *L'homme vertueux est celui* QUI *aime et pratique le bien;* le mot QUI rappelle *l'homme vertueux;* il sert aussi à joindre les mots *l'homme vertueux est celui* aux mots *aime et pratique le bien.*

Le nom ou le pronom auquel se rapporte le *pronom relatif* est ce qu'on appelle l'*antécédent* de ce relatif.

Les pronoms relatifs ou conjonctif sont :

Pour le masculin singulier.	Pour le féminin singulier.
lequel.	*laquelle.*
duquel.	
auquel.	
quoi.	

Pour le masculin pluriel.	Pour le féminin pluriel.
lesquels.	*lesquelles.*
desquels.	*desquelles.*
auxquels.	*auxquelles.*

Des deux genres et des deux nombres.

qui.
que.
dont.

où,
le, la, les, } que nous avons vus aux pronoms
en, y, } personnels, peuvent aussi être regardés comme relatifs.

Des Pronoms possessifs.

Les pronoms *possessifs* sont des mots qui tiennent la

place du nom de la personne qui possède une chose, et du nom de cette chose ; pour employer ces pronoms, il faut avoir déjà parlé de la chose possédée ; ce sont :

Quand la chose ou les choses appartiennent à un seul.

	Pour le masculin.		*Pour le féminin.*	
	Singulier.	Pluriel.	Singulier.	Pluriel.
1re p.	le mien	les miens.	la mienne.	les miennes.
2e p.	le tien.	les tiens.	la tienne.	les tiennes.
	le vôtre.	les vôtres.	la vôtre.	les vôtres.
3e p.	le sien.	les siens.	la sienne.	les siennes.

Quand la chose ou les choses appartiennent à plusieurs.

	Pour le masculin.		*Pour le féminin.*	
	Singulier.	Pluriel.	Singulier.	Pluriel.
1re p.	le nôtre.	les nôtres.	la nôtre.	les nôtres.
2e p.	le vôtre.	les vôtres.	la vôtre.	les vôtres.
3e p.	le leur.	les leurs.	la leur.	les leurs.

EXERCICES.

Qu'est-ce que le pronom relatif ou conjonctif ?
Pourquoi l'appelle-t-on relatif ?
Pourquoi l'appelle-t-on aussi conjonctif ?
Comment s'appelle le mot auquel se rapporte le pronom relatif ?
Donnez tous les pronoms relatifs du masculin singulier ?
Ceux du masculin pluriel ?
Ceux du féminin singulier ?
Ceux du féminin pluriel ?
Ceux qui sont des deux genres et des deux nombres ?
Qu'est-ce que le pronom possessif ?
Donnez-nous les pronoms poss. de la 1re pers. du singulier ?
de la seconde pers. du singulier ?
de la troisième pers. du singulier ?
de la première pers. du pluriel ?
de la seconde pers. du pluriel ?
de la troisième pers. du pluriel ?

PRATIQUE. — ANALYSE.

L'homme QUI veut être *heureux* doit dompter *ses passions*, surtout celles DONT *il* sent *le* plus *la violence. L'or*
QUE *nous* recherchons et AUQUEL *nous* sacrifions tout, nous
procure rarement *le bonheur* vers LEQUEL tendent *tous
nos vœux. Mon père,* LE VOTRE et LE SIEN seront *contens*
de *nous* voir. *Nos frères* ont comme *nous* éprouvé *des
malheurs;* cherchons à adoucir LES LEURS , *ils s'intéresse-*
ront AUX NOTRES.

L' . . . . article simple , masculin singulier.
homme. . . . . . . nom commun, masculin singulier.
QUI. . . . . pronom relatif , masculin singulier.
veut. . . . .
être . . . .
heureux . . . . . . adjectif qualific. masculin singulier.
doit . . . .
dompter. . . . .
ses. . . . . adjectif possessif, féminin pluriel.
passions . . . . . nom commun, féminin pluriel.
surtout. . . . . . .
celles . . . .
DONT. . . . . pronom relatif, féminin pluriel.
il . . . . pron. pers. de la 3ᵉ pers. du singulier
　　　　　　　　　　masculin.
sent . . . .
le . . . . article simple , masculin singulier.
plus. . . . .
la . . . . article simple , féminin singulier.
violence . . . . substantif comm. , fémin sing.
L' . . . . article simple , masculin singulier.
or . . . . nom commun, mascul. singulier.
QUE . . . . pronom relatif, masculin singulier.
nous. . . . . pron. pers. de la 1ʳᵉ pers. du pluriel ,
　　　　　　　　　　des deux genres.
recherchons.. . . .
et . . . .
AUQUEL. . . . . . . pron. relat. , masc. sing.

nous . . . . pron. pers. de la 1re pers. du pluriel, des deux genres.

sacrifions . . . .

tout . . . . . .

nous . . . . pron. person. de la 1re pers. , pluriel des deux genres.

procure . . . . .

rarement . . . . .

le . . . . . . article simple , masculin singulier.

bonheur . . . . . nom commun , masculin singulier.

vers . . . . . .

LEQUEL . . . . . pronom relatif, masculin singulier.

tendent . . . . .

tous . . . . . . adjectif indéfini , mascul. pluriel.

nos . . . . . . adjectif possessif, masculin pluriel.

vœux . . . . . nom commun , masculin pluriel.

Mon. . . . . . adjectif possessif , mascul. singulier.

père . . . . . nom commun , masculin singulier.

LE VOTRE . . . . pron. poss. sing. mascul. de la 2e pers.

et . . . .

LE SIEN . . . . pron. poss. de la 3e personne du sing. masculin.

seront . . . . .

contens . . . . . adjectif qualif. masculin pluriel.

de . . . .

nous . . . . . pron. pers. de la 1re pers., pluriel des deux genres.

voir . . . . . .

Nos . . . . . . adjectif possessif, masc. pluriel.

frères . . . . . substantif comm. , masc. pluriel.

ont . . . . . .

comme . . . . .

nous . . . . . pron. pers. de la 1re pers. du pluriel, des deux genres.

éprouvé . . . . .

des . . . . . . pour *de les*, article comp. masc. pl.

malheurs . . . . subst. comm. masc. pluriel.

cherchons . . . .

à . . . .

adoucir . . . .
LES LEURS. . . . . pron. poss. de la 3ᵉ pers. du pl. masc.
ils. . . . . pron. pers. de la 3ᵉ pers. du pl. masc.
s'. . . . . pour *se*, pronom personnel, 3ᵉ pers.
intéresseront. . . .
AUX NOTRES. . . . pron. poss. de la 1ʳᵉ pers. du pluriel,
des deux genres.

Analysez de même :

1°. *La personne* DONT *vous me parlez et à* LAQUELLE *vous accordez votre protection*, aura aussi LA MIENNE. 2° Il y a *des gens niais* QUI *se connaissent, et* QUI *emploient* habilement *leur niaiserie*. 3° *La science* QUI n'est pas accompagnée de *la vertu est un avantage* DONT *personne* ne doit faire *cas*. 4° Il sera toujours de *votre intérêt ; mon ami*, de faire voir *aux personnes* QUI sont plus âgées que vous *les livres* DONT *vous* voulez *vous* servir et QUE *vous* empruntez *des* autres. 5° *Le temps de votre jeunesse* est passé ; celui de LA SIENNE commence. 6° *J'ai tenu ma parole*, tenez LA VÔTRE. 7° *J'ai envoyé nos lettres*, envoyez LES LEURS. 8° *Je connais vos projets*, VOICI LES MIENS. 9° *Vous voyez ces livres, je veux* LES *lui* remettre.

〰〰〰〰〰〰〰〰〰〰〰〰〰〰〰〰〰〰〰〰〰〰〰〰〰〰〰〰〰〰〰〰〰〰〰〰

13ᵉ LEÇON. — THÉORIE.

Des Pronoms démonstratifs ou indicatifs.

Les pronoms *démonstratifs* ou *indicatifs* sont des mots qui servent à rappeler à l'idée l'objet dont on a déjà parlé, en l'indiquant d'une manière précise ; ces pronoms sont :

Pour le masc. singulier.	Pour le fémin. singulier.
ce.	*celle.*
celui.	*celle-ci.*
celui-ci.	*celle-là.*
celui-là.	
ceci.	
cela.	

Pour le masc. pluriel.	Pour le fémin pluriel.
ceux.	*celles.*
ceux-ci.	*celles-ci.*
ceux-là.	*celles-là.*

Des Pronoms indéfinis.

Les pronoms indéfinis sont des mots qui désignent les personnes ou les choses sans les particulariser; ces pronoms sont :

On, quiconque, autrui, personne, tout, tel, rien, nul, qui sont tous du masculin et du singulier; *qui, lequel, quoi,* lorsqu'ils sont *interrogatifs.* Il y a encore,

POUR LE MASCULIN

SINGULIER.	PLURIEL.
l'un l'autre.	*les uns les autres.*
l'un et l'autre.	*les uns et les autres.*
ni l'un ni l'autre.	*ni les uns ni les autres.*
quelqu'un.	*quelques-uns.*
chacun.	
aucun.	*aucuns* (1).

POUR LE FÉMININ

SINGULIER.	PLURIEL.
l'une l'autre.	*les unes les autres.*
l'une et l'autre.	*les unes et les autres.*
ni l'une ni l'autre.	*ni les unes ni les autres.*
quelqu'une.	*quelques-unes.*
chacune.	
aucune.	*aucunes.*

(1) *Aucun* employé au pluriel n'est pronom que lorsqu'il représente un substantif qui n'a pas de singulier.

Nous ne finirons pas le chapitre des pronoms sans faire remarquer qu'il y a des pronoms qui portent le même nom que certains adjectifs ; et que les élèves doivent bien se garder de confondre ; par exemple, il y a les adjectifs et les pronoms possessifs, les adjectifs et les pronoms démonstratifs, les adjectifs et les pronoms indéfinis ; il y a, entre ces adjectifs et ces pronoms, la différence que l'adjectif ne peut être employé sans un substantif, tandis que le pronom peut être employé seul et à la place du nom ; ainsi, on ne dira pas : CHAQUE *travaille pour soi,* parce que *chaque* est un adjectif qui ne peut aller seul ; mais on dira bien : CHACUN *travaille pour soi,* parce que *chacun* est un pronom qui remplace les mots *chaque homme ;* on ne dira pas QUELQUE *est venu,* mais QUELQU'UN *est venu,* par le même motif.

EXERCICES.

Qu'est-ce que le pronom démonstratif ou indicatif ?
Citez les pronoms démonstratifs du singulier masculin ?
         du pluriel masculin ?
         du singulier féminin ?
         du pluriel féminin ?
Qu'est-ce que le pronom indéfini ?
Pourquoi l'appelle-t-on ainsi ?
Citez tous les pronoms indéfinis ?
N'avez-vous pas remarqué qu'il y a des pronoms qui portent le même nom que certains adjectifs ?
Quels sont ces pronoms et ces adjectifs ?
Quelle différence y a-t-il entre eux ?
Donnez des exemples ?

PRATIQUE. — ANALYSE.

Voltaire et *Rousseau* sont *deux écrivains célèbres ;* mais CELUI-CI a été moins *fécond* que CELUI-LA Il faut être *sensible aux maux* d'AUTRUI. L'UN ET L'AUTRE ont manqué à leur devoir. Est-ON *venu me demander ?* PERSONNE.

Voltaire. . . . . . nom propre d'homme, mascul. sing. et. . . . .

4

Rousseau . . . . nom propre d'homme, mascul. sing.
sont . . . .
deux . . . . adjectif de nombre card., masc. plur.
écrivains . . . . nom commun, masculin pluriel.
célèbres . . . . adjectif qualificatif, masculin pluriel.
mais . . . .
CELUI-CI . . . . pronom démonstratif, mascul. plur.
a été . . . .
moins . . . .
fécond . . . . adjectif qualificatif, masculin singul.
que . . . .
CELUI-LA . . . . pronom démonstratif, mascul. sing.
Il . . . .
faut . . . .
être . . . .
sensible . . . . . . adjectif qualificatif, masculin singul.
aux . . . . pour *à les*, art. comp., mascul. plur.
maux . . . . nom commun, masculin pluriel.
d' . . . .
AUTRUI . . . . pronom indéfini, masculin singulier.
L'UN ET L'AUTRE . pronom indéfini, maculin singulier.
ont . . . .
manqué . . . . . .
à . . . .
leur . . . . adjectif possessif, masculin singulier.
devoir . . . . nom commun, masculin singulier.
Est . . . .
ON . . . . pronom indéfini, masculin singulier.
venu . . . . . .
me . . . . pronom personnel de la 1re personne
            du singulier, des deux genres.
demander . . . . .
Personne . . . . . . pronom indéfini, masculin singulier.
n' . . . .
est . . . .
venu . . . .

Analysez de même :

1° *Les défauts de Henri quatre* étaient CEUX *d'un*

homme aimable et *ses vertus* CELLES *d'un grand homme*.
2° ON *garde* sans *remords* CE *qu'*ON acquiert sans *crime*.
3° L'UN de *ces peintres* excelle dans *le dessin* et L'AUTRE
dans *le coloris : deux mérites qui ont* CHACUN *leurs partisans*. 4° QUICONQUE désire *le bien* d'AUTRUI est bien loin
d'être *heureux*. 5° De *toutes ces fleurs* LES UNES sont *plus
belles* que LES AUTRES ; CELLES-CI sont d'*un beau rose*,
CELLES-LA sont d'*un bleu clair* qu'ON trouve rarement.
6° *Chaque nation a son caractère* comme CHACUN A LE
SIEN. 7° *Je n'ai nulle envie du bien* d'AUTRUI, *et j'ai* pour
principe que NUL n'est *heureux s'il n'est content* DU SIEN.
8° TEL se moque *d'une faute de son voisin qui se* verra
demain dans *le cas* de rougir de LA SIENNE.

∿∿∿∿∿∿∿∿∿∿∿∿∿∿∿∿∿∿∿∿∿∿∿∿

14ᵉ LEÇON. — THÉORIE.

DU VERBE.

Le *verbe* est un mot qui exprime *l'état* ou *l'action* des
personnes ou des choses , comme : *être , vivre , aller,
aimer , courir ; je travaille , tu manges , nous prenons , ils
chantent,* etc.

On ne peut énoncer aucune pensée sans un verbe , et
s'il n'est pas exprimé, il est sous-entendu. Ce mot est donc
le mot par *excellence,* et comme l'*âme* du discours. Que
l'on dise, en effet, *Philippe studieux, les leçons difficiles,
la tortue lentement, le cerf très-vite ;* ce ne sont là que
des mots dont la réunion ne présente aucun sens ; mais
nous allons voir que tout va devenir clair en y ajoutant
des verbes. Nous dirons , par exemple : *Philippe* EST
studieux, les leçons SONT *difficiles, la tortue* MARCHE *lentement, le cerf* COURT *très-vite.* Les mots *est, sont, marche,
court,* sont des verbes qui donnent à ces groupes de mots
un sens complet.

Du sujet.

La personne ou la chose qui *est* ou qui *fait* ce que le

verbe exprime est le *sujet* du verbe. Dans les exemples suivans : *les* HOMMES *sont mortels,* DIEU *est éternel, la* VERTU *élève l'âme, le* VICE *dégrade l'homme ; l'*ENFANT *aime son père,* IL *respecte son maître,* etc. Les mots *hommes, Dieu, vertu, vice, l'enfant, il,* sont les sujets des verbes *sont, est, élève, dégrade, aime, respecte.*

On reconnaît le sujet d'un verbe en faisant la question *qui est-ce qui ?* DIEU *est puissant ;* qui est-ce qui est puissant ? *Dieu ; Dieu* est donc le sujet du verbe *est.*

Le sujet d'un verbe peut être exprimé ,

1° Par un *substantif* : *La* ROSE *est une fleur charmante; les* JARDINS *sont utiles; les* TALENS *sont recherchés.*

2° Par un *pronom* : *Nous étudions la grammaire ;* ILS *plaident;* VOUS *chantez.*

3° Par un *adjectif* ou par un *infinitif*, ou enfin par tout autre mot pris substantivement ; *l'*INGRAT *est odieux aux gens de bien; votre* BOIRE *s'aigrit;* les MAIS *et les* PARCE QUE *sont souvent employés,* etc.

On reconnaît qu'un mot est pris substantivement, lorsqu'il est précédé d'un article ou d'un équivalent. Cependant il arrive que les verbes à l'infinitif sont quelquefois employés sans article, et qu'ils sont regardés comme sujets. Exemple. MOURIR *pour la patrie est honorable;* TRAVAILLER *est un besoin.*

EXERCICES.

Comment appelez-vous les mots qui expriment l'état ou l'action des personnes ou des choses ?

Citez-nous six de ces mots ?

Le verbe est-il bien nécessaire ?

Qu'est-ce que le sujet d'un verbe ?

Faites-nous connaître le sujet du verbe suivant : La ville a été prise ?

Et de celui-ci : Les paresseux ne s'instruisent pas ?

Comment reconnaît-on le sujet d'un verbe ?

Quels sont les mots qui peuvent être sujets d'un verbe ?

Citez quelques exemples ?

Comment reconnaît-on qu'un mot est pris substantivement ?

PRATIQUE. — ANALYSE.

Mon FRÈRE AIME *les fleurs.* Vos AMIS *intimes* VIENDRONT *ce soir.* NOUS IRONS *à la campagne.* JE RECOMMANDE *mon cousin à votre bienveillance. L'*AMBITIEUX EST *parfois malheureux. Les* MÉCHANS SERONT *punis.*

Mon. . . . . adjectif poss. , masc. sing. , déterm.
               frère.
FRÈRE. . . . . nom comm. , masc. sing. , sujet de
               aime.
AIME. . . . . verbe.
les. . . . . art. simple , fémin. plur. , annonce
         que *fleurs* est déterm.
fleurs . . . . subs. comm. , féminin pluriel.
Vos. . . . . adj. poss. , masc. plur. , déterm. *amis.*
AMIS. . . . . nom comm. , masc. plur. , sujet de
         viendront.
intimes. . . . . adject. qual. de *amis*, masc. plur.
VIENDRONT. . . . . verbe.
ce. . . . . adjec. démonst. , masc. sing. , dét.
         soir.
soir. . . . . nom comm. , masculin singulier.
Nous. . . . . pron. personnel , de la 1re. personne ,
         pluriel , sujet de *irons.*
IRONS. . . . . verbe.
à. . . . .
la. . . . . article simple , fémin. sing. , ann.
         que *campagne* est déterminé.
campagne. . . . . . nom commun , féminin singulier.
JE. . . . . pron. pers. de la 1er pers. du sing. ,
         sujet de *recommande.*
RECOMMANDE. . . . verbe.
mon. . . . . adjectif poss. , masc. sing. , déterm.
         cousin.
cousin. . . . . nom commun , masculin singulier.
à. . . . .
votre. . . . . adject. posses. fém. singul. déterm.
         bienveillance.

bienveillance . . .	subst. comm. fém. singul.
L'.	pour *le*, art. simple masc. sing. ann. que *ambitieux* est déterm.
AMBITIEUX	adjectif pris substantivement, masc. singulier sujet de *est*.
EST.	verbe,
parfois.	
malheureux. . .	adjectif qualificatif de *ambitieux*, masculin singulier.
Les.	article simple, mascul. plur. annonce que *méchans* est déterminé.
MÉCHANS.	adjectif pris substant., masc. plur., sujet de *seront*.
SERONT.	verbe.
punis	

Analysez de même :

1° Nous cherchons à mériter *votre estime*. 2° Je suis *sûr* que *cette* propriété conviendra à *ma famille*. 3° Une *mauvaise* action est suivie *du* repentir. 4° César combattit contre *Pompée*. 5° *La* victoire *nous a* abandonné. 6° *Les* lois de *la vertu* sont *éternelles*.

ᴧᴧᴧ

15ᵉ LEÇON. — THÉORIE.

Du régime ou complément.

On appelle *régime* ou *complément* d'un verbe ce qu'on ajoute à ce verbe pour en déterminer la signification. Quand je dis : *Je chéris* ma famille, *je meurs* pour la patrie ; *ma famille* est le complément de *chéris*, parce qu'il achève d'en exprimer la signification ; *pour la patrie* est le régime du mot *meurs*, parce qu'il complète l'idée commencée par ce mot.

(43)

Mais ce complément peut déterminer la signification du verbe, ou d'une manière directe, comme : *Je respecte* LE MALHEUR, ou d'une manière indirecte, comme : *J'obéirai* A MON PÈRE; de là, deux sortes de complémens, l'un *direct*, et l'autre *indirect*.

Le complément *direct* est celui qui détermine la signification du verbe, sans le secours d'un de ces mots *à, en, par, pour, dans, de*, etc., appelés prépositions. On le reconnaît en faisant la question *qui* pour les personnes, et *quoi* pour les choses. Exemples. *J'ai acheté* UNE MAISON, *je respecte* MON PÈRE. J'ai acheté, *quoi?* une maison. Je respecte, *qui?* mon père. *Une maison* et *mon père* sont donc les régimes directs des verbes *j'ai acheté* et *je respecte*.

Le complément *indirect* est celui qui détermine la signification du verbe à l'aide des mots appelés *prépositions*, à moins que le régime ne soit un pronom. Ces prépositions sont *à, de, dans, pour*, etc. Il répond à l'une des questions *à qui? de qui?* etc., pour les personnes, et *à quoi? de quoi?*, pour les choses : *Nous parlons* DE VOTRE FRÈRE, *je me disposais* AU TRAVAIL. Nous parlons, *de qui?* de votre frère; je me disposais, *à quoi?* au travail. *De votre frère* et *au travail* sont donc les régimes indirects des verbes *nous parlons*, et *je me disposais*.

Les régimes peuvent être exprimés,

1° Par un *substantif* : *Le doute conduit à la* VÉRITÉ; *il aime l'*HISTOIRE.

2°. Par un *pronom* : *Mon cousin* ME *chérit; cette maison* NOUS *convient*.

3° Par un *adjectif* pris substantivement : *Je hais les* MÉCHANS; *j'abhorre les* MENTEURS.

4° Par un *infinitif* : *La religion nous apprend à* PARDONNER; *il aime à* JOUER.

EXERCICES.

Qu'appelle-t-on régime ou complément d'un verbe?
Combien y en a-t-il d'espèces?
Qu'est-ce que le régime direct?

A quelle question répond-il ?
Qu'est-ce que le régime indirect ?
A quelle question répond-il ?
Par quels mots les régimes peuvent-ils être exprimés ?
Donnez des exemples ?

PRATIQUE. — ANALYSE.

J'admire LES HOMMES *vertueux. Cette bonne mère caresse* SON ENFANT. *La force cède* A LA VALEUR. *Vous* ME *racontez* UNE HISTOIRE. *Nous n'avons pas* D'ARGENT. *Il forme* LES ENFANS A LA VERTU.

Je.	pron. pers. de la 1re pers. du singul. sujet de *admire*.
admire.	verbe.
les.	art. simp., mascul. plur., annonce que *hommes* est déterm.
HOMMES	nom comm., masc. plur., compl. direct de *admire*.
vertueux.	adject. qual. de *hommes*, masc. plur.
Cette.	adj. démonst., fémin. sing., déter. *mère*.
bonne	adj. qual. de *mère*, fémin. sing.
mère.	nom. comm. fémin. sing., sujet de *caresse*.
caresse.	verbe.
son	adj. possess., masc. sing., déterm. *enfant*.
ENFANT	nom comm., masc. sing., régime direct de *caresse*.
La, ...	art. simp., fémin. sing., annonce que *force* est déterminé.
force.	nom comm., fémin sing., sujet de *cède*.
cède.	verbe.
à.	
la.	art. simp., féminin singul., ann. que *valeur* est déterminé.

VALEUR . . . . subst. comm., fémin. sing., régime
        indirect de *cède*.

Vous . . . . pron. pers , 1re pers. du plur. , des
        deux genres, sujet de *racontez*.

ME . . . . pron. pers. de la 1re pers. du sing.,
        des deux genres , mis pour *à moi* ,
        régime ind. de *racontez*.

racontez . . . . . . verbe.

une . . . . adj. de nomb. card. , fémin. singul. ,
        déterm. *histoire*.

HISTOIRE . . . . . nom comm., fémin. sing., régime
        direct de *racontez*.

Nous . . . . pron. pers. de la 1re pers. du plur.,
        des deux genres, sujet de *avons*

ne . . . .

avons . . . . verbe.

pas . . . .

de . . . .

argent . . . . nom comm. , masc. sing., régime
        direct de *avons*.

Il . . . . pron. pers. de la 3e pers du masc.
        sing., sujet de *forme*.

forme . . . . verbe

les . . . . art. simp , masc. plur. , annonce
        que *enfans* est déterminé.

ENFANS . . . . . nom comm , masc. plur., régime
        direct de *forme*.

à . . . .

la . . . . art. simp. , fém. sing , annonce que
        vertu est déterminé.

vertu . . . . nom comm. , fémin. sing., régime
        indirect de *forme*.

Analysez de même :

*J'ai prêté mon livre à Philippe.—Si vous n'étudiez pas
vos leçons je vous punirai —Seigneur, pardonnez-nous
nos offenses comme nous les pardonnons à ceux qui nous
ont offensés.—Séparez ces deux enfans l'un de l'autre.—
Les deux armées se sont battues long-temps, et elles se sont
bien disputé la victoire.—Poussez cette boule contre le mur.*

16ᵉ LEÇON. — THÉORIE.

Des différentes sortes de verbes.

Puisqu'un verbe peut exprimer une *action*, c'est-à-dire que l'on *fait quelque chose*, ou un *état*, c'est-à-dire que l'on *est quelque chose*, il y a nécessairement plusieurs sortes de verbes.

Ces verbes sont au nombre de six qui sont : le verbe *substantif*, le verbe *actif*, le verbe *passif*, le verbe *neutre*, le verbe *pronominal*, le verbe *unipersonnel*.

1° Le verbe *substantif* ÊTRE, exprime l'être ou l'existence, comme : *Je* SUIS *content; vous* SEREZ *récompensés; ces enfans* ONT ÉTÉ *complaisans.*

2° Le verbe *actif* exprime une *action* que fait quelqu'un ou quelque chose qui en est le *sujet*, sur quelqu'un ou quelque chose qui en est le *régime* ou *complément*, comme : *Les enfans* ÉTUDIENT *la grammaire; vous* VERREZ *votre frère; les hommes* CRAIGNENT *Dieu*, etc. Les mots *étudient, verrez, craignent*, sont des verbes actifs dont l'action est faite par les mots *enfans, vous, les hommes*, qui en sont les sujets, sur les mots *grammaire, frère, Dieu*, qui en sont les régimes.

On connaît qu'un verbe est actif, quand on peut y joindre les mots *quelqu'un* ou *quelque chose*, comme : *Aimer, louer, punir, finir, recevoir, rendre*, etc.

3° Le verbe *passif* exprime une *action* supportée et non pas faite par le sujet, comme : *Je* SUIS BLAMÉ *par mon père; vous* AVEZ ÉTÉ FRAPPÉ *dangereusement; les bons* SERONT RÉCOMPENSÉS; *les méchans* SERONT PUNIS, etc. On voit par ce qui vient d'être dit, que le verbe *passif* est le contraire du verbe *actif*, puisque l'actif énonce une action faite par le sujet sur le régime, tandis que le verbe passif exprime une action reçue par le sujet.

4° Le verbe *neutre* exprime un *état* ou une *action;* mais cette action ne retombe pas *directement* sur quelque chose, comme : *Je* RIS; *vous* ARRIVEZ; *ces malades* LANGUISSENT, etc.

On voit que le verbe neutre diffère du verbe actif en ce que l'action produite par le sujet ne peut s'exercer sur rien ; et en effet, on ne peut pas dire : *Je* RIS *quelqu'un ; vous* ARRIVEZ *quelque chose ; ces malades* LANGUISSENT *quelqu'un*, etc.

EXERCICES.

Combien y a-t-il de sortes de verbes ?
Qu'est-ce que le verbe substantif ?
Donnez deux exemples ?
Qu'est-ce que le verbe actif ?
Donnez deux exemples ?
Qu'est-ce que le verbe passif ?
Donnez deux exemples ?
Quelle différence y a-t-il entre le verbe actif et le verbe passif ?
Qu'est-ce que le verbe neutre ?
Citez deux exemples ?
Quelle différence y a-t-il entre le verbe neutre et le verbe actif ?

PRATIQUE. — ANALYSE.

Un enfant sage DOIT RESPECTER *ses professeurs. Ce peuple* ÉTAIT *fort habile dans l'art de la guerre. Ma sœur* A ÉTÉ FÉLICITÉE *par vos parens. Vos frères* ONT ÉTÉ EXHORTÉS *a l'étude par ma mère. Je* DINERAI *avec ma cousine. Tu* VOYAGERAS *en Italie.*

Un. . . . . adjectif de nombre cardin. mas. sing. déterm. *enfant.*
enfant. . . . . . . nom com. mascul. sing. sujet de *doit.*
sage. . . . . adject. qualif. de *enfant*, masc. sing.
DOIT . . . . verbe actif.
RESPECTER. . . . . verbe actif, régime direct de *doit.*
ses. . . . . adjectif posses., mascul. plur. détermine *professeurs.*
professeurs . . . nom commun mascul. plur., régime direct de *respecter.*
Ce. . . . . adjectif démonstratif, mascul. singul. détermine *peuple.*

peuple. . . . . . . nom commun, mascul. sing.; sujet
de *était.*

ÉTAIT. . . . . . . verbe substantif *être.*

fort. . . . .
habile. . . . . . . adjectif qualif. de *peuple*, mas sing.
dans. . . . . . .

l' . . . . pour *le*, article simple mascul. sing.,
annonce que *art* est determiné.

art. . . . . nom commun masc. singulier.

de. . . . .
la. . . . . article simple fém. singul., annonce
que *guerre* est déterminé.

guerre. . . . . . . nom commun masc. singul.

Ma. . . . . adjectif possessif fém. sing., déterm.
sœur.

sœur. . . . . nom commun fém. singul., sujet de
a été félicitée.

A ÉTÉ FÉLICITÉE.. verbe passif.

par. . . . .
vos . . . . adjectif possessif, masculin pluriel,
détermine *parens.*

parens. . . . . . . nom commun, mascul. pluriel, régime indirect de *a été félicitée.*

Vos. . . . . adjectif possessif masculin pluriel,
détermine *frères.*

frères . . . . nom commun mascul. pluriel, sujet
de *ont été exhortés.*

ONT ÉTÉ EXHORTÉS verbe passif.

à. . . . .
l' . . . . mis pour *la*, art. simple fém. singul.,
annonce que *étude* est déterminé.

étude. . . . . nom commun fémin. sing., régime
indirect de *ont été exhortés.*

par. . . . .
ma. . . . . adjectif possessif féminin singulier,
détermine *mère.*

mère. . . . . nom commun fémin. sing., régime
indirect de *ont été exhortés.*

Je. . . . . pron. person. de la 1re pers. du sing.
des deux genres, sujet de *dînerai*.
DÎNERAI. . . . . . . verbe neutre.
avec. . . . .
ma. . . . . adjectif posses. fém. singul. déterm.
cousine.
cousine. . . . . . . nom commun, fémin. sing. régime
indirect de *dînerai*.
Tu. . . . . pronom personnel de la 2me personne
du singulier des deux genres, sujet
de *voyageras*.
VOYAGERAS . . . . verbe neutre.
en . . . .
Italie. . . . . . . nom propre de royaume, régime
indirect de *voyageras*.

Analysez de même:

1° *Le paresseux* CRAINT *le travail.* 2° *L'enfant diligent*
AIME *l'étude.* 3° *Je vous* ADMIRE lorsque *vous* SECOUREZ
les pauvres et que *vous les* RECEVEZ comme *des amis.*
4° *Rome* A ÉTÉ BATIE par *Romulus.* 5° *Le monde* A ÉTÉ
CRÉÉ et *il* SERA DÉTRUIT par *le créateur.* 6° *Vous* AURIEZ
ÉTÉ RÉCOMPENSÉS si *vous* AVIEZ ÉTÉ CONDUITS par de *meil-
leures intentions.* 7° *Vous* AVEZ NUI à *l'avancement* de
monsieur. 8° *Nous* VOULONS que *vous* SORTIEZ.

~~~~~~

17e LEÇON. — THÉORIE.

Suite des verbes.

Nous avons vu qu'il y a 1° le verbe *substantif*, 2° le
verbe *actif*, 3° le verbe *passif*, 4° le verbe *neutre*; il y a
encore :
5° Le verbe *pronominal* dont le sujet et le régime sont

5
~~~~~~

représentés par deux pronoms de la même personne, comme *je me retire, nous nous amusons, ils se flattent* etc. On voit que dans le premier exemple, *je* qui est sujet de *retire* est de la même personne que *me* qui en est le régime ; dans le second, le premier *nous* est le sujet, et le second *nous* est le régime ; dans le troisième exemple, *se* qui est le régime de *flattent*, est de la même personne que *ils* qui en est le sujet.

Il y a deux sortes de verbes pronominaux : le verbe pronominal *essentiel*, et le verbe pronominal *accidentel*.

Le verbe pronominal *essentiel* est celui qui ne peut se conjuguer autrement qu'avec deux pronoms : comme *je me moque, je me fie, je me repens, je m'abstiens*, etc. On ne peut pas dire, *je moque, je fie, je repens, j'abstiens.*

Le verbe pronominal *accidentel* est de sa nature actif ou neutre et devient pronominal par circonstance, comme *je me flatte, je me nuis, je me blesse, je me plais, je me transporte* etc. On peut dire *je flatte, je nuis, je blesse, je plais, je transporte.*

6° Le verbe *impersonnel* ou plutôt *unipersonnel*, est celui qui ne s'emploie, dans tous ses temps, qu'à la troisième personne du singulier, comme *il faut, il pleut, il neige, il convient*. Ce verbe est de plus verbe *neutre*, parce que l'action qu'il exprime ne retombe pas directement sur quelque chose.

Il y a aussi deux espèces de verbes unipersonnels, ce sont : le verbe unipersonnel *essentiel*, comme *il faut, il pleut, il gèle* etc., et le verbe unipersonnel *accidentel*, comme *il convient, il arrive, il existe*. Exemple : *Il convient que vous veniez, il arrive souvent des accidents, il existe un Dieu.*

La différence qu'il y a entre ces deux sortes de verbes, c'est que le premier ne peut avoir réellement que le pronom *il* pour sujet, tandis que le dernier peut en avoir d'autres parce qu'il dérive d'un verbe personnel. En effet, on ne peut pas dire : *Je faus, tu faus; nous pleuvons, vous pleuvez* etc. Mais on dit bien : *Je conviens, tu conviens, nous arrivons, vous arrivez* etc. Il faut remarquer

que le pronom *il*, dans les verbes unipersonnels *accidentels*, n'est pas le véritable sujet de ces verbes ; il n'en est
que le sujet *apparent*, car ce sont les mots suivans qui en
sont le sujet réel. Par exemple dans la phrase, *il convient
que vous veniez*. Ce sont les mots *que vous veniez* qui
sont le sujet du verbe *convient*.

EXERCICES.

Qu'est-ce que le verbe pronominal ?
Combien y en a-t-il d'espèces ?
Qu'est-ce qu'un verbe pronominal essentiel ?
Donnez deux exemples ?
Qu'est-ce qu'un verbe pronominal accidentel ?
Donnez deux exemples ?
Qu'est-ce que le verbe unipersonnel ?
Combien y en a-t-il d'espèces ?
Qu'est-ce que le verbe unipersonnel essentiel ?
Donnez deux exemples ?
Qu'est-ce que le verbe unipersonnel accidentel ?
Donnez deux exemples ?
Quelle différence y a-t-il entre le verbe unipersonnel, es-
sentiel et le verbe unipersonnel accidentel ?
Que remarquez-vous sur le pronom *il* dans les verbes uni-
personnels accidentels ?

PRATIQUE. — ANALYSE.

Je me SUIS PROMENÉ dans *le jardin du roi. Nous nous*
SOMMES PROVOQUÉS *au combat. Il s'*EST PROCURÉ *une gloire
immortelle.* IL EST *agréable* de SE DÉSALTÉRER. IL A NEIGÉ
long-temps. IL IMPORTE de *vous punir. Je me* SUIS ABSTENU
de beaucoup de *plaisirs.*

Je . . . . pron. person. de la 1re pers. du sing.
des 2 genres, sujet de *suis promené.*
me . . . . pron. pers. de la 1re pers. du sing. des
2 genres, rég. dir. de *suis promené.*
SUIS PROMENÉ, . . verbe pronominal accidentel.
dans. . . . .

le . . . . article simple, mascul. sing. annonce que *jardin* est déterminé.

jardin . . . . nom commun, mascul. sing., régime indirect de *suis promené*.

du . . . . pour *de le* art. composé, masc. singul. annonce que *roi* est déterminé.

roi . . . . nom commun, masculin singulier,

Nous . . . . pronom pers. de la 1re pers. du plur. sujet de *sommes provoqués*.

nous . . . . déjà analysé . . . . régime direct de *sommes provoqués*.

SOMMES PROVOQUÉS. verbe pronominal accidentel.

au . . . . pour *à le*, article composé, masculin singulier, annonce que *combat* est déterminé.

combat . . . . . . nom comm., masc. sing., rég. ind. de *provoqués*.

Il . . . . pron. pers. de la 3e pers. du singul. masc., sujet de *est procuré*.

s' . . . . mis pour *à soi*, pron. pers. réfléchi, masc. sing., rég. ind. de *est procuré*.

EST PROCURÉ . . . verbe pronominal accidentel.

une . . . . adj. de nom., fém. sing., dét. *gloire*.

gloire . . . . nom comm., fém. sing., régime dir. de *procuré*.

immortelle . . . . adj. qual. de *gloire*, fém. sing.

IL EST . . . . verbe unipersonnel accidentel.

agréable . . . . . adj. qual. de *désaltérer*.

de . . . .

se . . . . mis pour *soi*, pron. pers. réfléchi, 3e pers. du sing., rég. direct de *désaltérer*.

DÉSALTÉRER . . . . verbe à l'infinitif, pris subst., sujet de *il est*.

IL A NEIGÉ . . . . verbe unipers. essentiel, le sujet est *il*.

long-temps . . . .

IL IMPORTE . . . . verbe unip. accidentel, le sujet est *prévenir*.

de. . . . .
vous. . . . .   pron. pers. de la 2ᵉ pers. du plur. des
                          deux gen. , rég. dir. de *prévenir*.
prévenir. . . . . verbe à l'infin. , pris subst. ; sujet de
                          importe.
Je. . . . .   pron. pers. de la 1ʳᵉ pers. du singul.
                          des deux gen. , sujet d'*abstenu*.
me. . . . .   pron. pers. de la 1ʳᵉ pers. du singul.
                          des deux gen. , rég. dir. d'*abstenu*.
SUIS ABSTENU. . . .   verbe pronominal essentiel.
de. . . . .
beaucoup. . . . .   mot pris substantivement.
de. . . . . . .
plaisirs. . . . . . .   nom commun ; masc . plur. , régi me
                          indirect de *abstenu*.

Analysez de même :

1° *Les Grecs se* SONT ILLUSTRÉS dans *les arts.* 2° IL A
PLU beaucoup *ce matin.* 3° IL FAIT beaucoup de *vent.*
4° IL FAUT que *chacun* s'OCCUPE de *l'affaire dont il est
chargé.* 5° *Nous nous* PROCURERONS *des armes* et *nous
nous* DÉFENDRONS *vigoureusement.* 6° IL Y A long-temps
que *je vous ai vu.*

∿∿∿∿∿∿∿∿∿∿∿∿∿∿∿∿∿∿∿∿∿∿∿∿∿∿∿∿

18ᵉ LEÇON. — THÉORIE.

Variations des verbes.

Les *verbes* sont sujets à un plus grand nombre de variations que les espèces de mots que nous connaissons
déjà. Outre le nombre et la personne , ils ont encore
une forme particulière pour indiquer le temps où la chose
se passe , et la manière dont elle se passe. Les verbes ont
donc le *nombre*, la *personne*, le *temps*, le *mode* , et enfin
la *conjugaison.*

Du nombre dans les verbes.

Le *nombre* est une forme particulière que prend le verbe pour signifier que l'on attribue l'action ou l'état à une seule personne ou à plusieurs, comme : *j'aime, tu aimes, nous aimons, vous aimez*, etc. On voit que ce verbe ne s'écrit pas de la même manière au singulier et au pluriel.

De la personne.

La *personne* est une forme que prend le verbe pour indiquer que ce qui est exprimé par ce verbe est attribué à la *première* ou à la *seconde* ou à la *troisième* personne.

EXEMPLE.

Singulier.
- 1re personne, *je chante.*
- 2e personne, *tu chantes.*
- 3e personne, *il chante.*

Pluriel....
- 1re personne, *nous chantons.*
- 2e personne, *vous chantez.*
- 3e personne, *ils chantent.*

Des modes.

On appelle *mode* dans les verbes certaines inflexions ou formes que prend le verbe pour changer la manière de signifier ; par exemple, la chose exprimée par le verbe peut être positive et directe, comme : *j'écris, j'ai écrit, j'écrirai*, etc. ; elle peut être indéterminée, comme : *venir, écrire, travailler*, etc. ; elle peut être commandée ou demandée, comme : *venez, écrivez, travaillez*, etc.

Il y a donc plusieurs modes dans les verbes, c'est-à-dire plusieurs manières de signifier, ce sont : *l'infinitif, l'indicatif*, le *conditionnel, l'impératif*, le *subjonctif*

A quelles variations les verbes sont-ils sujets ?
Qu'est-ce que le nombre dans les verbes ?
Donnez des exemples ?
Qu'est-ce que la personne dans les verbes ?
Citez des exemples ?
Qu'appelle-t-on modes dans les verbes ?
Citez quelques exemples ?
Combien y a-t-il de modes dans un verbe ?
Quels sont-ils ?

AAAAAAAAAAAAAAAAAAAAAAAAAAAAAAAAAAAAAAAAAAAAAAAAAAAAA

19ᵉ LEÇON. — THÉORIE.

Suite des modes.

L'*infinitif* exprime l'action ou l'état d'une manière indéterminée, et sans marquer à qui on attribue la chose exprimée par le verbe, comme : *venir*, *chanter*, *courir*, etc.

L'*indicatif* sert à signifier une action ou un état d'une manière directe et positive, comme : *j'arrive*, *je suis arrivé*, *j'arriverai*, etc.

Le *conditionnel* exprime l'action ou l'état d'une manière conditionnelle, c'est-à-dire dépendante d'une condition, comme : *je lirais*, *je travaillerais*, *je jouerais si....*, etc.

L'*impératif* sert à commander ou à demander la chose exprimée par le verbe, comme : *viens, chantons, lisez*, etc.

Le *subjonctif* exprime une action ou un état subordonné à une autre action ou à un autre état, comme : *il faut que* JE MARCHE, *il a fallu que* VOUS ÉCRIVISSIEZ, etc.

Quatre de ces modes, l'*indicatif*, le *conditionnel*, l'*impératif* et le *subjonctif*, sont appelés *modes personnels*, parce qu'ils expriment les différentes personnes. L'*infi-nitif* exprimant toujours l'action d'une manière vague et indéterminée, est nommé pour cette raison, *mode imper-sonnel.*

Des temps.

Le *temps* est une forme que prend le verbe pour désigner à quelle partie de la durée appartient l'action ou l'état exprimé par le verbe.

On divise la durée en trois temps principaux, qui sont : le *présent*, le *passé* ou *parfait*, et le *futur* ou *avenir*.

Le *présent* est le moment où l'on parle ; c'est un point indivisible : il n'admet qu'un temps ; mais le *passé* et le *futur* en admettent plusieurs, parce qu'ils se composent d'une infinité d'instans plus ou moins éloignés du temps présent : il y en a cinq pour le passé, qui sont : *l'imparfait*, *le prétérit défini*, *le prétérit indéfini*, *le prétérit antérieur et le plus-que-parfait ;* et deux pour le futur : *le futur simple et le futur antérieur*

En tout, huit temps pour les trois époques.

EXERCICES.

Qu'est-ce que l'infinitif ?
       l'indicatif ?
       le conditionnel ?
       l'impératif ?
       le subjonctif ?
Quels sont les modes personnels ?
Pourquoi sont-ils appelés ainsi ?
Quel est le mode impersonnel ?
Qu'entend-on par temps dans les verbes ?
Combien y a-t-il de temps principaux ?
Combien le présent admet-il de temps ?
Combien y a-t-il de temps dans le passé ?
Citez ces temps ?
Quels sont les temps du futur ?

20ᵉ LEÇON. — THÉORIE.

Suite des temps.

Nous avons vu plus haut qu'il y a huit temps dans les verbes : un présent, cinq passés et deux futurs.

Le *présent* exprime l'état ou l'action comme ayant lieu au moment où l'on parle : *je suis, je chante, je joue.*

L'*imparfait* marque un état ou une action comme présente par rapport à une époque passée ; *je* LISAIS *quand vous vîntes, je* DORMAIS *quand vous entrâtes.*

Le *prétérit défini* désigne une action faite dans un temps entièrement passé et à une époque déterminée : *Hier je* REÇUS *votre lettre, je* VIS *cette dame l'année dernière.*

Le *prétérit indéfini* exprime une action faite dans un temps qui dure encore au moment où l'on parle : J'AI TRAVAILLÉ *ce matin.* J'AI VU *mon frère aujourd'hui.*

Le *prétérit antérieur* marque une action comme ayant eu lieu avant une autre dans un temps complètement écoulé : *Quand* J'EUS DESSINÉ, *je m'amusai ; dès que* J'EUS TRAVAILLÉ, *je me couchai.*

Le *plus-que-parfait* exprime une action comme ayant eu lieu à une époque passée avant une autre action également passée, mais dans un temps qui est encore ou qui n'est plus : J'AVAIS DÉJEUNÉ *lorsque vous entrâtes ; nous* ÉTIONS ARRIVÉS *hier quand ils partirent ;* J'AVAIS JOUÉ *beaucoup ce matin, quand je me suis mis à l'étude.*

Le *futur simple* exprime une action comme devant avoir lieu dans un temps à venir : J'IRAI *à Paris demain, je me* PROMÉNERAI *ce soir.*

Le FUTUR ANTÉRIEUR exprime une action comme devant avoir lieu dans un temps à venir, mais antérieur à un autre : *Quand vous* AUREZ LU *ce livre, vous me le prêterez ; je partirai dès que* J'AURAI FINI.

EXERCICES.

Comment le présent exprime-t-il l'action ?
         l'imparfait exprime-t-il l'action ?
Donnez deux exemples ?
Comment le prétérit défini exprime-t-il l'action ?
Citez deux exemples ?
Comment le prétérit indéfini exprime-t-il l'action ?
Donnez deux exemples ?
Comment le prétérit antérieur exprime-t-il l'action ?

Citez deux exemples?
Comment le plus-que-parfait exprime-t-il l'action?
Donnez deux exemples?
Comment le futur simple exprime-t-il l'action?
Citez deux exemples?
Comment le futur antérieur exprime-t-il l'action?
Donnez deux exemples?

21ᵉ LEÇON. — THÉORIE.

Suite des temps.

Parmi les temps dont se composent les verbes, il y en a qu'on appelle *primitifs*, et d'autres qu'on nomme *dérivés* ; il y a des temps *simples* et des temps *composés*.

On appele *temps primitifs* ceux qui servent à former les autres ; et *temps dérivés*, ceux qui sont formés des temps primitifs.

Nous verrons la formation des temps dérivés quand nous connaîtrons les conjugaisons.

Les *temps simples* sont ceux qui n'ont qu'un mot sans y comprendre le pronom, comme : *je* SUIS, *vous* VIEN-DREZ, *ils* ÉTAIENT, etc.

Les *temps composés* sont ceux qui ont plusieurs mots également sans le pronom, comme : j'AI TARDÉ, *nous* AVONS CHANTÉ, *elles* ONT JOUÉ.

De la conjugaison.

On appelle *conjuguer* un verbe réciter ce verbe avec toutes les formes qui lui conviennent.

On appelle aussi *conjugaison* la classification des verbes, pour ce qui regarde ces mêmes formes ou changemens.

Il y a quatre conjugaisons que l'on distingue par les terminaisons de l'infinitif.

La première conjugaison a l'infinitif terminé en *er*, comme *aimer, chanter, dîner*, etc.

La deuxième conjugaison a l'infinitif en *ir*, comme *finir*, *punir*, *bénir*, etc.

La troisième conjugaison a l'infinitif en *oir*, comme *voir*, *concevoir*, *recevoir*, etc.

La quatrième conjugaison a l'infinitif en *re*, comme *prendre*, *croire*, *écrire*, etc.

Avant de commencer les conjugaisons, nous allons donner deux verbes dont on ne peut se passer pour conjuguer les autres, et qui, pour cette raison, sont appelés verbes *auxiliaires*, c'est-à-dire, verbes *aidant* aux autres ; ces deux verbes, qui sont très-irréguliers dans leurs formes, sont le verbe *avoir* et le verbe *être*.

EXERCICES.

N'y a-t-il pas plusieurs espèces de temps dans les verbes ?

Combien y en a-t-il ?

Qu'est-ce que le temps primitif ?

le temps dérivé ?

le temps simple ?

le temps composé ?

Qu'appelle-t-on conjuguer un verbe ?

Qu'appelle-t-on conjugaison ?

Combien y a-t-il de sortes de conjugaisons ?

Quelle est la terminaison de l'infinitif de la 1re conjugaison ?

de la 2e conjugaison ?

de la 3e conjugaison ?

de la 4e conjugaison ?

Quels sont les verbes qui servent à conjuguer les autres ?

Comment les a-t-on appelés ?

22ᵉ LEÇON. — THÉORIE.

VERBE AUXILIAIRE *AVOIR*.

INFINITIF.

Présent.

AVOIR.

Prétérit.

Avoir eu.

Participe présent.

Ayant.

Participe passé.

Eu, eue, ayant eu.

Participe futur.

Devant avoir.

INDICATIF.

Présent.

Sing. { J'ai.
Tu as.
Il *ou* elle a.

Plur. { Nous avons.
Vous avez.
Ils *ou* elles ont.

Imparfait.

J'avais.
Tu avais.
Il *ou* elle avait.

Nous avions.
Vous aviez.
Ils *ou* elles avaient.

Prétérit défini.

J'eus.
Tu eus.
Il *ou* elle eut.
Nous eûmes.
Vous eûtes.
Ils *ou* elles eurent.

Prétérit indéfini.

J'ai eu.
Tu as eu.
Il *ou* elle a eu.
Nous avons eu.
Vous avez eu.
Ils *ou* elles ont eu.

Prétérit antérieur.

J'eus eu.
Tu eus eu.
Il *ou* elle eût eu.
Nous eûmes eu.
Vous eûtes eu.
Ils *ou* elles eurent eu.

Plus-que-parfait.

J'avais eu.
Tu avais eu.
Il *ou* elle avait eu.

Nous avions eu.
Vous aviez eu.
Ils *ou* elles avaient eu.

Futur.

J'aurai.
Tu auras.
Il *ou* elle aura.
Nous aurons.
Vous aurez.
Ils *ou* elles auront.

Futur antérieur.

J'aurai eu.
Tu auras eu.
Il *ou* elle aura eu.
Nous aurons eu.
Vous aurez eu.
Ils *ou* elles auront eu.

CONDITIONNELS.

Présent.

J'aurais.
Tu aurais.
Il *ou* elle aurait.
Nous aurions.
Vous auriez.
Ils *ou* elles auraient.

Passé.

J'aurais eu.
Tu aurais eu.
Il *ou* elle aurait eu.
Nous aurions eu.
Vous auriez eu.
Ils *ou* elles auraient eu.

On dit aussi :

J'eusse eu.
Tu eusses eu.
Il ou elle eût eu.
Nous eussions eu.

Vous eussiez eu.
Ils ou elles eussent eu.

IMPÉRATIF.

Aie.
Ayons.
Ayez.

SUBJONCTIF.

Présent ou futur.

Que j'aie.
Que tu aies.
Qu'il *ou* qu'elle ait.
Que nous ayons.
Que vous ayez.
Qu'ils *ou* qu'elles aient.

Imparfait.

Que j'eusse.
Que tu eusses.
Qu'il *ou* qu'elle eût.
Que nous eussions.
Que vous eussiez.
Qu'ils *ou* qu'elles eussent.

Prétérit.

Que j'aie eu.
Que tu aies eu.
Qu'il *ou* qu'elle ait eu.
Que nous ayons eu.
Que vous ayez eu.
Qu'ils *ou* qu'elles aient eu.

Plus-que-parfait.

Que j'eusse eu.
Que tu eusses eu.
Qu'il *ou* qu'elle eût eu.
Que nous eussions eu.
Que vous eussiez eu.
Qu'ils *ou* qu'elles eussent eu.

EXERCICES.

On fera réciter à chaque élève un temps du verbe qu'il vient de lire, et on le lui fera écrire sur le champ, sur le tableau noir ou sur l'ardoise. On suivra d'abord l'ordre dans lequel les temps se trouvent placés dans la conjugaison, et ensuite on pourra varier à volonté.

PRATIQUE. — ANALYSE.

Mon frère A EU *des bombons. Nous* AURONS *des images. Vous* AURIEZ EU *de belles récompenses. Il faut que vous* AYEZ *bien du courage. Ils* EURENT *plusieurs maladies contagieuses. Les moniteurs généraux* AURONT *les prix.*

Mon. . . . . adjectif possessif, masculin singulier, déterm. *frère.*

frère. . . . . nom commun, masculin singulier, sujet de *a eu.*

A EU . . . . verbe avoir, mode indicatif, temps prét. indéf., 3me pers. du sing. (1)

des. . . . . pour de les, art. comp., fém. plur., annonce que *bombons* est déterm.

bombons. . . . . . substantif commun, mascul. pluriel, régime direct de *a eu.*

Nous. . . . . pron. personnel de la 1re personne du pluriel, sujet de *aurons.*

AURONS. . . . . . . verbe avoir, mode indic., temps futur simple, 1re personne du pluriel.

des. . . . . pour de les, art. comp., fém. plur., annonce que *images* est déterminé.

images. . . . . . . substant. commun, féminin pluriel, régime direct de *aurons.*

Vous. . . . . pron. pers. de la 2me pers. du plur., sujet de *auriez eu.*

(1) Le verbe avoir pris isolément doit être regardé comme un verbe adjectif de la troisième conjugaison ; mais quand ce verbe est joint à un participe d'un autre verbe, il est auxiliaire. Nous ne ferons pas ici cette distinction, parce que les élèves n'ont pas vu les quatre conjugaisons.

AURIEZ EU. . . . . . verbe avoir, mode condit., temps
    passé, 2me personne du pluriel.

de. . . . .

belles. . . . . adject. qualificatif de *récompenses*,
    féminin pluriel.

récompenses. . . . subst. commun, fém. pluriel, régime
    direct de *auriez eu*.

Il faut. . . . . . . verbe unipersonnel, essentiel.

que. . . . .

vous. . . . . pron. pers. de la deuxième pers. du
    pluriel, sujet de *ayez*.

AYEZ. . . . . verbe avoir, mode subjonctif, temps
    présent, 2me pers. du plur.

bien. . . . .

du. . . . . pour *de le*, art. comp., mas. singul.,
    annonce que *courage* est déterm.

courage. . . . . . nom commun, masculin singulier,
    régime direct de *ayez*.

Ils. . . . . pron. pers. de la 3me pers. du plur.,
    sujet de *eurent*.

EURENT. . . . . . . verbe avoir, mode indic., temps prét.
    indéfini, 3me pers. du plur.

plusieurs. . . . . adjectif, indéfini, féminin pluriel,
    détermine *maladies*.

maladies. . . . . subst. commun, fém. plur., régime
    direct de *eurent*.

contagieuses. . . adjectif qualif. de *maladies*, féminin
    pluriel.

Les. . . . . art. simple, mas. plur., annonce que
    moniteurs est déterm.

moniteurs. . . . nom com., mas. plur., suj. de *auront*.

généraux. . . . adject. qualif., de *moniteurs*, mascul.
    pluriel.

AURONT. . . . . . verbe avoir, mode indic., temps fut.
    simple, 3me pers. du plur.

les. . . . . art. simple, mascul. plur., annonce
    que *prix* est déterminé.

prix. . . . . . . nom commun, mascul. plur., régime
    direct de *auront*.

Analysez de même:

1º *Ils* ONT EU *des priviléges.* 2º *Il faudrait que nous* EUSSIONS *des domaines.* 3º *S'il voyage dans le midi, il* AURA *souvent soif.* 4º *Ma petite sœur* AURA *une belle pou-pée.* 5º *Mon papa voulait que nous* EUSSIONS EU *la préfé-rence.* 6º *Il désire que nous* AYONS *les couronnes.* 7º *Elle* AURA EU *la fièvre quand vous serez de retour.*

23ᵉ LEÇON. — THÉORIE.

VERBE AUXILIAIRE *ÊTRE.*

INFINITIF.

Présent.

ÊTRE.

Prétérit.

Avoir été.

Participe présent.

Etant.

Participe passé.

Eté, ayant été.

Participe futur.

Devant être.

INDICATIF.

Présent.

Je suis.
Tu es.
Il *ou* elle est.
Nous sommes.
Vous êtes.
Ils *ou* elles sont.

Imparfait.

J'étais.
Tu étais.
Il *ou* elle était.
Nous étions.
Vous étiez.
Ils *ou* elles étaient.

Prétérit défini.

Je fus.
Tu fus.
Il *ou* elle fut.
Nous fûmes.
Vous fûtes.
Ils *ou* elles furent.

Prétérit indéfini.

J'ai été.
Tu as été.

Il *ou* elle a été.
Nous avons été.
Vous avez été.
Ils *ou* elles ont été.

Prétérit antérieur.

J'eus été.
Tu eus été.
Il *ou* elle eut été.
Nous eûmes été.
Vous eûtes été.
Ils *ou* elles eurent été

Plus-que-parfait.

J'avais été.
Tu avais été.
Il *ou* elle avait été.
Nous avions été.
Vous aviez été.
Ils *ou* elles avaient été.

Futur.

Je serai.
Tu seras.
Il *ou* elle sera.
Nous serons.
Vous serez.
Ils *ou* elles seront.

Futur antérieur.

J'aurai été.
Tu auras été.
Il *ou* elle aura été.
Nous aurons été.
Vous aurez été.
Ils *ou* elles auront été.

CONDITIONNELS.

Présent.

Je serais.

Tu serais.
Il *ou* elle serait.
Nous serions.
Vous seriez.
Ils *ou* elles seraient.

Passé.

J'aurais été.
Tu aurais été.
Il *ou* elle aurait été.
Nous aurions été.
Vous auriez été.
Ils *ou* elles auraient été.

On dit aussi :

J'eusse été.
Tu eusses été.
Il ou *elle eût été.*
Nous cussions été.
Vous eussiez été.
Ils ou *elles eussent été.*

IMPÉRATIF.

Sois.
Soyons.
Soyez.

SUBJONCTIF.

Présent ou futur.

Que je sois.
Que tu sois.
Qu'il *ou* qu'elle soit.
Que nous soyons.
Que vous soyez.
Qu'ils *ou* qu'elles soient.

Imparfait.

Que je fusse.
Que tu fusses.
Qu'il *ou* qu'elle fût.
Que nous fussions.
Que vous fussiez.
Qu'ils *ou* qu'elles fussent.

Prétérit.

Que j'aie été.
Que tu aies été.

Qu'il *ou* qu'elle ait été.
Que nous ayons été.
Que vous ayez été.
Qu'ils *ou* qu'elles aient été.

Plus que-parfait.

Que j'eusse été.
Que tu eusses été.
Qu'il *ou* qu'elle eût été.
Que nous eussions été.
Que vous eussiez été.
Qu'ils *ou* qu'elles eussent été.

EXERCICES.

Mêmes exercices qu'à la leçon précédente.

PRATIQUE.— ANALYSE.

Nous SOMMES *des soldats français. Il demande si vous* AVEZ ÉTÉ *prisonnier. Les sciences* SONT *utiles. Des trésors* ONT ÉTÉ *offerts à cette femme. Il faut que vous* SOYEZ *bien méchans. Mon fils,* SOIS *sage et tu* SERAS *récompensé.*

Nous. . . . . pron. pers. de la 1re pers. du plur.,
              sujet de *sommes.*

SOMMES. . . . . . vérbe subst. être, mode indic., temps
              présent, 1re pers. du pluriel. (1)

des. . . . . pour *de les*, art. comp., masc. plur.,
              annonce que *soldats* est déterminé.

soldats. . . . . . nom commun, masc. pluriel.

français. . . . . . adject. qualif. de *soldats*, masc. plur.

Il. . . . . pron. pers. de la 3me pers. du sing.,
              sujet de *demande.*

demande. . . . . . verbe actif.

(1) Ce verbe n'est appelé verbe auxiliaire que lorsqu'il est joint à un autre verbe ; mais quand il est seul, il est verbe substantif.

si . . . .

vous . . . . pron. pers. de la 2ᵉ pers. du pluriel,
                     sujet de *avez été.*

AVEZ ÉTÉ . . . . . verbe subst. être, mode indic., temps
                     prétér. indéf., 2ᵉ pers. du pluriel.

prisonnier . . . . . nom commun, masc. sing., régime
                     direct de *avez été.*

Les . . . . art. simple, féminin plur., annonce
                     que *sciences* est déterminé.

sciences . . . . . . nom comm. fém. plur., sujet de *sont.*

SONT . . . . verbe subst. être, mode indic., temps
                     présent, 3ᵉ pers. du pluriel.

utiles . . . . adject. qualif. de *sciences*, fém. plur.

Des . . . . pour *de les*, art. comp., masc. plur.,
                     annonce que *trésors* est déterminé.

trésors . . . . . . subs. comm. masc. pl., suj. de *ont été.*

ONT ÉTÉ . . . . . . verbe auxiliaire être, mode indicatif,
                     temps prét. indéf., 3ᵉ pers. du pl.

offerts . . . .

à . . . .

cette . . . . adjec. dém. fém. sing., dét. *femme.*

femme . . . . . . nom comm., fém. sing., rég. indir.
                     de *offerts.*

Il faut . . . . . . verbe unipersonnel essentiel.

que . . . .

vous . . . . pron. pers., de la 2ᵉ pers. du pluriel,
                     sujet de *soyez.*

SOYEZ . . . . verbe subst. être, mode subj., temps
                     présent, 3ᵉ personne du singulier.

bien . . . .

méchans . . . . . adj. qualif. de *vous*, masc. pluriel.

Mon . . . . adj. poss., masc. sing., dét. *fils.*

fils . . . . nom comm., masc. singulier.

SOIS . . . . verbe substant. être, mode impératif,
                     2ᵉ pers. du singulier.

sage . . . . adjectif qualif. de *fils*, masc. singul.

et . . . .

tu . . . . pronom personnel de la 2ᵉ personne
                     du singulier, sujet de *seras.*

SERAS. . . . . . . verbe subst. être, mode ind., temps
fut. simp.
récompensé. . . participe passé de récompenser, verbe
actif.

Analysez de même :

1° *Les prisonniers français* ONT ÉTÉ *malheureux.*
2° *Les leçons qui* ONT ÉTÉ *données,* SERONT *étudiées par*
nos élèves. 3° *Les animaux et les plantes* ÉTAIENT *adorés*
par les païens. 4° *Votre ami* FUT *attaqué hier par des vo-*
leurs. 5° *Les mortels sages et bienfaisans* SERONT *récom-*
pensés. 6° *Nous* SOMMES *condamnés à mourir.* 7° Si *la*
chose FUT *arrivée, nous* EUSSIONS ÉTÉ *plus heureux.* 8°
SOYEZ *indulgent.*

~~~~~~

24ᵉ LEÇON. — THÉORIE.

PREMIÈRE CONJUGAISON.

EN *er*.

INFINITIE.	Participe futur.
Présent.	Devant chanter.
CHANTER.	INDICATIF.
Prétérit.	*Présent.*
Avoir chanté.	Je chante. Tu chantes. Il *ou* elle chante. Nous chantons. Vous chantez. Ils *ou* elles chantent.
Participe présent.	
Chantant.	*Imparfait.*
Participe passé.	Je chantais. Tu chantais.
Chanté, ayant chanté	
~~~~~~

Il *ou* elle chantait.
Nous chantions.
Vous chantiez.
Ils *ou* elles chantaient.

Prétérit défini.

Je chantai.
Tu chantas.
Il *ou* elle chanta.
Nous chantâmes.
Vous chantâtes.
Ils *ou* elles chantèrent.

Prétérit indéfini.

J'ai chanté.
Tu as chanté.
Il *ou* elle a chanté.
Nous avons chanté.
Vous avez chanté.
Ils *ou* elles ont chanté.

Prétérit antérieur.

J'eus chanté.
Tu eus chanté.
Il *ou* elle eût chanté.
Nous eûmes chanté.
Vous eûtes chanté.
Ils *ou* elles eurent chanté.

Plus-que-parfait.

J'avais chanté.
Tu avais chanté.
Il *ou* elle avait chanté.
Nous avions chanté.
Vous aviez chanté.
Ils *ou* elles avaient chanté.

Futur.

Je chanterai.
Tu chanteras.

Il *ou* elle chantera.
Nous chanterons.
Vous chanterez.
Ils *ou* elles chanteront.

Futur antérieur.

J'aurai chanté.
Tu auras chanté.
Il *ou* elle aura chanté.
Nous aurons chanté.
Vous aurez chanté.
Ils *ou* elles auront chanté.

CONDITIONNELS.

Présent.

Je chanterais.
Tu chanterais.
Il *ou* elle chanterait.
Nous chanterions.
Vous chanteriez.
Ils *ou* elles chanteraient.

Passé.

J'aurais chanté.
Tu aurais chanté.
Il *ou* elle aurait chanté.
Nous aurions chanté.
Vous auriez chanté.
Ils *ou* elles auraient chanté.

On dit aussi :

J'eusse chanté.
Tu eusses chanté.
Il *ou* elle eût chanté.
Nous eussions chanté.
Vous eussiez chanté.
Ils *ou* elles eussent chanté.

IMPÉRATIF.

Chante.
Chantons.
Chantez.

SUBJONCTIF.

Présent ou futur.

Que je chante.
Que tu chantes.
Qu'il *ou* qu'elle chante.
Que nous chantions.
Que vous chantiez.
Qu'ils *ou* qu'elles chantent.

Imparfait.

Que je chantasse.
Que tu chantasses.
Qu'il *ou* qu'elle chantât.
Que nous chantassions.

Que vous chantassiez.
Qu'ils *ou* qu'elles chantassent.

Prétérit.

Que j'aie chanté.
Que tu aies chanté.
Qu'il *ou* qu'elle ait chanté.
Que nous ayons chanté.
Que vous ayez chanté.
Qu'ils ou qu'elles aient chanté.

Plus-que-parfait.

Que j'eusse chanté.
Que tu eusses chanté.
Qu'il *ou* qu'elle eût chanté.
Que nous eussions chanté.
Que vous eussiez chanté.
Qu'ils *ou* qu'elles eussent chanté.

EXERCICES.

Mêmes exercices qu'aux leçons précédentes. De plus on fera conjuguer les verbes *demander, aimer, parler, marcher, danser, éclairer, exciter, abîmer, daigner, implorer, pleurer, épouvanter, sauter, frapper, porter,* etc.

PRATIQUE. — ANALYSE.

Nous AVONS MENACÉ *un enfant bien méchant. Ils* ADMIRENT *et ils* FAVORISENT *les hommes vertueux. Je voudrais qu'elle* EUT CHANTÉ *sa chanson. Votre maître* RÉPRIMERA *votre mauvaise conduite.* RESPECTEZ *et* HONOREZ *vos parens. J'*EUSSE CONTENTÉ *mon professeur sans vos mauvais conseils.*

Nous. . . . . pron. person. de la 1re pers. du plur. sujet de *avons menacé.*

AVONS MENACÉ. . verbe actif de la 1re conjug. , mode indic. , prétér. indéfini , 1re pers. du pluriel,

un. . . . . adject. numér. cardin. , masc. sing., détermine *enfant.*

enfant. . . . . . . nom commun , masc. sing. , régime direct de *avons menacé.*

bien. . . . .
méchant. . . . . . adject. qualif. de *enfant*, masc. sing.
Ils. . . . . pron. pers. de la 3me person. du plur. masculin, sujet de *admirent.*

ADMIRENT. . . . . verbe actif de la 1re conjug. , mode indic., temps présent , 3me pers. du pluriel.

et. . . . .
ils. . . . . déjà analysé, — sujet de *favorisent.*
FAVORISENT. . . . verbe actif de la 1re conjug. , mode indic., temps présent, 3me person. du pluriel.

les. . . . . art. simple , masc. plur. , annonce que *hommes* est déterm.

hommes. . . . . . nom commun, masc. plur., régime direct de *favorisent.*

vertueux. . . . . . adject. qualif. de *hommes*, masc. plur.
Je. . . . . pron. pers. de la 1re pers. du singul., sujet de *voudrais.*

voudrais. . . . . . verbe actif.

qu'. . . . .
elle. . . . . pron. pers. de la 3me person. du sing. fém., sujet de *eût chanté.*

EUT CHANTÉ. . . verbe actif de la 1re conjug. , mode subjonct., temps plus-que-parfait, 3me pers. du sing.

sa. . . . . adject. possesif , fém. sing. , déterm. *chanson.*

chanson. . . . . . nom commun , fém. singul., régime direct de *eût chanté.*

Votre. . . . . . . adject. posses. , masc. sing., déterm. *maître.*

maître. . . . . . nom commun, masc. sing., sujet de
     réprimera.
RÉPRIMERA. . . . verbe actif de la 1re conjug., mode
     indicat., temps futur simple, 3me
     pers. du sing.
votre. . . . . adject. posses., fémin. sing., déterm.
     conduite.
mauvaise. . . . adject. qualif. de *conduite.*, fém. sing.
conduite. . . . . nom commun, fémin. sing., régime
     direct de *réprimera.*
RESPECTEZ. . . , verbe actif de la 1re conjug., mode
     impératif, 2me pers. du plur., le
     sujet *vous* est sous-entendu.
et. . . . .
HONOREZ. . . . . verbe actif de la 1re conjug., mode
     impératif, 2me pers. du plur., le
     sujet *vous* est sous-entendu.
vos. . . . , . . . adject. posses., masc. plur., déterm.
     parens.
parens. . . . . . nom commun, masc. pluriel, régime
     direct de *honorez.*
J'. . . . . pron. pers. de la 1re pers. du sing.,
     sujet de *eusse contenté.*
AURAIS CONTENTÉ. verbe actif de la 1re conjug., mode
     indicat., temps condit. passé, 1re
     pers. du sing.
mon.. . . . . adject. posses., masc. sing., déterm.
     professeur.
professeur. . . . nom commun, masc. sing., régime
     direct de *eusse contenté.*
sans. . . . .
vos. . . . . adject. posses., masc. plur., déterm.
     conseils.
mauvais. . . . . adject. qualif. de *conseils*, masc. plur.
conseils. . . . . substant. commun, masc. plur.

Analysez de même :

1° Quand *vous* COMMENCEZ à *vous* ENNUYER, *il faut*
DEMANDER *des livres.* 2° *Les avis prudens* de *Mentor* RE-

GARDENT *tous les hommes qui chérissent* et PRATIQUENT *la vertu.* 3° *Nous* AVONS RENCONTRÉ *vos parens qui* EMBARQUAIENT *des marchandises.* 4° *Votre précepteur* MENAÇA *hier votre camarade qui n'avait pas eu honte de* MANQUER *à son devoir.* 5° *Nous* RECOMMANDONS *à nos élèves la pratique de toutes les vertus.* 6° *Elle* INSISTAIT *pour que je* DANSASSE.

25ᵉ LEÇON. — THÉORIE.

SECONDE CONJUGAISON.

EN *ir*.

INFINITIF.

Présent.

PUN*IR*

Prétérit.

Avoir pun*i.*

Participe présent.

Punis*sant.*

Participe passé.

Pun*i*, pun*ie*, ayant pun*i.*

Participe futur.

Devant pun*ir.*

INDICATIF.

Présent.

Je pun*is.*

Tu pun*is.*
Il *ou* elle pun*it.*
Nous pun*issons.*
Vous pun*issez.*
Ils *ou* elles pun*issent.*

Imparfait.

Je pun*issais.*
Tu pun*issais.*
Il *ou* elle pun*issait.*
Nous pun*issions.*
Vous pun*issiez.*
Ils *ou* elles pun*issaient.*

Prétérit défini.

Je pun*is.*
Tu pun*is.*
Il *ou* elle pun*it.*
Nous pun*îmes.*
Vous pun*îtes.*
Ils *ou* elles pun*irent.*

Prétérit indéfini.

J'ai pun*i.*

Tu as pun*i*.
Il *ou* elle a pun*i*.
Nous avons pun*i*.
Vous avez pun*i*.
Ils *ou* elles ont pun*i*.

Prétérit antérieur.

J'eus pun*i*.
Tu eus pun*i*.
Il *ou* elle eut pun*i*.
Nous eûmes pun*i*.
Vous eûtes pun*i*.
Ils *ou* elles eurent pun*i*.

Plus-que-parfait.

J'avais pun*i*.
Tu avais pun*i*.
Il *ou* elle avait pun*i*.
Nous avions pun*i*.
Vous aviez pun*i*.
Ils *ou* elles avaient pun*i*.

Futur.

Je pun*i*rai.
Tu pun*i*ras.
Il *ou* elle pun*i*ra.
Nous pun*i*rons.
Vous pun*i*rez.
Ils *ou* elles pun*i*ront.

Futur antérieur.

J'aurai pun*i*.
Tu auras pun*i*.
Il *ou* elle aura pun*i*.
Nous aurons pun*i*.
Vous aurez pun*i*.
Ils *ou* elles auront pun*i*.

CONDITIONNELS.

Présent.

Je pun*i*rais.
Tu pun*i*rais.
Il *ou* elle pun*i*rait
Nous pun*i*rions.
Vous pun*i*riez.
Ils *ou* elles pun*i*raient.

Passé.

J'aurais pun*i*.
Tu aurais pun*i*.
Il *ou* elle aurait pun*i*.
Nous aurions pun*i*.
Vous auriez pun*i*.
Ils *ou* elles auraient pun*i*.

On dit aussi :

J'eusse puni.
Tu eusses puni.
Il ou elle eût puni.
Nous eussions puni.
Vous eussiez puni.
Ils ou elles eussent puni.

IMPÉRATIF.

Pun*i*s.
Pun*i*ssons.
Pun*i*ssez.

SUBJONCTIF.

Présent ou futur.

Que je pun*i*sse.
Que tu pun*i*sses.
Qu'il *ou* qu'elle pun*i*sse.

Que nous punissions.
Que vous punissiez.
Qu'ils *ou* qu'elles punissent.

Imparfait.

Que je punisse.
Que tu punisses.
Qu'il *ou* qu'elle punît.
Que nous punissions.
Que vous punissiez.
Qu'ils *ou* qu'elles punissent.

Prétérit.

Que j'aie puni.

Que tu aies puni.
Qu'il *ou* qu'elle ait puni.
Que nous ayons puni.
Que vous ayez puni.
Qu'ils *ou* qu'elles aient puni.

Plus-que-parfait.

Que j'eusse puni.
Que tu eusses puni.
Qu'il *ou* qu'elle eût puni.
Que nous eussions puni.
Que vous eussiez puni.
Qu'ils *ou* qu'elles eussent
puni.

EXERCICES.

Mêmes exercices qu'à la leçon précédente. Conjuguez de même : *bénir, divertir, agir, réunir, finir, réussir, avertir, guérir, ensevelir, unir, ternir, embellir, choisir, gémir, éclaircir, enfouir,* etc.

PRATIQUE. — ANALYSE.

Quand *Frédéric* et *Georges* AURONT FINI *leurs devoirs*, *ils joueront* avec *leurs camarades.* Combien de *royaumes* ONT FAILLI PÉRIR ! Comment *désirent-ils* que *nous* GUÉRISSIONS *cet enfant ? Le général a ordonné* que *vous* OBÉISSIEZ *à vos chefs.*

Quand. . . . .
Frédéric. . . . . nom prop. d'homme, masc. sing., 1re
        sujet de *auront fini.*
et. . . . .
Georges. . . . . . . nom prop. d'homme, masc. sing., 2e
        sujet de *auront fini.*
AURONT FINI.. . . . verbe act. de la 2e conj., mode ind.,
        temps fut. ant., 3e pers. du plur.
leurs. . . . . adj. poss., masc. plur., dét. *devoirs.*
devoirs. . . . . . . nom comm., masc. plur., rég. dir.
        de *auront fini.*

ils. . . . . pron. pers. de la 3ᵉ pers. du mascul. pluriel , sujet de *joueront.*

joueront . . . . . . verbe neutre de la 1ʳᵉ conjug. , mode indicat. , temps fut. simp. , 3ᵉ pers. du plur.

avec. . . . . . .

leurs. . . . . . . adj. poss. , masc. plur. , détermine *camarades.*

camarades. . . . . subst. comm. , masc. plur. , régime ind. de *joueront.*

Combien. . . . .

de. . . . .

royaumes. . . . . subst. comm. , masc. plur. , suj. de *ont failli.*

ONT FAILLI. . . . verbe neutre de la 2ᵉ conj. , mode ind. , temps prét. indéfini, 3ᵉ pers. du pluriel.

PÉRIR. . . . . . . verbe neutre de la 2ᵉ conj. , au prés. de l'inf. , rég. de *ont failli.*

Comment.. . . .

désirent. . . . . . verbe act. de la 1ʳᵉ conj. , mode ind. temps prés. , 3ᵉ pers. du plur.

ils. . . . . pron. pers. de la 3ᵉ pers. du masc. plur. , sujet de *désirent.*

que. . . . . . .

nous. . . . . . . pron. pers. de la 1ʳᵉ pers. du pluriel suj. de *guérissions.*

GUÉRISSIONS. . . verbe act. de la 2ᵉ conj. , mode subj. , temps prés. , 1ʳᵉ pers. du plur.

cet . . . . adj. dém. , masc. , sing. , dét. *enfant.*

enfant. . . . . . . nom comm. , masc. sing. , rég. dir. de *guérissions.*

Le. . . . . art. simp. , masc. sing , annonc. que *général* est dét.

général. . . . . subst comm. , masc. sing. , sujet de *a ordonné.*

a ordonné. . . . verbe act. de la 1ʳᵉ conj. , mode ind. temps prét. ind. , 3ᵉ pers du sing.

que. . . . . . .

vous	pron. pers. de la 2ᵉ pers. du pluriel , sujet *de obéissiez.*
OBÉISSIEZ.	verbe neutre de la 2ᵉ conj. , mode subjonct. , temps imparf. , 2ᵐᵉ pers. du pluriel.
à.	
vos.	adject. possessif, masc. plur. déterm. *chefs.*
chefs.	nom com. , masc. plur. , rég. indir. *de obéissiez.*

Analysez de même:

1° *Un exercice journalier* A ENFORCI *ce jeune cheval.*
2° *La religion n'abat* et *n'amollit* point *le cœur,* et *l'*ENNO-
BLIT et *l'élève.* 3° *Tout le peuple d'Athènes* APPLAUDISSAIT
l'orateur grec tonnant contre *Philippe.* 4° *Quels* que *soient
les avantages dont nous* JOUISSIONS *ici-bas, gardons-nous
de nous en glorifier.* 5° *J'ai* RESSENTI *une peine mortelle ;
mais la raison a su la vaincre.* 6° *Je* SERS *ma patrie avec
zèle ; mais toi, tu en* TRAHIS *les intérêts.*

〜〜〜〜〜〜〜〜〜〜〜〜〜〜〜〜〜〜〜〜〜〜〜〜

26ᵉ LEÇON. — THÉORIE.

TROISIÈME CONJUGAISON.

EN *oir*.

INFINITIF.	Participe présent.
Présent.	Concevant.
CONCE*VOIR.*	*Participe passé.*
	Conçu, conçue, ayant conçu.
Prétérit.	*Participe futur.*
Avoir conçu.	Devant concevoir.

INDICATIF.

Présent.

Je conçois.
Tu conçois.
Il *ou* elle conçoit.
Nous concevons.
Vous concevez.
Ils *ou* elles conçoivent.

Imparfait.

Je concevais.
Tu concevais.
Il *ou* elle concevait.
Nous concevions.
Vous conceviez.
Ils *ou* elles concevaient.

Prétérit défini.

Je conçus.
Tu conçus.
Il *ou* elle conçut.
Nous conçûmes.
Vous conçûtes.
Ils *ou* elles conçurent.

Prétérit indéfini.

J'ai conçu.
Tu as conçu.
Il *ou* elle a conçu.
Nous avons conçu.
Vous avez conçu.
Ils *ou* elles ont conçu.

Prétérit antérieur.

J'eus conçu.
Tu eus conçu.
Il *ou* elle eut conçu.

Nous eûmes conçu.
Vous eûtes conçu.
Ils *ou* elles eurent conçu.

Plus-que-parfait.

J'avais conçu.
Tu avais conçu.
Il *ou* elle avait conçu.
Nous avions conçu.
Vous aviez conçu.
Ils *ou* elles avaient conçu.

Futur.

Je concevrai.
Tu concevras.
Il *ou* elle concevra.
Nous concevrons.
Vous concevrez.
Ils *ou* elles concevront.

Futur antérieur.

J'aurai conçu.
Tu auras conçu.
Il *ou* elle aura conçu.
Nous aurons conçu.
Vous aurez conçu.
Ils *ou* elles auront conçu.

CONDITIONNELS.

Présent.

Je concevrais.
Tu concevrais.
Il *ou* elle concevrait.
Nous concevrions.
Vous concevrions.
Ils *ou* elles concevraient.

Passé.

J'aurais conçu.
Tu aurais conçu.
Il *ou* elle aurait conçu.
Nous aurions conçu.
Vous auriez conçu.
Ils *ou* elles auraient conçu.

On dit aussi :

J'eusse conçu.
Tu eusses conçu.
Il *ou* elle eût conçu.
Nous eussions conçu.
Vous eussiez conçu.
Ils *ou* elles eussent conçu.

IMPÉRATIF.

Conçois.
Concevons.
Concevez.

SUBJONCTIF.

Présent ou futur. .

Que je conçoive.
Que tu conçoives.
Qu'il *ou* qu'elle conçoive.

Que nous concevions.
Que vous conceviez.
Qu'ils *ou* qu'elles conçoivent.

Imparfait.

Que je conçusse.
Que tu concusses.
Qu'il *ou* qu'elle conçût.
Que nous concussions.
Que vous concussiez.
Qu'ils *ou* qu'elles concussent.

Prétérit.

Que j'aie conçu.
Que tu aies conçu.
Qu'il *ou* qu'elle ait conçu.
Que nous ayons conçu.
Que vous ayez conçu.
Qu'ils *ou* qu'elles aient conçu.

Plus-que-parfait.

Que j'eusse conçu.
Que tu eusses conçu.
Qu'il *ou* qu'elle eût conçu.
Que nous eussions conçu.
Que vous eussiez conçu.
Qu'ils *ou* qu'elles eussent
conçu.

EXERCICES.

(Voir pour les exercices le verbe de la 1re conjugaison.)
Conjuguer sur ce verbe : *Recevoir, devoir, redevoir, apercevoir, percevoir, décevoir, etc.*

PRATIQUE. — ANALYSE.

La ferme que *vous* VOYEZ *m'appartient. Les mots ne*
POUVAIENT pas *suffire* pour *peindre la misère des habitans.*

Vous VOULIEZ que je CONÇUSSE *une telle pensée ? Ils* DOI-
VENT *croire à l'estime qu'on leur porte.*

La. . . . . art. simple , fém. sing. , annonce que
    ferme est déterm.

ferme. . . . . . . nom commun , fém. sing. , sujet de
    appartient.

que. . . . . . . pron. relatif à *ferme* , régime direct
    de *voyez.*

vous. . . . . . . pron. pers. de la 2me pers. du plur. ,
    sujet de *voyez.*

VOYEZ. . . . . . verbe actif de la 3me conjug. , mode
    indicatif, temps présent, 2me pers.
    du pluriel.

m'. . . . . pour *à moi*, pron. pers. de la 1re pers.
    du sing. , rég. indir. de *appartient.*

appartient. . . . verbe neutre de la 2me conjug. , mode
    indic. , temps présent, 3me pers. du
    singulier.

Les. . . . . . . art. simple , masc. plur. , annonce
    que *mots* est déterm.

mots. . . . . . . nom commun , masc. plur. , sujet de
    pouvaient.

ne pas. . . . . . .

POUVAIENT. . . . verbe neutre de la 3me conjug., mode
    indic. , temps imparfait, 3me pers.
    du pluriel.

suffire. . . . . . verbe neutre , rég. dir. de *pouvaient.*
pour. . . . . . .
peindre. . . . . verbe actif.
la. . . . . art. simple , fém. sing. , annonce que
    misère est déterm.

misère . . . . . nom commun , fém. sing. , régime
    direct de *peindre.*

des. . . . . . . pour de les, art. composé , masc. plur.
    annonce que *habitans* est déterm.

habitans. . . . . subst. commun, masc. plur. , régime
    indirect de *peindre.*

Vous. . . . . . . pron. pers. de la 2me pers. du plur. ,
    sujet de *vouliez.*

VOULIEZ. . . . . . verbe actif. de la 3me conjug., mode
        indic., temps imparfait, 2me pers.
        du pluriel.

que. . . . .

je. . . . . pron. de la 1re pers. du sing., sujet
        de *concusse*.

CONCUSSE. . . . verbe actif de la 3me conjug., mode
        subjonctif, temps imparfait, 1re
        pers. du sing.

une. . . . . adject. de nombre cardin., fém sing.,
        déterm. *pensée*.

telle. . . . . . . adject. qualif. de *pensée*, fém. sing.

pensée. . . . . . nom commun, fém. sing., régime
        direct de *concusse*.

Ils. . . . . pron. pers. de la 3me pers. du plur.,
        sujet de *doivent*,

DOIVENT. . . . . verbe actif de la 3me conjug., mode
        indic., temps présent, 3me pers.
        du plur.

croire. . . . . . verbe neutre, rég. dir. de *doivent*.

à. . . . .

l'. . . . . pour *la*, art. simple, fémin. singul.,
        annonce que *estime* est déterminé.

estime. . . . . . nom commun, fém. sing., régime
        indir. de *croire*.

qu'. . . . . pron. relatif à estime, régime direct
        de *porte*.

on. . . . . pronom indéf., sujet de *porte*.

leur. . . . . . . pour *à eux*, pron. de la 3me pers. du
        singul., régime indirect de *porte*.

porte. . . . . . verbe actif pris neutralement de la
        1re conjug., mode indicat., temps
        présent, 3me pers. du sing.

Analysez de même :

1° *Il était beau* de VOIR *ces superbes chars roulant* sur
la poussière. 2° *Les troupes* RECURENT *contre ordre.* 3° *Le
receveur* PERÇOIT *tous les ans vingt-cinq mille francs.* 4°

Le commandant AURAIT VOULU *que vous* CONÇUSSIEZ ce pro-
jet. 5° *Il nous importe* beaucoup plus que *nous ne croyons*
de faire quelques-unes de ces bonnes œuvres qui DOIVENT
nous délivrer de la damnation éternelle.

27ᵉ LEÇON. — THÉORIE.

QUATRIÈME CONJUGAISON.

EN re.

INFINITIF.

Présent.

VENDRE.

Prétérit.

Avoir vendu.

Participe présent.

Vendant.

Participe passé.

Vendu, vendue, ayant vendu.

Participe futur.

Devant vendre.

INDICATIF.

Présent.

Je vends.
Tu vends.

Il *ou* elle vend.
Nous vendons.
Vous vendez.
Ils *ou* elles vendent.

Imparfait.

Je vendais.
Tu vendais.
Il *ou* elle vendait.
Nous vendions.
Vous vendiez.
Ils *ou* elles vendaient.

Prétérit défini.

Je vendis.
Tu vendis.
Il *ou* elle vendit.
Nous vendîmes.
Vous vendîtes.
Ils *ou* elles vendirent.

Prétérit indéfini.

J'ai vendu.
Tu as vendu.
Il *ou* elle a vendu.
Nous avons vendu.

Vous avez vendu.
Ils *ou* elles ont vendu.

Prétérit antérieur.

J'eus vendu.
Tu eus vendu.
Il *ou* elle eut vendu.
Nous eûmes vendu.
Vous eûtes vendu.
Ils *ou* elles eurent vendu.

Plus-que-parfait.

J'avais vendu.
Tu avais vendu.
Il *ou* elle avait vendu.
Nous avions vendu.
Vous aviez vendu.
Ils *ou* elles avaient vendu.

Futur.

Je vendrai.
Tu vendras.
Il *ou* elle vendra.
Nous vendrons.
Vous vendrez.
Ils *ou* elles vendront.

Futur antérieur.

J'aurai vendu.
Tu auras vendu.
Il *ou* elle aura vendu.
Nous aurons vendu.
Vous aurez vendu.
Ils *ou* elles auront vendu.

CONDITIONNELS.

Présent.

Je vendrais.

Tu vendrais.
Il *ou* elle vendrait.
Nous vendrions.
Vous vendriez.
Ils *ou* elles vendraient.

Passé.

J'aurais vendu.
Tu aurais vendu.
Il *ou* elle aurait vendu.
Nous aurions vendu.
Vous auriez vendu.
Ils *ou* elles auraient vendu.

On dit aussi :

J'eusse vendu.
Tu eusses vendu.
Il ou elle eût vendu.
Nous eussions vendu.
Vous eussiez vendu.
Ils ou elles eussent vendu.

IMPÉRATIF.

Vends.
Vendons.
Vendez.

SUBJONCTIF.

Présent ou futur.

Que je vende.
Que tu vendes.
Qu'il *ou* qu'elle vende.
Que nous vendions.
Que vous vendiez.
Qu'ils *ou* qu'elles vendent.

Imparfait.

Que je vendisse.
Que tu vendisses.
Qu'il *ou* qu'elle vendît.
Que nous vendissions.
Que vous vendissiez.
Qu'ils *ou* qu'elles vendissent.

Prétérit.

Que j'aie vendu.
Que tu aies vendu.
Qu'il *ou* qu'elle ait vendu.

Que nous ayons vendu.
Que vous ayez vendu.
Qu'ils *ou* qu'elles aient
vendu.

Plus-que-parfait.

Que j'eusse vendu.
Que tu eusses vendu.
Qu'il *ou* qu'elle eût vendu.
Que nous eussions vendu.
Que vous eussiez vendu.
Qu'ils *ou* qu'elles eussent
vendu.

EXERCICES.

(Voir pour les exercices le verbe de la 1re conjugaison.) Conjuguer les verbes, tendre, rendre, prendre, apprendre, rompre, corrompre, attendre, détendre, répondre, tordre, mordre, etc.

PRATIQUE. — ANALYSE.

La flatterie est un poison, il faut CRAINDRE *d'en* FAIRE *usage. Le chat* PARAIT *ne sentir que pour soi. Chacun* PRÉTENDAIT *à la victoire. L'homme impatient* ROMPT *les branches pour cueillir le fruit avant qu'il soit mûr.*

La. . . . . art. simple, fém. sing., annonce que
flatterie est déterm.

flatterie. . . . . nom com., fém. sing., sujet de *est.*

est. . . . . verbe subst. être, mode indic., temps
présent, 3me pers. du sing.

un. . . . . adject. de nombre card., masc. sing.,
déterm. *poison.*

poison. . . . . . substant. commun, masc. sing., rég.
direct de *est.*

il faut. . . . . . verbe unipersonnel essentiel.

CRAINDRE. . . . . verbe act. de la 4me conjug., au prés.
de l'infinitif, rég. dir. de *il faut.*

d'. . . . .

en. . . . . pour *de cela*, pron. relat. à flatterie , régime indir. de *faire*.

FAIRE. . . . . . . verbe act. de la 4me conjug. , au prés. de l'infinitif.

usage. . . . . . . subst. commun , masc. sing. , rég. direct de *faire*.

Le. . . . . art. simple, masc. sing. , annonce que *chat* est déterm.

chat. . . . . . . nom commun , masc. sing. , sujet de *paraît*.

PARAÎT. . . . . . verbe actif de la 4me conjug. , mode indicat. , temps présent, 3me pers. du singulier.

ne. . . . .

sentir. . . . . . verbe act. de la 2me conjug. , au prés. de l'infinit. , rég. direct de *paraît*.

que. . . . . . .

pour. . . . . . .

soi. . . . . pron. person. de la 3me du singul. , rég. indirect de *sentir*.

Chacun. . . . . . pronom indéf. , masc. singul , sujet de *prétendait*.

PRÉTENDAIT. . . . verbe neutre de la 4me conjugaison , mode indicat. , temps imparfait, 3me pers. du singulier.

à. . . . .

la. . . . . art. simple , fémin. singul. , annonce que *victoire* est déterm.

victoire. . . . . . subst. com. , fémin. singul. , régime indirect de *prétendait*.

L'. . . . . pour *le* , art. simple , masc. singul. annonce que *hommes* est déterm.

homme. . . . . . nom com. , masc. sing. , suj. de *rompt*.

impatient. . . . adject. qualif. de *homme*, masc. sing.

ROMPT. . . . . . verbe actif de la 4me conjug. , mode indic. , temps présent, 3me pers. du singulier.

les. . . . . art. simple, fémin. plur. , annonce que *branche* est déterm.

branches. . . . . subst. commun , fémin. plur., rég. direct de *rompt.*

pour. . . . .

cueillir. . . . . . verbe act. de la 2me conjug. au prés. de l'infinitif.

le. . . . . art. simple, masc. sing., annon. que *fruit* est déterm.

fruit. . . . . . . nom commun, masc. sing., régime direct de *cueillir.*

avant que. . . . .

il. . . . . pron. pers. de la 3me pers. du singul. sujet de *soit.*

soit. . . . . verbe subst. être, mode subjonct., temps prés, 3me pers. du singulier.

mûr. . . . . adject. qualif. de mûr, masc. singul.

Analisez de même :

1° *Il n'est pas aisé* d'ATTEINDRE *La Fontaine dans le genre de l'apologue.* 2° *Les troupes* FERONT *bien leur devoir, si elles sont bien commandées.* 3° *Je lui* AURAIS RENDU *le service qu'il a réclamé de moi, si j'avais pu le lui* RENDRE. 4° *Si les hommes étaient sages, et qu'ils* SUIVISSENT *les lumières de la raison, ils s'épargneraient bien des peines.* 5° *Les jeunes gens* ne LISENT *pas assez d'ouvrages choisis,* pour FAIRE *des progrès dans l'art* d'ÉCRIRE *purement. Cet enfant* A MORDU *son frère à la main droite.*

***

28e LEÇON. — THÉORIE.

OBSERVATIONS

sur quelques verbes des quatre conjugaisons.

Dans les verbes en *ger,* comme *plonger, venger, manger, juger, dégager, nager, gager, abréger,* etc, le *g* doit toujours être suivi d'un *e* muet devant les voyelles *a, o,*

afin de conserver à cette lettre le son du *j*, exemple :
plongeons, vengeais, mangeant, jugeons, etc.

2° Le participe passé des verbes *créer, désagréer, ré-
créer, suppléer*, etc. prend trois *e* au féminin : *créée, dé-
sagréée*, etc.

3° Dans les verbes *amorcer, avancer, sucer, énoncer,
bercer*, etc. le *c* prend une cédille devant les terminaisons
en *a* et *o* pour adoucir la prononciation, exemple : *j'an-
nonçai, vous amorçâtes, nous avançâmes, nous suçons*,
etc.

Cette règle est applicable aux verbes dont le *c* est
suivi d'un *u* comme *j'aperçus, il a reçu*, etc.

4° Les verbes dont le participe présent est terminé en
uant, comme *tuant, distribuant, effectuant, suant*, etc.
prennent un tréma (..) sur l'*i* placé après la lettre *u* aux
premières personnes plurielles de l'imparfait de l'indicatif et du présent du subjonctif : *nous tuïons, vous
tuïez; que nous distribuïons, que vous distribuïez*, etc.

5° Les verbes *jeter, fureter, projeter, appeler, niveler,
atteler*, et tous ceux dont la finale est *ter* ou *ler* précédée
d'un *e* muet, doublent ces consonnes *t l* lorsqu'elles sont
suivies d'un *e* muet; exemple : *je jette, je jetterai, nous
jetterons; que j'appelle, que tu appelles*, etc.

Les verbes *tenir, venir, prendre*, et leurs composés
comme *appartenir, convenir, entreprendre*, etc. suivent
la même règle pour le redoublement de la lettre *n* : *que
je tienne, que j'appartienne*, etc.

EXERCICES.

Quelle remarque y a t-il à faire sur le g dans les verbes
terminés en ger?

Quelle est la règle des verbes créer, agréer, etc., pour le
participe passé au féminin?

Que remarque-t-on sur le c dans les verbes sucer, amorcer, etc. ?

Cette règle est-elle applicable à d'autres verbes?

Quelle est la règle à suivre pour les verbes dont le participe présent est terminé en uant?

Quelle règle suit-on pour les verbes dont la finale est ter
ou ler comme jeter, niveler, etc. ?

29ᵉ LEÇON. — THÉORIE.

Suite des observations sur les verbes.

6° Les verbes *payer, ployer, appuyer, employer, etc.*, dont le participe présent est terminé en *yant*, comme *payant, ployant, appuyant, employant, etc.*, prennent un *y* et un *i* aux deux premières personnes plurielles de l'imparfait de l'indicatif et du présent du subjonctif ; exemple : *nous payions, vous payiez ; que nous ployions, que vous ployiez, etc.* Mais l'*y* est remplacé par un *i* lorsque la lettre suivante est un *e* muet comme dans *je paie, tu paies ; que j'appuie, que tu appuies, etc.*

7° Les verbes *oublier, crier, nier, prier, etc.*, dont le participe présent est terminé par *iant*, comme *oubliant, criant, niant, priant, etc.*, prennent deux *i* aux deux premières personnes plurielles de l'imparfait de l'indicatif et du présent du subjonctif ; exemple : *nous* OUBLIIONS, *vous* OUBLIIEZ ; *que nous* CRIIONS, *que vous* CRIIEZ ; *nous* NIIONS, *vous* NIIEZ, etc.

8° Le verbe *haïr* qui prend deux points sur l'i dans toute la conjugaison, rejette cette marque aux trois personnes singulières du présent de l'indicatif : *je* HAIS, *tu* HAIS, *il* HAIT ; et à la seconde personne du singulier de l'impératif : *hais.*

9° Le verbe *bénir* a deux participes passés : *bénit, bénite*, qui se dit des choses consacrées à l'église : *du pain* BÉNIT, *de l'eau* BÉNITE ; et *béni, bénie*, qui a toutes les autres significations du verbe : *un homme* BÉNI, *une famille* BÉNIE.

10° Le verbe *fleurir* fait *florissait* à l'imparfait de l'indicatif, et *florissant* au participe présent, lorsqu'il est employé au figuré pour signifier la prospérité d'un empire, d'une nation, des sciences, etc. *L'empire des Français* FLORISSAIT *à cette époque ; les sciences et les arts* FLORISSAIENT *sous Louis XIV.*

11º Parmi les verbes de la quatrième conjugaison terminés en *dre*, comme *rendre, prendre, plaindre, joindre*, etc., il y en a qui s'écrivent aux trois personnes du singulier du présent de l'indicatif par *ds, ds, d*, et d'autres par *s, s, t*.

Pour savoir s'il faut écrire *ds, ds, d*, ou *s, s, t*, il faut remarquer si la finale du participe passé de ces verbes est *t*; si cette finale n'est pas la lettre *t*, employez *ds, ds, d*; si au contraire la finale est *t*, employez *s, s, t*. Ainsi écrivez *je* RENDS, *tu* RENDS, *il* REND, à cause du participe passé *rendu*; et *je* PLAINS, *tu* PLAINS, *il* PLAINT, par rapport au participe passé *plaint*.

EXERCICES.

Quelle est la règle des verbes dont le participe présent est en *yant* ?

N'y a-t-il pas une exception ?

Quelle est la règle des verbes qui ont le participe présent terminé en *iant*.

Que remarquez-vous sur le verbe haïr ?

sur le verbe bénir ?

sur le verbe fleurir ?

sur quelques verbes de la 4ᵉ conjug?

Quel moyen emploie-t-on pour savoir s'il faut écrire ces verbes par *ds, ds, d*, ou par *s, s, t*, aux trois personnes du singulier du présent de l'indicatif ?

30ᵉ LEÇON. — THÉORIE.

De la formation des temps dérivés.

Nous avons vu que, parmi les temps des verbes, il y en a qui servent à former les autres, et que, par cette raison, on appelle *primitifs* ou *formateurs*; ces temps qui sont au nombre de cinq, savoir :

LE PRÉSENT DE L'INFINITIF;

LE PARTICIPE PRÉSENT;

LE PARTICIPE PASSÉ;

LE PRÉSENT DE L'INDICATIF;
LE PRÉTÉRIT DÉFINI.

Pour former avec facilité les temps dérivés avec le secours des temps primitifs, il faut observer que les verbes ont une partie invariable qu'on appelle *racine*, et une partie variable que l'on nomme *terminaison*. On forme les temps dérivés en ôtant au temps primitif dont il est formé la partie variable, et en ajoutant à la racine qui reste les terminaisons des temps que l'on veut former, comme on le verra ci-après.

Temps formés du présent de l'infinitif.

Les temps qui se forment du présent de l'inifinif sont :

1º Le futur de l'indicatif, en ôtant à l'infinitif la terminaison *r, oir, re*, et en la remplaçant par celles du futur, qui sont : *rai, ras, ra, rons, rez, ront.*

EXEMPLE.

| Chanter. | Grandir. | Concevoir. | Prétendre. |

En ôtant la terminaison, on a les racines

| Chante | Grandi | Concev | Prétend |

On y ajoute la terminaison du futur, et l'on a

Chanterai.	Grandirai.	Concevrai.	Prétendrai.
Chanteras.	Grandiras.	Concevras.	Prétendras.
Chantera.	Grandira	Concevra.	Prétendra.
Chanterons.	Grandirons.	Concevrons.	Prétendrons.
Chanterez.	Grandirez.	Concevrez.	Prétendrez.
Chanteront.	Grandiront.	Concevront.	Prétendront.

2º Le présent du conditionnel, en ajoutant à la même racine les terminaisons *rais, rais, rait, rions, riez, raient.*

EXERCICES.

Qu'appelle-t-on temps primitifs ou formateurs ?
Combien y en a-t-il, et quels sont-ils ?
N'y a-t-il pas deux parties distinctes dans les verbes ?
Quelles sont ces parties ?

Quelle est la partie variable ?

Comment appelle-t-on les parties invariables ?

Comment forme-t-on les temps dérivés avec le secours des temps primitifs ?

Quels changemens y a-t-il à faire ?

Formez le futur des verbes. *manger, bénir, apercevoir, paraître?*

Quel changement y a-t-il à faire pour former le présent du conditionnel ?

Formez le présent du conditionnel des mêmes verbes dont on vient de former le futur ?

PRATIQUE.

On fera former sur le tableau noir, ou sur l'ardoise, ou sur le cahier, le *futur* et le *présent du conditionnel* des verbes suivans : Sauter, orner, penser, aimer, hurler, prêter. danser ; — avertir, finir, réunir, grandir, subir, enhardir ; — percevoir, concevoir, décevoir, apercevoir, recevoir ; — prétendre, entendre, paraître, répandre, répondre.

31e LEÇON.

Le participe présent forme deux temps qui sont :

1° Les trois personnes du pluriel du présent de l'indicatif, en ajoutant à la racine les terminaisons *ons, ez, ent.*

EXEMPLE.

| Portant | Bénissant. | Recevant. | Tendant. |

Dont la racine est

| Port | Béniss | Recev | Tend |

On ajoute la terminaison, et l'on a

Port*ons.*	Béniss*ons.*	Recev*ons.*	Tend*ons.*
Port*ez.*	Béniss*ez.*	Recev*ez.*	Tend*ez.*
Port*ent.*	Béniss*ent.*	*	Tend*ent.*

2° L'imparfait de l'indicatif, en ajoutant à la racine les terminaisons de l'imparfait qui sont : AIS, AIS, AIT, IONS, IEZ, AIENT.

* Il y a exception pour cette personne dans la troisième conjugaison.

EXEMPLES.

Port	Béniss	Recev	Tend
ais	*ais*	*ais*	*ais*
ais	*ais*	*ais*	*ais*
ait	*ait*	*ait*	*ait*
ions	*ions*	*ions*	*ions*
iez	*iez*	*iez*	*iez*
aient	*aient*	*aient*	*aient*

3º Le présent du subjonctif, en ajoutant à la racine les terminaisons E, ES, E, IONS, IEZ, ENT.

EXEMPLES.

Port	Béniss	Recev	Tend
e	*e*	*	*e*
es	*es*	*	*es*
e	*e*	*	*e*
ions	*ions*	*ions*	*ions*
iez	*iez*	*iez*	*iez*
ent	*ent*	*	*ent*

* Il y a exception pour ces personnes dans la troisième conjugaison.

EXERCICES.

Quels sont les temps qui se forment du participe présent?

Quelle est la terminaison qu'il faut retrancher pour avoir la racine du participe présent?

Quelle terminaison faut-il ajouter à la racine pour former les trois personnes du pluriel du présent de l'indicatif?

N'y a-t-il pas quelques exceptions?

Formez les trois personnes du pluriel du présent de l'indicatif des verbes dérober, sentir, apercevoir, prétendre?

Formez l'imparfait des verbes dîner, grossir, recevoir, prendre?

Quelle terminaison faut-il ajouter pour former le présent du subjonctif?

Formez ces temps dans les verbes travailler, mentir, concevoir, prétendre?

N'y a-t-il pas des exceptions?

PRATIQUE.

On fera former sur le tableau noir, ou sur l'ardoise, ou sur le cahier les trois personnes du pluriel du présent de l'indicatif, l'imparfait de l'indicatif et le présent du

(93)

subjonctif des verbes suivans : Oter, ramper, marcher,
orner, réciter, amuser ; — sentir, ternir, servir, grandir, subir ; — concevoir, valoir, vouloir ; décevoir ; —
rendre , entendre, prétendre , maudire , et l'on aura
soin de faire remarquer ceux de ces verbes qui ne sont
pas réguliers.

L'enfant devra, pour chaque temps qu'il aura à former, disposer les racines comme on le voit ci-après :

Personnes du pluriel du présent de l'indicatif.

Otant.	Rampant.	Sentant.	Ternissant.
Ot	Ramp	Sent	Terniss
Ot	Ramp	Sent	Terniss
Ot	Ramp	Sent	Terniss

Concevant.	Décevant.	Valant.	Rendant.
Concev	Décev	Val	Rend
Concev	Décev	Val	Rend
		Val	Rend
		Val	Rend

Pour l'imparfait de l'indicatif et le présent du subjonctif, il écrira les racines six fois, et il ajoutera à la
suite les terminaisons qui sont propres à chacun des
temps et des personnes qu'il a à former.

32e LEÇON. — THÉORIE.

Temps formés du participe passé.

Le participe passé sert à former tous les temps composés des verbes et sans subir aucun changement. On se
souvient sans doute qu'on appelle temps composés les
temps qui ont plusieurs mots sans y comprendre le pronom. Ces temps sont, dans l'indicatif, le prétérit indéfini, le prétérit antérieur, le plus-que-parfait, le futur
antérieur. Dans le conditionnel, le passé. Dans le subjonctif, le prétérit et le plus-que-parfait.

Le présent de l'indicatif forme l'impératif sans autre changement que le retranchement du pronom. *

EXEMPLES.

J'aime.	Nous aimons.	Vous aimez.
Je sers.	Nous servons.	Vous servez.
Je tiens.	Nous tenons.	Vous tenez.

Impératif.	Aime.	Aimons.	Aimez.
	Sers.	Servons.	Servez.
	Tiens.	Tenons.	Tenez.

Le prétérit défini sert à former l'imparfait du subjonctif comme nous allons le dire : On prend la 2e personne du singulier, dans les quatre conjugaisons, et l'on y ajoute *se, ses, sions, siez, sent;* quant à la 3me personne du singulier, on change *s* en *t*.

EXEMPLE.

Tu chantas.	Sentis.	Reçus.	Prétendis.

IMPARFAIT DU SUBJONCTIF.

Chantas.	Sentis.	Reçus.	Prétendis.
Chantas*se.*	Sentis*se.*	Reçus*se.*	Prétendis*se.*
Chantas*ses.*	Sentis*ses.*	Reçus*ses.*	Prétendis*ses.*
Chantâ*t.*	Senti*t.*	Reçu*t.*	Prétendî*t.*
Chantas*sions.*	Sentis*sions.*	Reçus*sions.*	Prétendis*sions.*
Chantas*siez.*	Sentis*siez.*	Reçus*siez.*	Prétendis*siez.*
Chantas*sent.*	Sentis*sent.*	Reçus*sent.*	Prétendis*sent.*

EXERCICES.

Quels sont les temps qui se forment du participe passé?
Nommez tous ces temps?
Quel changement y a-t-il à faire pour les former ?
Quels temps se forment du présent de l'indicatif?
Quel changement y a-t-il à faire ?
Quels sont les temps qui se forment du prétérit défini ?
Comment s'y prend-on pour le former ?
Formez l'imparfait du subjonctif des verbes danser, avertir, décevoir, attendre ?

* Excepté dans quelques verbes, comme:
Le verbe être, qui fait sois; avoir, qui fait aie ; aller, qui fait va ; savoir, qui fait sache.

PRATIQUE.

On fera former les temps composés, l'impératif et l'imparfait du subjonctif, des verbes suivans : Conjuguer, pénétrer, arrêter, avorter. — Avertir, sentir, sortir, réussir. — Décevoir, concevoir, recevoir, percevoir, — Réduire, paraître, entendre, apprendre.

33e LEÇON. — THÉORIE.

Des verbes irréguliers et des verbes défectifs.

Nous avons vu la manière de former les temps dérivés des verbes au moyen des temps primitifs; mais il faut observer que tous les verbes ne peuvent pas se former aussi facilement.

Il y en a un assez grand nombre qu'on ne peut soumettre à ces règles, et qui, pour cette raison, se nomment *verbes irréguliers.*

Les verbes *irréguliers* sont donc ceux dont les temps dérivés ne sont pas entièrement conformes à ceux des verbes de la même conjugaison.

Par exemple aller ne fait pas au futur j'allerai, tu alleras, en changeant *re* en *rai ;* mais j'*irai,* tu *iras,* etc. Il ne fait pas, au subjonctif, que j'alle, que tu alles, en ajoutant *e* à la racine du participe présent, mais il fait que j'*aille,* que tu *ailles,* etc.

Il en est ainsi de beaucoup d'autres, et nous allons en donner la liste avec les temps irréguliers.

D'autres verbes manquent de quelques temps ou de quelques personnes, et sont appelés pour cela verbes défectifs, c'est-à-dire verbes manquans ; parmi ces verbes, les uns n'ont que la troisième personne du singulier, comme les verbes impersonnels ; d'autres n'ont point de participe présent, comme choir, déchoir, falloir ; d'au-

9

tres n'ont pas de prétérit défini , comme *absoudre* ,
braire, etc., etc.

Il est à remarquer que lorsqu'un verbe manque d'un
temps primitif, il n'a pas les temps dérivés qui en sont
formés. Ainsi *déchoir* n'ayant pas de participe présent,
n'a pas de présent du subjonctif. *Absoudre* n'ayant pas
de prétérit défini, n'a pas d'imparfait du subjonctif, etc.

EXERCICES.

Qu'appelle-t-on verbes irréguliers ?

Un verbe qui n'a pas tous les temps et toutes les personnes est-il aussi un verbe irrégulier ?

N'appelle-t-on pas autrement ces sortes de verbes ?

TEMPS PRIMITIFS.

PRÉSENT de L'INFINITIF.	PARTICIPE PRÉSENT.	PARTICIPE PASSÉ.	PRÉSENT de L'INDICATIF.	PASSÉ DÉFINI.
PREMIÈRE				
Aller.	Allant.	Allé.	Je vais.	J'allai.
Envoyer.	Envoyant.	Envoyer.	J'envoie.	J'envoyai
SECONDE				
Acquérir.	Acquérant.	Acquis.	J'acquiers.	J'acquis.
Bouillir.	Bouillant.	Bouilli.	Je bous.	Je bouillis.
Courir.	Courant.	Couru.	Je cours.	Je courus.
Cueillir.	Cueillant.	Cueilli.	Je cueille.	Je cueillis.
Dormir.	Dormant.	Dormi.	Je dors.	Je dormis.
Faillir.	Faillant.	Failli.	Je faux.	Je faillis.
Fuir.	Fuyant.	Fui.	Je fuis.	Je fuis.
Mentir.	Mentant.	Menti.	Je mens.	Je mentis.
Mourir.	Mourant.	Mort.	Je meurs.	Je mourus.
Offrir.	Offrant.	Offert.	J'offre.	J'offris.
Ouvrir.	Ouvrant.	Ouvert.	J'ouvre.	J'ouvris.
Partir.	Partant.	Parti.	Je pars.	Je partis.
Sentir.	Sentant.	Senti.	Je sens.	Je sentis.
Sortir.	Sortant.	Sorti.	Je sors.	Je sortis.
Tenir.	Tenant.	Tenu.	Je tiens.	Je tins.
Tressaillir.	Tressaillant.	Tressailli.	Je tressaille.	Je tressaillis.
Venir.	Venant.	Venu.	Je viens.	Je vins.
Vêtir.	Vêtant.	Vêtu.	Je vêts.	Je vêtis.

IRRÉGULIERS.

TEMPS DÉRIVÉS.

QUI SE FORMENT IRRÉGULIÈREMENT DES TEMPS PRIMITIFS.

CONJUGAISON.

{ *Présent de l'indicatif.* Je vais, tu vas, il va, *nous allons, vous allez,* ils
vont. -- *Futur.* J'irai, tu iras, etc. -- *Conditionnel.* J'irais, tu irais, etc. --
Impératif. Va, allons, allez. -- *Présent du subjonctif.* Que j'aille, que tu
ailles, qu'il aille, *que nous allions, que vous alliez,* qu'ils aillent.

Futur. J'enverrai, tu enverras, etc. -- *Condit.* J'enverrais, tu enverrais, etc.

CONJUGAISON.

{ *Présent de l'ind.* J'acquiers, *tu acquiers, il acquiert, nous acquérons, vous
acquérez,* ils acquièrent. - *Fut.* J'acquerrai, tu acquerras, etc. - *Cond.* J'acquerrais, tu acquerrais, etc. - *Pr. du sub.* Que j'acquierre, que tu acquierres,
qu'il acquierre, *que nous acquérions, que vous acquériez,* qu'ils acquièrent.

Fut. Je courrai, tu courras, etc. -- *Cond.* Je courrais, tu courrais, etc.

Fut. Je cueillerai, tu cueilleras, etc. - *Cond.* Je cueillerais, tu cueillerais, etc.

{ *Futur.* Je mourrai, tu mourras, etc. -- *Conditionn.* Je mourrais, tu mourrais, etc. -- *Présent du subjonc.* Que je meure, que tu meures, qu'il meure,
que nous mourions, que vous mouriez, qu'ils meurent.

{ *Présent de l'indicatif.* Je tiens, tu tiens, il tient, *nous tenons, vous tenez,* ils
tiennent. -- *Fut.* Je tiendrai, tu tiendras, etc. -- *Cond.* Je tiendrais, tu tiendrais, etc. -- *Prés. du subj.* Que je tienne, que tu tiennes, qu'il tienne, que
nous tenions, *que vous teniez,* qu'ils tiennent.

Fut. Je tressaillerai, etc. -- *Cond.* Je tressaillerais, etc.

{ *Présent de l'ind.* Je viens, tu viens, il vient, *nous venons, vous venez,* ils
viennent. -- *Futur.* Je viendrai, tu viendras, etc. -- *Cond.* Je viendrais,
tu viendrais, etc. -- *Prés. du subj.* Que je vienne, que tu viennes, *que nous
venions, que vous veniez,* qu'ils viennent.

TEMPS PRIMITIFS

PRÉSENT de L'INFINITIF.	PARTICIPE PRÉSENT.	PARTICIPE PASSÉ.	PRÉSENT de L'INDICATIF.	PASSÉ DÉFINI.
				TROISIÈME
Choir.				
Déchoir.		Déchu.	Je déchois.	Je déchus.
Echoir.	Echéant.	Echu.	J'échois.	J'échus.
Falloir.		Fallu.	Il faut.	Il fallut.
Mouvoir.	Mouvant.	Mû.	Je meus.	Je mus,
Pleuvoir.	Pleuvant.	Plu.	Il pleut.	Il plut.
Pourvoir,	Pourvoyant.	Pourvu.	Je pourvois.	Je pourvus.
Pouvoir.	Pouvant.	Pu.	Je péux ou je puis.	Je pus.
Prévaloir.	Prévalant.	Prévalu.	Je prévaux.	Je prévalus.
S'asseoir.	S'asseyant.	Assis.	Je m'assieds.	Je m'assis.
Savoir.	Sachant.	Su.	Je sais.	Je sus.
Valoir.	Valant.	Valu.	Je vaux.	Je valus.
Voir.	Voyant.	Vu.	Je vois.	Je vis.
Vouloir.	Voulant.	Voulu.	Je veux.	Je voulus.

TEMPS DÉRIVÉS

QUI SE FORMENT IRRÉGULIÈREMENT DES TEMPS PRIMITIFS.

CONJUGAISON.

Futur. Je décherrai, tu décherras, etc. -- *Condit.* Je décherrais, tu décherrais, etc.

Futur. J'écherrai, tu écherras, etc. -- *Cond.* J'écherrais, tu écherrais, etc.

Futur. Il faudra. -- *Cond.* Il faudrait. -- *Prés. du subj.* Qu'il faille (quoiqu'il n'y ait pas de participe présent).

Prés. de l'ind. Je meus, *tu meus, il meut, nous mouvons, vous mouvez, ils* meuvent. -- *Prés. du subj.* Que je meuve, que tu meuves, qu'il meuve, que *nous mouvions, que vous mouviez,* qu'ils meuvent.

Prés. de l'indic. Je peux ou je puis, *tu peux, il peut, nous pouvons, vous pouvez,* ils peuvent. -- *Fut.* Je pourrai, tu pourras, etc. -- *Cond.* Je pourrais, tu pourrais, etc. -- *Prés. du subj.* Que je puisse, que tu puisses, etc.

Se conjugue en tout comme *valoir,* excepté au présent du subjonctif où il fait régulièrement *que je prévale, que tu prévales, qu'il prévale, que nous prévalions, que vous prévaliez,* qu'ils prévalent.

Prés. de l'ind. Je m'assieds, tu t'assieds, il s'assied, nous nous asseyons, vous vous asseyez, ils s'asseient. -- *Fut.* Je m'assiérai, tu t'assiéras, etc. -- On dit aussi : je m'asseierai, tu t'asseieras, etc. -- *Cond.* Je m'assiérais, tu t'assiérais, il s'assiérait, etc. -- On dit aussi : je m'asseierais, etc.

Prés. de l'ind. Je sais, *tu sais, il sait,* nous savons, vous savez, ils savent. -- *Imparfait de l'indicatif.* Je savais, tu savais, etc. -- *Futur.* Je saurai, tu sauras, etc. -- *Cond.* Je saurais, tu saurais, etc. -- *Impératif.* Sache, sachons, sachez.

Présent de l'ind. Je vaux, tu vaux, *il vaut, nous valons, vous valez, ils valent.* -- *Futur.* Je vaudrai, tu vaudras, etc. -- *Cond.* Je vaudrais, tu vaudrais, etc. -- Point d'impératif. -- *Présent du subj.* Que je vaille, que tu vailles, qu'il vaille, *que nous valions, que vous valiez,* qu'ils vaillent.

Futur. Je verrai, tu verras, etc. -- *Cond.* Je verrais, tu verrais, etc.

Présent de l'indicatif. Je veux, *tu veux, il veut, nous voulons, vous voulez,* ils veulent. -- *Fut.* Je voudrai, tu voudras, etc. -- *Cond.* Je voudrais, tu voudrais, etc. -- Point d'impératif. -- *Pr. du subj.* Que je veuille, que tu veuille, qu'il veuille, *que nous voulions, que vous vouliez,* qu'ils veuillent.

TEMPS PRIMITIFS.

PRÉSENT de L'INFINITIF.	PARTICIPE PRÉSENT.	PARTICIPE PASSÉ.	PRÉSENT de L'INDICATIF.	PASSÉ DÉFINI.
				QUATRIÈME
Absoudre.	Absolvant.	Absous (absoute au fem.)	J'absous.	
Battre.	Battant.	Battu	Je bats.	Je battis.
Boire.	Buvant.	Bu.	Je bois.	Je bus.
Braire.			Il brait.	
Bruire.	Bruyant.			
Circoncire.	Circoncisant.	Circoncis.	Je circoncis.	Je circoncis.
Clore.		Clos.	Je clos.	
Conclure.	Concluant.	Conclu.	Je conclus.	Je conclus.
Confire.	Confisant.	Confit.	Je confis.	Je confis.
Coudre.	Cousant.	Cousu.	Je couds.	Je cousis.
Croire.	Croyant.	Cru.	Je crois.	Je crus.
Croître.	Croissant.	Crû.	Je croîs.	Je crûs.
Dire.	Disant.	Dit.	Je dis.	Je dis.
Eclore.		Eclos.	Il éclot.	
Ecrire.	Ecrivant.	Ecrit.	J'écris.	J'écrivis.
Exclure.	Excluant.	Exclu.	J'exclus.	J'exclus.
Faire.	Faisant.	Fait.	Je fais.	Je fis.
Joindre.	Joignant.	Joint.	Je joins.	Je joignis.
Lire.	Lisant.	Lu.	Je lis.	Je lus.
Luire.	Luisant.	Lui.	Je luis.	
Maudire.	Maudissant.	Maudit.	Je maudis.	Je maudis.
Mettre.	Mettant.	Mis.	Je mets.	Je mis.
Moudre.	Moulant.	Moulu.	Je mouds.	Je moulus.
Naître.	Naissant	Né.	Je nais.	Je naquis.
Nuire.	Nuisant.	Nui.	Je nuis.	Je nuisis.
Prendre.	Prenant.	Pris.	Je prends.	Je pris.
Répondre.	Répondant.	Répondu.	Je réponds.	Je répondis.
Résoudre.	Résolvant.	Résous, résolu	Je résous.	Je résolus.
Rire.	Riant.	Ri.	Je ris.	Je ris.
Rompre.	Rompant.	Rompu.	Je romps.	Je rompis.
Suffire.	Suffisant.	Suffi.	Je suffis.	Je suffis.
Suivre.	Suivant.	Suivi.	Je suis.	Je suivis.
Traire.	Trayant.	Trait.	Je trais.	
Vaincre.	Vainquant.	Vaincu.	Je vaincs.	Je vainquis.
Vivre.	Vivant.	Vécu.	Je vis.	Je vécus.

TEMPS DÉRIVÉS

QUI SE FORMENT IRRÉGULIÈREMENT DES TEMPS PRIMITIFS.

CONJUGAISON.

Prés. de l'ind. Je bois, tu bois, il boit, nous buvons, vous buvez, ils boivent. — *Prés. du subj.* Que je boive, que tu boives, qu'il boive, *que nous buvions, que vous buviez*, qu'ils boivent.

Bruire n'est usité qu'à l'infinitif et aux troisièmes personnes de l'imparfait.

Prés. de l'ind. Je dis, tu dis, il dit, nous disons, vous dites, *ils disent.* — *Dédire, contredire, interdire, médire, prédire*, font : *vous dédisez, vous contredisez ; vous médisez, vous prédisez.* — Les autres personnes et les autres temps se conjuguent comme *dire.*

Présent de l'ind. Je fais, tu fais, il fait, *nous faisons*, vous faites, ils font. — *Fut.* Je ferai, tu feras, etc. — *Cond.* Je ferais, tu ferais, etc. — *Prés. du subjonc.* Que je fasse, que tu fasses, etc. — *Contrefaire, défaire, refaire, surfaire* et *satisfaire* se conjuguent de même.

Prés. de l'ind. Je prends, tu prends, il prend, *nous prenons, vous prenez,* ils prennent. — *Prés. du sub.* Que je prenne, que tu prennes, qu'il prenne, *que nous prenions, que vous preniez,* qu'ils prennent.

Présent de l'indicatif. Je vaincs, tu vaincs, il vainc, *nous vainquons, vous vainquez,* ils vainquent.

Nous ne regardons pas comme irréguliers les verbes qui ne se conjuguent pas exactement sur celui qui sert de modèle, pourvu que les temps dérivés se forment régulièrement des temps primitifs ; ces derniers temps une fois connus, il n'y a point de difficulté.

35e LEÇON.

Observations générales sur l'orthographe des verbes.

Les trois personnes du singulier des verbes, pour tous les temps, sont, sauf quelques exceptions, terminées par *s, s, t.* Exemple : Je finis, tu finis, il finit ; je reçois, tu reçois, il reçoit ; je parais, tu parais, il paraît.

Il y a exception pour plusieurs temps dans les verbes de la première conjugaison, et pour le présent du subjonctif, dans tous les verbes, excepté dans le verbe *être* qui fait *que je sois.*

Pour ne pas faire une longue nomenclature d'exceptions qui sont très-nombreuses dans notre langue, nous allons donner les terminaisons de toutes les personnes dans tous les temps, pour les quatre conjugaisons.

Présent de l'indicatif.

1re Conjugaison.	2e, 3e et 4e Conjugaisons.
e, es, e, ons, ez, ent.	s, s, t, ons, ez, nt. (1) x, x.

Imparfait.

ais, ais, ait, ions, iez, aient.

---

(1) Excepté *faire* et *dire.*

1ʳᵉ Conjugaison.   2ᵉ, 3ᵉ et 4ᵉ Conjugaisons.

Prétérit défini.

ai, as, a, âmes, âtes, èrent.   s, s, t, mes, tes, rent.

Futur.

rai, ras, ra, rons, rez, ront.

Conditionnel.

rais, rais, rait, rions, riez, raient.

Impératif.

e, ons, ez.   s, ons, ez. (1)

Présent du subjonctif.

e, es, e, ions, iez, ent.

Imparfait.

sse, sses, ât, ût, ît, ssions, ssiez, ssent.

36ᵉ LEÇON. — THÉORIE.

CONJUGAISON DES VERBES PASSIFS.

Il n'y a qu'une seule conjugaison pour tous les verbes passifs ; elle se forme de l'auxiliaire *être* dans tous ses

---

(1) Exception : *Faites, dites.* Il y a aussi exception pour les verbes en *eillir*, qui ont l'impératif en *e*, quoiqu'ils soient de la troisième conjugaison.

temps, et du participe passé du verbe actif que l'on veut conjuguer.

INFINITIF.

Présent.

Etre aimé ou aimée.

Prétérit.

Avoir été aimé ou aimée.

Participe présent.

Etant aimé ou aimée.

Participe passé.

Ayant été aimé ou aimée.

Participe futur.

Devant être aimé ou aimée.

INDICATIF.

Présent.

Je suis	aimé
Tu es	ou
Il ou elle est	aimée.
Nous sommes	aimés
Vous êtes	ou
Ils ou elles sont	aimées.

Imparfait.

J'étais	aimé
Tu'étais	ou
Il ou elle était	aimée.
Nous étions	aimés
Vous étiez	ou
Ils ou elles étaient	aimées.

Prétérit défini.

Je fus	aimé
Tu fus	ou
Il ou elle fut	aimée.
Nous fûmes	aimés
Vous fûtes	ou
Ils ou elles furent	aimées.

Prétérit indéfini.

J'ai été	aimé
Tu as été	ou
Il ou elle a été	aimée
Nous avons été	aimés
Vous avez été	ou
Ils ou elles ont été	aimées

Prétérit antérieur.

J'eus été	aimé
Tu eus été	ou
Il ou elle eut été	aimée.
Nous eûmes été	aimés
Vous eûtes été	ou
Ils ou elles eurent été	aimées.

Plus-que-parfait.

J'avais été	aimé
Tu avais été	ou
Il ou elle avait été	aimée.
Nous avions été	aimés
Vous aviez été	ou
Ils ou elles avaient été	aimées.

Futur simple.

Je serai
Tu seras
Il *ou* elle sera { aimé *ou* aimée.

Nous serons
Vous serez
Ils *ou* elles seront { aimés *ou* aimées.

Futur antérieur.

J'aurai été
Tu auras été
Il *ou* elle aura été { aimé *ou* aimée.

Nous aurons été
Vous aurez été
Ils *ou* elles auront été { aimés *ou* aimées.

CONDITIONNELS.

Présent.

Je serais
Tu serais
Il *ou* elle serait { aimé *ou* aimée.

Nous serions
Vous seriez
Ils *ou* elles seraient { aimés *ou* aimées.

Passé.

J'aurais été
Tu aurais été
Il *ou* elle aurait été { aimé *ou* aimée

Nous aurions été
Vous auriez été
Ils *ou* elles auraient été { aimés *ou* aimées.

IMPÉRATIF.

Sois { aimé *ou* aimée.

Soyons { aimés
Soyez { *ou* aimées.

SUBJONCTIF.

Présent ou futur.

Que je sois
Que tu sois
Qu'il *ou* qu'elle soit { aimé *ou* aimée.

Que nous soyons
Que vous soyez
Qu'ils *ou* qu'elles soient { aimés *ou* aimées.

Imparfait.

Que je fusse
Que tu fusses
Qu'il *ou* qu'elle fût { aimé *ou* aimée.

Que nous fussions
Que vous fussiez
Qu'ils *ou* qu'elles fussent { aimés *ou* aimées.

Prétérit.

Que j'aie été
Que tu aies été
Qu'il *ou* qu'elle ait été { aimé *ou* aimée

Que nous ayons été
Que vous ayez été
Qu'ils *ou* qu'elles aient été { aimés *ou* aimées.

Plus-que-parfait.

Que j'eusse été
Que tu eusses été
Qu'il *ou* qu'elle eût été { aimé *ou* aimée.

Que nous eussions été
Que vous eussiez été
Qu'ils *ou* qu'elles eussent été. { aimés *ou* aimées.

EXERCICES.

Mêmes exercices que pour les verbes des quatre conjugaisons. Conjuguez de même : *Être caressé, être battu, être maltraité, être mordu, être tombé, être conduit, être chassé*, etc.

PRATIQUE. — ANALYSE.

Télémaque A ÉTÉ CONDUIT par *Mentor. L'ouvrage qui* A ÉTÉ LU aujourd'hui, *deviendra* fort rare. *Les victoires qui* AVAIENT ÉTÉ REMPORTÉES auparavant *étaient* plus illustres. *La blessure qui* FUT REÇUE, *était* très-honorable. *Je* SERAIS TOMBÉE, si *vous* ne FUSSIEZ VENU à *mon secours*.

Télémaque. . . . . nom propre d'homme, masc. sing., sujet de *a été conduit*

A ÉTÉ CONDUIT. . . verbe passif, mode indicat., temps prétérit indéfini, 2me pers. du sing.

par. . . . . . .

Mentor. . . . . . nom propre d'homme, masc. sing. rég. indir. de *a été conduit*.

L'. . . . . pour *le* art. simple, mascul. singul., annonce que *ouvrage* est déterminé.

ouvrage. . . . . nom commun, masc. sing. sujet de *deviendra*.

qui . . . . pron. relat. à *ouvrage*, suj. de *a été lu*.

A ÉTÉ LU. . . . . verbe passif, mode indicat., temps prétérit indéf., 3me pers. du sing.

aujourd'hui. . . .

deviendra. . . . . verbe actif de la 2me conjug., mode indicat., temps futur simple, 3me pers. du sing.

fort. . . . .

rare. . . . . . . adject. qualif. de *ouvrage*, masc. sing.

Les. . . . . . . art. simple, fém. plur., annonce que *victoire* est déterminée.

victoires. . . . . nom com., fém. plur., suj. de *étaient*,

qui. . . . . pron. relat. à *victoire*, sujet de *avaient été remportées*.

AVAIENT ÉTÉ REM- verbe passif, mode indicat., temps
PORTÉES. . . . . plus-que-parfait, 3ᵐᵉ personne du
     singulier.

auparavant. . . . . . .

étaient. . . . . verbe substant. être, mode indicat.,
     temps imparf., 3ᵐᵉ pers. du sing.
plur.

illustres. . . . . adject. qualif. de *victoire*, fém. plur.

La. . . . . art. simple, fém. sing., annonce que
     blessure est déterm.

blessure. . . . . substant. commun, fém. sing., sujet
     de *était.*

qui. . . . . pron. relat. à *blessure*, sujet de *fut*
     reçue.

FUT REÇUE. . . . . verbe passif, mode indicat., temps
     préter. défini, 3ᵐᵉ pers. du singul.

était. . . . . verbe subst. être, mode indic., temps
     imparf. 3ᵐᵉ pers. du singulier.

très. . . . .

honorable. . . . . . . adject. qualif. de *blessure*, féminin
     singul.

Je. . . . . pronom person. de la 1ʳᵉ person. du
     sing., sujet de *serais tombée.*

SERAIS TOMBÉE. . verbe passif, mode condition., temps
     passé, 1ʳᵉ pers. du sing.

si. . . . .

vous. . . . . pron. person. de la 2ᵐᵉ person. du
     pluriel, sujet de *fussiez venu.*

ne. . . . .

FUSSIEZ VENU. . . verbe passif, mode subjonct., temps
     imparf., 2ᵐᵉ pers. du plur.

à. . . . .

mon. . . . . adjectif posséssif, mascul. singulier,
     déterm. *secours.*

secours. . . . . nom commun, masc. singul., régime
     indir. de *fussiez venu.*

Analysez de même :

1° *Il aurait fallu* que *nous* FUSSIONS COURONNÉS. 2° *Les soldats qui* FURENT VAINCUS *, étaient* plus *braves* qu'*habiles.* 3° *Le philosophe Socrate* ÉTAIT REGARDÉ *comme un mortel vertueux et bienfaisant.* 4° *Le chêne est un arbre qui* AVAIT ÉTÉ CONSACRÉ *au Dieu Jupiter.* 5° *Des supplices* et *des récompenses* ONT ÉTÉ DESTINÉES *aux hommes qui agissent* mal ou bien. 6° *Mon jardin et ma maison* AURAIENT ÉTÉ VENDUS.

37ᵉ LEÇON. — THÉORIE.

CONJUGAISON DES VERBES NEUTRES.

Les verbes neutres n'ont pas de conjugaison qui leur soit particulière ; car, parmi ces verbes, il y en a qui prennent l'auxiliaire *avoir* dans leurs temps composés, tels sont *marcher, dormir, voyager, régner,* etc., et d'autres qui prennent l'auxiliaire *être*, comme *sortir, monter, descendre, arriver,* etc.

Les verbes neutres qui prennent *avoir* dans leurs temps composés, se conjuguent, en tout, de la même manière que les verbes actifs. Quant aux verbes qui prennent *être*, ils s'écartent de cette règle en ce qu'ils remplacent les temps de l'auxiliaire *avoir* par les temps correspondans de l'auxiliaire *être*.

Voici la conjugaison du verbe *arriver*, qui forme ses temps composés à l'aide de l'auxiliaire *être*.

INFINITIF.	*Prétérit.*
	Etre arrivé ou arrivée.
Présent.	*Participe présent.*
ARRIVER.	Arrivant.

Participe passé.

Arrivé, arrivée, étant arrivé
ou arrivée.

INDICATIF.

Présent.

J'arrive.
Tu arrives.
Il *ou* elle arrive.
Nous arrivons.
Vous arrivez.
Ils *ou* elles arrivent.

Imparfait.

J'arrivais.
Tu arrivais.
Il *ou* elle arrivait.
Nous arrivions.
Vous arriviez.
Ils *ou* elles arrivaient.

Prétérit défini.

J'arrivai.
Tu arrivas.
Il *ou* elle arriva.
Nous arrivâmes.
Vous arrivâtes.
Ils *ou* elles arrivèrent.

Prétérit indéfini.

Je suis
Tu es
Il *ou* elle est } arrivé
ou
arrivée.

Nous sommes
Vous êtes
Ils *ou* elles sont } arrivés
ou
arrivées.

Prétérit antérieur.

Je fus
Tu fus
Il *ou* elle fut } arrivé
ou
arrivée.

Nous fûmes
Vous fûtes
Ils *ou* elles furent } arrivés
ou
arrivées.

Plus-que-parfait.

J'étais
Tu étais
Il *ou* elle était } arrivé
ou
arrivée.

Nous étions
Vous étiez
Ils *ou* elles étaient } arrivés
ou
arrivées.

Futur simple.

J'arriverai.
Tu arriveras.
Il *ou* elle arrivera.
Nous arriverons.
Vous arriverez.
Ils *ou* elles arriveront.

Futur antérieur.

Je serai
Tu seras
Il *ou* elle sera } arrivé
ou
arrivée.

Nous serons
Vous serez
Ils *ou* elle seront } arrivés
ou
arrivées.

CONDITIONNELS.

Présent.

J'arriverais.

Tu arriverais.
Il *ou* elle arriverait.
Nous arriverions.
Vous arriveriez.
Ils *ou* elles arriveraient.

Passé.

Je serais	{	arrivé
Tu serais	{	*ou*
Il *ou* elle serait	{	arrivée

Nous serions	{	arrivés
Vous seriez	{	*ou*
Ils *ou* elles seraient	{	arrivées.

On dit aussi :

Je fusse	{	arrivé
Tu fusses	{	*ou*
Il ou elle fût	{	arrivée.

Nous fussions	{	arrivés.
Vous fussiez	{	*ou*
Ils ou elles fussent	{	arrivées.

SUBJONCTIF.

Présent ou futur.

Que j'arrive.
Que tu arrives.
Qu'il *ou* qu'elle arrive.
Que nous arrivions.

Que vous arriviez.
Qu'ils *ou* qu'elles arrivent.

Imparfait.

Que j'arrivasse.
Que tu arrivasses.
Qu'il *ou* qu'elle arrivât.
Que nous arrivassions.
Que vous arrivassiez.
Qu'ils *ou* qu'elles arrivassent.

Prétérit.

Que je sois	{	arrivé
Que tu sois	{	*ou*
Qu'il *ou* qu'elle	{	arrivée.

Que nous soyons	{	arrivés
Que vous soyez	{	*ou*
Qu'ils *ou* qu'elles soient	{	arrivées.

Plus-que-parfait.

Que je fusse	{	arrivé
Que tu fusses	{	*ou*
Qu'il *ou* qu'elle fût	{	arrivée.

Que nous fussions	{	arrivés
Que vous fussiez	{	*ou*
Qu'ils *ou* qu'elles fussent	{	arrivées.

EXERCICES.

Mêmes exercices qu'à la première conjugaison. Conjuguez de même les verbes *sortir, monter, descendre, venir,* etc.

PRATIQUE. — ANALYSE.

Adam et *Ève* MARCHAIENT dans *le paradis se tenant par la main. Mathusalem* A VÉCU *neuf cent soixante-neuf ans. Le maréchal* EXPIRA sur *le champ de bataille. Trois cents Spartiates* MOURURENT *au passage des Thermopiles.*

Adam. . . . . nom propre d'homme, masc. sing., 1er sujet de *marchaient.*

et. . . . .

Eve. . . . . nom propre de femme, fém. singul., 2me sujet de *marchaient.*

MARCHAIENT. . . . . verbe neutre de la 1re conjug., mode indicat., temps imparf., 3me pers. du pluriel.

dans . . . .

le . . . . art. simple, masc. sing., annonce que *paradis* est déterm.

paradis. . . . . . subst. commun, masc. sing.

se . . . . pour *soi,* pron. pers. de la 3me pers. des deux nombres, régime direct de *tenant.*

tenant. . . . . . . participe présent du verbe tenir.

par. . . . .

la. . . . . art. simple, fém. sing., annonce que *main* est déterm.

main . . . . nom commun, fém. sing.

Mathusalem. . . . nom propre d'homme, masc. sing., sujet de *a vécu.*

A VÉCU . . . . verbe neut. de la 4me conjug., mode indicatif, temps prétér. indéfini, 3me pers du sing.

neuf cent soixante-neuf. . . . . . . adject. de nombre cardin., mascul. plur., déterm. *ans.*

ans. . . . . nom commun, masc. plur.

Le. . . . . art. simple, masc. sing., annonce que *maréchal* est déterm.

maréchal . . . . . subs. com., masc. singul., sujet de *expira.*

EXPIRA . . . . verbe neutre de la 1re conjug., mode indicatif, temps prétérit défini, 3me pers. du sing.

sûr. . . . .

le . . . . art, simple, masc. sing., annonce
que *champ* est déterm.

champ. . . . . nom commun, masculin singulier.

de. . . . .

bataille . . . . . nom commun, fém. singul.

Trois cents . . . . adject. de nombre cardin., mascul.
plur. déterm. *Spartiates.*

Spartiates. . . . . nom commun, masc. plur., sujet de
moururent.

MOURURENT . . . . . verbe neutre de la 2me conj., mode
indicatif, temps prétérit défini,
3me pers. du pluriel.

au . . . . pour *à le*, art. comp., masc sing.,
annonce que *passage* est déterm.

passage. . . . . . nom commun, masculin singulier.

des . . . .

Thermopyles . . . nom propre de lieu, fémin. plur.

Analysez de même.

1° *Le conseil royal* AVAIT PROCÉDÉ à *la nomination d'un professeur.* 2° *La maison nous* AURAIT CONVENU, *si elle eût été moins chère.* 3° *Les passions doivent* OBÉIR à *la raison.* 4° *Il veut que nous travaillions* continuellement. 5° *Ils* ONT NUI à *leurs parens.* 6° Après AVOIR BATTU *en retraite, ils* MARCHÈRENT *courageusement vers l'ennemi.* 7° J'AI RESTÉ *sept mois à Colmar sans sortir de ma chambre.*

38e LEÇON. — THÉORIE.

CONJUGAISON DES VERBES PRONOMINAUX.

Les verbes pronominaux n'ont pas non plus de conjugaison qui leur soit particulière.

Ces verbes se conjuguent comme les verbes de la conjugaison à laquelle ils appartiennent, dans leurs temps simples ; et dans leurs temps composés, ils prennent l'auxiliaire *être*.

INFINITIF.	*Prétérit défini.*
Présent.	Je me promen*ai*.
	Tu te promen*as*.
SE PROMEN*ER*.	Il *ou* elle se promen*a*.
	Nous nous promen*âmes*.
Prétérit.	Vous vous promen*âtes*.
	Ils *ou* elles se promen*èrent*.
S'être promené *ou* promenée.	
	Prétérit indéfini.
Participe présent.	

Présent.

SE PROMEN*ER*.

Prétérit.

S'être promené *ou* promenée.

Participe présent.

Se promen*ant*.

Participe passé.

Promené, s'étant promené *ou* promenée.

INDICATIF.

Présent,

Je me promèn*e*.
Tu te promèn*es*.
Il *ou* elle se promèn*e*.
Nous nous promen*ons*.
Vous vous promen*ez*.
Ils *ou* elles se promèn*ent*.

Imparfait.

Je me promen*ais*.
Tu te promen*ais*.
Il *ou* elle se promen*ait*.
Nous nous promen*ions*.
Vous vous promen*iez*.
Ils *ou* elles se promen*aient*.

Prétérit défini.

Je me promen*ai*.
Tu te promen*as*.
Il *ou* elle se promen*a*.
Nous nous promen*âmes*.
Vous vous promen*âtes*.
Ils *ou* elles se promen*èrent*.

Prétérit indéfini.

Je me suis { promené
Tu t'es { *ou*
Il *ou* elle s'est { promenée.

Nous nous sommes { promenés
Vous vous êtes { *ou*
Ils *ou* elles se sont { promenées.

Prétérit antérieur.

Je me fus { promené
Tu te fus { *ou*
Il *ou* elle se fut { promenée.

Nous nous fûmes { promenés.
Vous vous fûtes { *ou*
Ils *ou* elles se furent { promenées.

Plus-que-parfait.

Je m'étais { promené
Tu t'étais { *ou*
Il *ou* elle s'était { promenée.

Nous nous étions { promenés
Vous vous étiez { *ou*
Ils *ou* elles s'étaient { promenées.

Futur simple.

Je me promènerai.
Tu te promèneras.
Il *ou* elle se promènera.
Nous nous promènerons.
Vous vous promènerez.
Ils *ou* elles se promèneront.

Futur antérieur.

Je me serai   ⎫ promené
Tu te seras   ⎬ *ou*
Il *ou* elle se sera ⎭ promenée.

Nous nous serons ⎫ promenés
Vous vous serez ⎬ *ou*
Ils *ou* elles se se-⎭ promenées.
ront.

CONDITIONNELS.

Présent.

Je me promènerais.
Tu te promènerais.
Il *ou* elle se promènerait.
Nous nous promènerions.
Vous vous promèneriez.
Ils *ou* elles se promèneraient.

Passé.

Je me serais   ⎫ promené
Tu te serais   ⎬ *ou*
Il *ou* elle se serait ⎭ promenée.

Nous nous se-⎫
rions   ⎬ promenés
Vous vous seriez⎬ *ou*
Ils *ou* elles se se-⎭ promenées.
raient

On dit aussi :

Je me fusse   ⎫ promené
Tu te fusses   ⎬ *ou*
Il *ou* elle se fût ⎭ promenée.

Nous nous fus-⎫
sions   ⎬ promenés
Vous vous fus-⎬ *ou*
siez   ⎬ promenées.
Ils ou elles se ⎭
fussent

IMPÉRATIF.

Promène-toi.
Promenons-nous.
Promenez-vous.

SUBJONCTIF.

Présent ou futur.

Que je me promène.
Que tu te promènes.
Qu'il *ou* qu'elle se promène.
Que nous nous promenions.
Que vous vous promeniez.
Qu'ils *ou* qu'elles se pro-
mènent.

Imparfait.

Que je me promenasse.
Que tu te promenasses.
Qu'il *ou* qu'elle se promenât.
Que nous nous promenas-
sions.
Que vous vous promenas-
siez.
Qu'ils *ou* qu'elles se prome-
nassent.

Prétérit.	Plus-que-parfait.
Que je me sois Que tu te sois Qu'il *ou* qu'elle se soit } promené *ou* promenée.	Que je me fusse Que tu te fusses Qu'il *ou* qu'elle se fût } promené *ou* promenée.
Que nous nous soyons Que vous vous soyez Qu'ils *ou* qu'elles se soient } promenés *ou* promenées.	Que nous nous fussions Que vous vous fussiez Qu'ils *ou* qu'elles se fussent } promenés *ou* promenées

EXERCICES.

Mêmes exercices qu'à la première conjugaison.

Conjuguez de même : *Se conduire, se plaindre, se résoudre, se repentir, se désister, se taire, se parjurer,* etc.

PRATIQUE. — ANALYSE.

Nous nous SOMMES PROVOQUÉS *au jeu. Jeanne d'Arc* S'EST RENDUE *célèbre* par *ses hauts faits Cette dame s'*EST PROCURÉ *une gloire immortelle. Elles se* PROMENAIENT sur *le bord de la rivière.*

Nous. . . . . pron. pers. de la 1re pers. du plur., sujet de *sommes provoqués.*

nous. . . . . déjà analysé , rég. direct de *sommes provoqués.*

SOMMES PROVOQUÉS. verbe pronominal accidentel, mode indicat., temps prétérit indéfini 1re pers. du plur.

au. . . . . pour *à le*, art. comp., masc. singul. annonce que *jeu* est déterm.

jeu . . . . nom commun, masc. sing., régime indir. de *sommes provoqués.*

Jeanne d'Arc . . . nom propre de femme, fém. singul. sujet de *est rendue.*

s' . . . . pour *soi*, pron. pers. réfl., 3e pers. du fém. sing., rég. dir. de *est rendue.*

EST RENDUE. . . . verbe pronominal accidentel, mode indicat., temps prétér. indéf., 3e pers. du sing.

célèbre . . . . . . adject. qualif. de *s'*, fémin. singul.

par. . . . .

ses. . . . . adject possess., masc. plur., déterm. *faits*

hauts . . . . adject. qualif. de *faits*, masc. plur.

faits. . . . . nom commun, mascul plur.

Cette . . . . adject. démonstrat. fémin. singul., déterm. *dame.*

dame. . . . . nom commun, fém. sing., sujet de *est procuré.*

s'. . . . . pour *à soi*, pron. pers. réfléchi de la 3ᵐᵉ pers. du fémin sing., régime indir. de *est procuré.*

EST PROCURÉ. . . . . verbe-pronominal accidentel, mode indicatif, temps prétérit indéfini, 3ᵐᵉ pers. du sing.

une . . . . adject de nombre card., fém. sing. déterm. *gloire.*

gloire . . . . subst commun, fém. sing., régime direct de *s'est procuré.*

immortelle . . . . . adject qualif. de *gloire*, fém. singul.

Elles. . . . . pron. pers. de la 3ᵐᵉ pers. du plur., sujet de *promenaient.*

se . . . . pour *soi*, pron. pers. réfléchi de la 3ᵐᵉ pers. des deux genres, régime direct de *promenaient.*

PROMENAIENT . . . verbe pronominal accidentel, mode condit., temps imp., 3ᵐᵉ pers. du plur.

sur . . . .

le. . . . . art. simple, masc. sing., annonce que *bord* est déterm.

bord. . . . . nom commun, masc. sing., régime indir. de *promenaient.*

de . . . .

la. . . . . art simple., fém. sing., annonce que *rivière* est déterm.

rivière. . . . . . . nom commun, fém. sing.

Analysez de même :

1° *Les ministres se* SONT INTÉRESSÉS à *notre situation.*
2° *Lorsque nous nous* SENTIMES *maltraités par des maîtres barbares, nous nous* RÉSOLUMES *à ne plus obéir.* 3° *Ces jeunes gens se* SONT ENTENDUS *préconiser par des hommes respectables.* 4° *Nos princes s'*ÉTAIENT COMPORTÉS *avec beaucoup de sagesse.* 5° *Votre tante se* SERAIT MOQUÉE *de vous, si vous eussiez fait cette bévue.* 6° *Nous nous* ÉTIONS ATTENDUS *à cette mésaventure.*

39ᵉ LEÇON. — THÉORIE.

CONJUGAISON DU VERBE UNIPERSONNEL.

Les verbes unipersonnels se conjuguent comme les autres verbes, excepté qu'ils n'ont dans tous leurs temps que la troisième personne du singulier.

INFINITIF.	*Imparfait.*
	Il fallait.
Présent.	
	Prétérit défini.
FALLOIR.	
	Il fallut.
Participe passé.	
	Prétérit indéfini.
Ayant fallu.	
	Il a fallu.
Les autres temps de l'infinitif ne sont pas en usage.	
	Prétérit antérieur.
	Il eut fallu.
INDICATIF.	
	Plus-que-parfait.
Présent.	
	Il ayait fallu.
Il faut.	

I

Futur simple.	SUBJONCTIF.
Il faudra.	*Présent.*
Futur antérieur.	Qu'il faille.
Il aura fallu.	*Imparfait.*
CONDITIONNELS.	Qu'il fallût.
Présent.	*Prétérit.*
Il faudrait.	Qu'il ait fallu.
Passé.	*Plus-que-parfait.*
Il aurait fallu.	Qu'il eût fallu.
Point d'impératif.	

EXERCICES.

(Voir pour les exercices le verbe de la 1re conjugaison.)
On conjuguera de même les verbes unipersonnels, *il tonne*,
il pleut, *il convient*, *il importe*, *il neige*, *il y a*, etc.

PRATIQUE. — ANALYSE.

Il est *beau d'exercer la bienfaisance* envers *les malheureux*. Il importait que *vous vinssiez nous annoncer
cette nouvelle*. Il vous convient moins qu'à *personne
d'être ridicule*. Il faudrait que *vous prissiez une potion*.

Il est . . . . . . verbe uniperson. accident. au prés.
de l'indicat. , le sujet réel sont les
mots *exercer la bienfaisance*.

beau. . . . . . . adj. qualif. de *exercer la bienfaisance*.

d' . . . .

exercer. . . . . verbe actif de la 1re conjug. au prés.
de l'infinitif.

la. . . . . . . art. simple, fém. sing. , annonce que
bienfaisance est détermi.

bienfaisance. . . . . . subst. commun, fém. sing., régime
        direct de *exercer*.

envers. . . . . .

les. . . . . art. simple, masc. plur., annon. que
        malheureux est déterm.

malheureux. . . . adjectif pris substantivement mascul.
        plur.

IL IMPORTAIT. . . verbe unipers. accident. à l'imparf.
        de l'indicat., le sujet réel sont les
        mots *que vous vinssiez*.

que. . . . .

vous. . . . . pron. pers. de la 2me pers. du plur.,
        sujet de *vinssiez*.

vinssiez. . . . . verbe neutre de la 2me conjugais., à
        l'imparf. du subjonct., 2me person.
        du plur.

nous. . . . . . . pour *à nous*, pron. person. de la 1re
        pers. du plur., régime indir. de
        annoncer.

annoncer. . . . . verbe act. de la 1re conjug., au prés.
        de l'infinitif.

cette. . . . . . . adjectif démonst., fémin. singul.,
        déterm. *nouvelle*.

nouvelle. . . . . nom commun, fém. singul., régime
        direct de *annoncer*.

IL CONVIENT. . . verbe unipers. accident. au prés. de
        l'indicat., son sujet réel est *d'être*
        ridicule.

vous. . . . . pour *à vous*, pron. person. de la 2me
        person. du plur. régime indir. de
        convient.

moins. . . . .

qu'. . . . . . .

à. . . . .

personne. . . . . . pron. indéf., masc. sing.

d'. . . . .

être . . . . verbe subst. être au prés. de l'infinit.

ridicule. . . . . . adject. qualif. de *homme*, sous-en-
        tendu, masc. sing.

Il faudrait. . . . verbe unipers. essentiel, le sujet réel
                est *il*.

que. . . . .

vous. . . . . pron. pers. de la 2me pers. du plur.
                sujet de *prissiez*.

prissiez. . . . . . verbe actif de la 4me conjug. à l'im-
                parf. du subj., 2me pers. du plur.

une. . . . . adject. de nombre card., fém. sing.,
                déterm. *potion*.

potion. . . . . . . nom commun, fém. sing., régime
                direct de *prissiez*.

Analysez de même:

1° Il est *nécessaire* que *nous travaillions*. 2° Il convient de *tenir sa parole*, *disait Périandre*, *l'un des sept sages de la Grèce;* mais il est permis de *la sacrifier* quelquefois à *son intérêt*. 3° Plus *il y a de lois*, plus il est difficile de *les observer*. 4° Combien il importe à *tous les hommes de se faire des amis véritables*. 5° Il a plu beaucoup *cette semaine*.

<hr>

40e LEÇON. — THÉORIE.

DU PARTICIPE.

On appelle *participe* un mot qui qualifie le substantif par l'idée d'une action ou d'un état; ce mot est ainsi appelé parce qu'il tient de la nature du verbe et de celle de l'adjectif; du verbe en ce qu'il signifie la même chose et qu'il peut avoir un régime exprimé ou sous-entendu, comme *j'ai* vu *des personnes* insultant *les passans; mon fils a* aimé; de l'adjectif, en ce qu'il qualifie les substantifs auxquels il se rapporte, comme *la tendresse* éprouvée, *ce vieillard* honoré.

Il y a deux sortes de participes : le participe *présent* et le participe *passé*.

Le participe *présent* est toujours terminé en *ant* et ne varie jamais ; il présente toujours le substantif auquel il est joint comme faisant l'action ou comme étant dans un état accidentel et passager. Exemples : *Une femme* CHANTANT ; *des hommes* CHANTANT ; *nous vîmes les ennemis* PLIANT *de tous côtés ; je les ai vus* ÉDIFIANT *l'assemblée par leurs discours.*

Le participe *passé* qui a différentes terminaisons suivant les verbes d'où il dérive, nous présente le substantif qu'il qualifie, comme faisant l'action, ou comme étant dans un état ; il est susceptible d'accord : *L'armée* A VAINCU *l'ennemi ; ils* ONT MARCHÉ *long-temps ; une personne* AIMÉE *des peuples* POLICÉS.

EXERCICES.

Qu'appelle-t-on participes ?
Pourquoi ce mot est-il ainsi appelé ?
Comment tient-il du verbe ?
Comment tient-il de l'adjectif ?
Combien y a-t-il de sortes de participes ?
Quelle est la terminaison du participe présent ?
Le participe présent est-il variable ? Pourquoi ?
Quelle est la terminaison du participe passé ?
Est-il variable ou invariable ?
Comment présente-t-il le substantif ?

PRATIQUE. — ANALYSE.

J'ai VU *des dames* ENDURANT *le froid avec beaucoup* de *courage. Nous avons* VISITÉ *Paris et les gros bourgs.* ENVIRONNANT *cette grande cité. Nous les avons* VUS VIVANT *dans une parfaite union. Elle s'est* SOUVENUE *de vos bienfaits. Nous nous sommes* EFFORCÉS *de vous plaire.*

J'. . . . . pron. pers. de la 1re pers. du sing.
           des deux genres, sujet de *ai vu.*
ai VU. . . . . verbe actif de la 3me conjug., mode
           indicatif, temps prétérit indéfini,
           vu participe passé.
des. . . . . pour *de les*, art. composé fémin. pl.,
           annonce que *dames* est déterminé.

11*

dames. . . . . nom commun, fémin. plur., régime
direct de *ai vu*.

ENDURANT. . . . . participe présent.

le . . . . . . art. simple, mascul. singul., annonce
que *froid* est déterm.

froid. . . . . nom comm., mascul. singul., régime direct de *endurant*.

avec. . . . . . .

beaucoup. . . . . . mot pris substantivement.

de. . . . .

courage. . . . . . nom commun mascul. sing.

Nous. . . . . pron. person. de la 1re pers. du plur.
des 2 genres, sujet de *avons visité*.

avons VISITÉ. . . verbe actif de la 1re conjug., mode
indic., temps prétér. indéf.; *visité*
est au participe passé.

Paris. . . . . nom propre de ville, régime direct de
avons visité.

et. . . . .

les. . . . . art. simple, mascul. pluriel, annonce
que *bourgs* est déterminé.

gros . . . . adject. qualif. de bourgs, mas. plur.

bourgs. . . . . . nom commun, mascul. pluriel, régime direct de *avons visité*.

ENVIRONNANT. . . participe présent.

cette. . . . . . . adjectif démons., fémin. singulier,
déterm. cité.

grande. . . . . . adject. qualif. de cité, fémin. singul.

cité. . . . . nom commun, fém. singul., régime
direct de *environnant*.

Nous. . . . . pron. pers. de la 1re pers. du plur. des
deux genres, sujet de *avons vus*.

les. . . . . pron. relatif, régime direct de *avons
vus*.

avons VUS. . . . verbe actif de la 3me conjug., mode
indicatif, temps prétérit indéf.; le
participe passé est *vus*.

VIVANT. . . . . . participe présent.

dans. . . . .

une. . . . . adject. de nombre cardinal, fémin. singulier, déterm. *union.*

parfaite. . . . . . . adject. qualif. de union, fém. sing.

union. . . . . nom commun, fémin. singulier.

Elle. . . . . pron. pers. de la 3me pers. du sing. féminin, sujet de *s'est souvenue.*

s'. . . . . pron. pers. réfléchi de la 3me person. du sing. fémin.

est SOUVENUE. . . . verbe pron. essentiel, mode indic., temps prétérit indéf.; le participe passé est *souvenue*

de. . . . .

vos. . . . . adject. possessif, mascul. pluriel, détermine bienfaits.

bienfaits. . . . . . nom commun, masc. plur., régime indirect de *s'est souvenue.*

Nous. . . . . pron. pers. de la 1re pers. du plur. dés 2 genres, sujet de *sommes efforcés.*

nous. . . . . déjà analysé, rég. de *efforcés.*

sommes EFFORCÉS. verbe pronominal essentiel, mode indic., temps prétér. indéf., 1re personne du pluriel.

de. . . . .

vous. . . . . pron. pers. de la 2me pers. du plur. des 2 genres, rég. indir. de *plaire.*

plaire. . . . . verbe à l'infinitif, régime indirect de *sommes efforcés.*

Analysez de même :

1° *Il tenait en main une robe* RESSEMBLANT *à celle que Jacob avait* DONNÉE *à son fils.* 2° *Nous avons* VU *des troupeaux* ERRANT *dans les bois.* 3° *Les eaux* COURANT *vers la mer, vont s'y perdre.* 4° *Elles ont* VU *ces dames* BRILLANT *de mille attraits divers,* CHARMANT *la société par leurs manières prévenantes, et* SURPRENANT *leurs auditeurs par leurs réparties fines.*

41e LEÇON. — THÉORIE.

DE LA PRÉPOSITION.

La *préposition* sert à marquer les différens rapports entre les mots qu'elle lie. Dans ces phrases : *Le titre* DE *conquérant n'est écrit que* SUR *le marbre, mais le titre* DE *père du peuple est gravé* DANS *les cœurs* ; la préposition *sur* marque le rapport de position supérieure qu'il y a entre *écrit* et le *marbre*, et la préposition *dans*, celui de position intérieure qu'il y a entre *est gravé* et *les cœurs*.

La préposition a été ainsi nommée, parce qu'elle est préposée à son complément, c'est-à-dire placée devant le mot qui en complète le sens.

La préposition n'a par elle-même qu'un *sens* vague et incomplet. Le mot qu'on y ajoute pour en achever la signification, s'appelle le *régime* ou *complément* de la préposition. Dans ces phrases : *Je vais* A *Paris; je meurs* POUR *la patrie*, *Paris* est le régime de la préposition *à* ; *la patrie* est le complément de la préposition *pour*.

Le complément de la préposition est toujours un *nom*, *un pronom*, ou quelqu'autre mot employé comme *substantif*, ou enfin un *verbe* à l'infinitif.

La préposition est une partie du discours invariable, parce que l'idée abstraite de rapport qu'elle marque entre deux objets, ne semble pas plus s'attribuer à l'un qu'à l'autre de ces objets ; c'est pourquoi elle n'est susceptible ni de genre ni de nombre.

Les principales prépositions sont :

A. . . . . Ce livre est *à* vous.
Après. . Il est arrivé *après* dîner.
Attendu. Je partirai demain, *attendu* le mauvais temps.
Avant. . Nous sommes venus *avant* mon frère.
Avec. . . Nous irons *avec* vous.
Contre. . Il plaide *contre* son cousin.

Dans . . . . J'arriverai *dans* huit jours.
De. . . . . . Je viens *de* la campagne.
Depuis. . . Il est ici *depuis* deux jours.
Dès. . . . . Vous partirez *dès* la pointe du jour.
Derrière . . Le soleil disparaît *derrière* la montagne.
Devant. . . Marchez *devant* nous.
Durant. . . La France a prospéré *durant* le règne de Louis XIV.
En. . . . . . J'ai voyagé *en* Italie.
Entre . . . Il est *entre* la vie et la mort.
Envers. . . Soyez reconnaissant *envers* vos parens.
Excepté. . . Ils sont tous venus *excepté* le plus jeune.
Hormis. . . Tout est perdu *hormis* l'honneur.
Hors. . . . *Hors* cela tout serait mauvais.
Malgré . . Ne faites jamais rien *malgré* vos parens.
Nonobstant. Il est parti *nonobstant* mes conseils.
Par. . . . . Cette ville a été fondée *par* les Romains.
Parmi. . . Le mensonge passait *parmi* les Perses pour un vice honteux.
Pendant . . Travaillez *pendant* votre jeunesse.
Pour. . . . Ce livre est *pour* vous.
Près. . . . Il est logé *près* le Marché aux Fleurs.
Sans. . . . Ne partez pas *sans* moi.
Sous. . . . Cet enfant est caché *sous* la table.
Selon. . . . Vous serez traité *selon* vos œuvres.
Suivant . . Les talens produisent *suivant* la culture.
Sur. . . . Mon frère est monté *sur* le mur.
Touchant. . Je vous ai écrit *touchant* cette affaire.
Voici. . . . *Voici* votre sœur.
Voilà. . . . *Voilà* ce que j'avais à vous dire.
Vu. . . . . Je marcherai, *vu* les ordres que j'ai reçus.
Vers. . . . L'aimant se dirige *vers* le nord.

Outre ces prépositions, il y a d'autres expressions qu'on appelle *locutions prépositives*, parce qu'elles sont composées de plusieurs mots.

En voici quelques-unes :

A travers. . . . Le soleil perce *à travers* les nuages.
Au travers de. . Nous passâmes *au travers des* écueils.

(128)

A l'exception de. Tous ont fait leur devoir, *à l'exception de celui-ci.*

Au-dedans de. . Nous portons *au-dedans de* nous des principes d'équité.

Au moyen de. . . *Au moyen d'*un présent on obtient de lui ce qu'on veut.

Au milieu de . . . Je l'ai trouvé *au milieu de* la foule.

A la faveur de... S'enfuir *à la faveur* des ombres de la nuit.

Du haut de . . . Tomber *du haut d'*une maison.

Hors de. . . . . Son jardin est *hors de* la ville.

En avant de. . . Il y a deux forts *en avant de* cette ville.

Autour de. . . . Il rôdait *autour de* la bergerie.

Avant de . . . . Avertissez-moi *avant de* partir.

Auprès de. . . . Il est resté *auprès de* sa famille.

Au-dessus de. . Les talens sont *au-dessus des* richesses.

Vis-à-vis. . . . . Je suis logé *vis-à-vis* la halle.

EXERCICES.

Qu'est-ce que la préposition ?

Citez deux phrases où il y ait une ou plusieurs prépositions ?

Comment appelez-vous le mot qu'on ajoute à la préposition pour en compléter la signification ?

Quels sont les mots qui servent de complément à la préposition ?

Pourquoi la préposition a-t-elle été appelée ainsi ?

La préposition est-elle susceptible d'accord ?

Pourquoi ?

Quelles sont les principales prépositions ?

Qu'appelle-t-on locutions prépositives ?

Citez-en quelques-unes ?

PRATIQUE. — ANALYSE.

Parmi *les animaux, les uns vivent* dans *l'air*, *d'autres* sous *la terre*. Point de *bonheur* sans *religion*, point de *religion* avec *le vice*. Réfléchissez avant de *parler*, ce n'est pas au-dessous de *vous*. J'ai servi malgré *moi* d'*interprète* à *ses larmes*.

Parmi. . . . . . . préposition.
les. . . . . art. simp., masc. plur., ann. que
              animaux est déterminé.
animaux. . . . . nom comm., masc. plur., rég. de la
              préposition *parmi*.
les uns. . . . . . pr. ind., masc. plur., suj. de *vivent*.
vivent. . . . . . verbe neutre, de la 4ᵉ conjug., mod.
              ind., temps prés., 3ᵉ pers. du pl.
DANS. . . . . . . préposition.
l'. . . . . pour *le*, art. simp., masc. sing., ann.
              que *air* est déterm.
air. . . . . . . nom. comm., masc. sing., rég. de
              la prép. *dans*.
d'autres. . . . . pron. ind., masc. plur., suj. du ver.
              vivent, qui est sous-entendu.
SOUS. . . . . . . préposition.
la. . . . . art. simp., fém. sing., ann. que *terre*
              est déterminé.
terre. . . . . . nom comm., fém. sing., rég. de la
              prép. *sous*.
Point. . . . . . .
DE . . . . préposition.
bonheur. . . . . nom comm., masc. sing., rég. de la
              prép. *de*.
SANS. . . . . . . préposition.
religion. . . . . nom comm., fém. sing., rég. de la
              prép. *sans*.
point. . . . . . .
DE . . . . préposition.
religion . . . . . nom comm., fém. sing., rég. de la
              préposition *de*.
AVEC. . . . . . . préposition.
le. . . . . art. simp., masc. sing., ann. que
              vice est déterminé.
vice . . . . . . nom comm., masc. sing., rég. de la
              préposition *avec*.
Réfléchissez . . . verbe neut. à l'imp., 2ᵉ pers. du pl.
              son sujet est sous-entendu.
AVANT DE . . . . . locution prépositive.

parler . . . . verbe neutre, de la 1re conjug., au prés. de l'inf., rég. de *avant de*.

ce . . . . pron. dém. (mis pour *cela*), mascul. sing., sujet de *est*.

n' . . . .

est . . . . verbe subst. être, mode ind., temps prés., 3e pers. du sing.

pas . . . .

AU-DESSOUS DE . . locution prépositive.

vous . . . . pron. pers. de la 2e pers. du plur., des 2 gen., rég. de *au-dessous de*.

J' . . . . pron. pers. de la 1re pers. du singul. des 2 gen., sujet de *ai servi*.

ai servi . . . . . . verbe neut. de la 2e conj., mode ind. temps prét. indéf., 1re pers. du sing.

MALGRÉ . . . . . préposition.

moi . . . . pron. pers., de la 1re pers. des deux genr., rég. de la prép. *malgré*.

D' . . . . préposition.

interprète . . . . . nom comm., masc. sing., rég. de la prép. *de*.

A . . . . préposition.

ses . . . . adj. poss., fém. plur., dét. *larmes*.

larmes . . . . . . nom comm., fém. plur., rég. de la préposition *à*.

Analysez de même :

1° *J'ai emprunté* DE *l'argent* A *mon voisin.* 2° *Ce glaive est* HORS *du fourreau.* 3° *Il fut nommé général* VU *son expérience,* ATTENDU *sa valeur,* A CAUSE DE *son habileté.* 4° *Nous aurons la tranquillité* MALGRÉ *vous et* NONOBSTANT *vos coupables efforts.* 5° *Conduisez-vous* SELON *la loi naturelle.* 6° *N'agissez pas toujours* SUIVANT *les circonstances.* 7° *Il est parti* DEPUIS *trois ans et il ne reviendra pas* AVANT *l'année prochaine.* 8° APRÈS *avoir déjeûné je sortis* AVEC *mon père* POUR *voir les curiosités* DE *Paris.*

42ᵉ LEÇON. — THÉORIE.

DE L'ADVERBE.

L'adverbe est ainsi nommé, parce qu'il est le plus souvent placé auprès du verbe qu'il modifie : *Ces enfans chantent* MERVEILLEUSEMENT. Il modifie aussi l'adjectif ou un autre adverbe : *Ils sont très-généreux, ils vivent bien sobrement.*

L'adverbe est une partie du discours invariable, parce que les mots auprès desquels il se trouve placé et qu'il modifie, n'ont par eux-mêmes ni genre ni nombre.

La préposition n'a aucun sens si elle n'est accompagnée de son régime; mais l'adverbe suffit à lui-même, parce qu'il équivaut à une préposition suivie de son complément. *Ainsi: voyager* LENTEMENT, *mourir* SAINTEMENT, sont la même chose que *voyager* AVEC LENTEUR, *mourir* AVEC SAINTETÉ.

On a rangé les adverbes en différentes classes suivant leur signification.

ADVERBES DE TEMPS : *Aujourd'hui, autrefois, demain, hier, jadis, jamais, quelquefois,* etc.

ADVERBES DE LIEU: *Devant, derrière, dessus, dessous, ici, là,* etc.

ADVERBES D'ORDRE ET D'ARRANGEMENT : *Auparavant, d'abord, ensuite, premièrement, secondement, troisièmement,* etc.

ADVERBES DE QUANTITÉ : *Assez, beaucoup, bien, au moins, davantage, peu, que* (mis pour combien), *si* (pour tellement), *tout, trop,* etc.

ADVERBES DE QUALITÉ ET DE MANIÈRE : *Très, fort, bien, mal, poliment, sagement, sobrement, doucement, promptement,* etc.

ADVERBES DE COMPARAISON : *Comme, de même, à peu près, davantage, plus, pis, ni plus, ni moins, moins,* etc.

ADVERBES D'AFFIRMATION, DE NÉGATION, DE DOUTE ; *Non, ne, ne pas, ne point, oui, d'accord, vraiment, volontiers, peut-être,* etc.

ADVERBES D'INTERROGATION : *Combien, comment, quand, pourquoi, où, par où,* etc.

Il y a des adverbes *simples* et des adverbes *composés.* Les adverbes simples sont ceux dont la forme est présentée par un seul mot, comme, *demain, jamais, toujours,* etc. ; et les adverbes composés, que l'on nomme aussi *locutions adverbiales,* sont ceux qui sont composés de *deux* ou de *plusieurs* mots, tels que, *en général, au hasard, à la hâte, plus que, jamais, de loin en loin, peu à peu, à l'improviste, tôt ou tard, tout de suite,* etc.

EXERCICES.

Qu'est-ce que l'adverbe?
L'adverbe est-il susceptible d'accord? Pourquoi?
L'adverbe a-t-il besoin de quelqu'autre mot pour compléter sa signification?
Quels sont les adverbes de temps?
      de lieu?
      d'ordre et d'arrangement?
      de quantité?
Quels sont les adverbes de qualité ou de manière?
      de comparaison?
      d'affirmation, de négation, de doute?
      d'interrogation ?
Qu'appelle-t-on adverbe simple?
      adverbe composé ou locution adverbiale?

PRATIQUE. — ANALYSE.

QUE *de gens prennent* HARDIMENT *le masque de la vertu!* *Celui qui juge* A LA HATE *juge* ASSEZ ORDINAIREMENT MAL. *Quand on a des défauts, il vaut* ENCORE MIEUX *s'en corriger* TARD *que de* NE *s'en corriger* JAMAIS. AUJOURD'HUI *il fait beau temps,* DEMAIN *il pleuvra.*

QUE. . . . . adverbe de quantité mis pour combien.
de. . . . . préposition.

gens.. . . . . nom commun, masc. pluriel, régime
de la préposition de.

prennent . . . . verbe actif de la 4me conjug., mode
indicat., temps présent, 3me pers.
du pluriel.

HARDIMENT . . . adverbe de manière modifie *prennent*

le. . . . . art. simple, masc. sing., annonce que
masque est déterm.

masque. . . . . . . nom commun, masc. sing., régime
direct de *prennent.*

de. . . . . préposition.

la. . . . . art. simple, fém sing., annonce que
vertu est déterm.

vertu. . . . . nom commun, fém. sing., régime
de la préposition *de.*

Celui. . . . . pron. démonstrat., mascul. singul.,
sujet de *juge.*

qui. . . . . pron. relat. à celui, sujet de *juge.*

juge. . . . . verbe actif de la 1re conjug., mode
indicat., temps prés., 3me pers.
du sing.

À LA HATE. . . . locution adverbiale modifie *juge.*

juge. . . . . verbe actif de la 1re conjug., mode
indicat., temps présent, 3me pers.
du sing.

ASSEZ. . . . . }
ORDINAIREMENT. . }locution adverbiale modifie *juge.*
MAL. . . . . }

Quand. . . . . . .

on. . . . . pron. indéf., sujet de *a.*

a. . . . . verbe actif de la 3me conjug., mode
ind., temps prés., 3e pers. du sing.

des. . . . . pour *de les*, art. comp., masc. plur.
annonce que *défauts* est déterm.

défauts. . . . . . . nom commun, masc. plur., régime
direct de *a.*

il vaut. . . . . . . verbe unipers. accident., mode indic.,
temps prés., 3me pers. du singul.,
le sujet est corriger.

ENCORE. . . . . adverbe de compar. modifie *mieux.*
MIEUX. . . . . adverbe de compar. modifie *il vaut.*
se. . . . . pron. réfléchi de la 3me pers. du sing., régime direct de *corriger.*
en. . . . . pron. relat. à *défauts*, régime indir. de *corriger.*
corriger. . . . . verbe act. au prés. de l'infinitif, sujet de *il vaut.*
TARD. . . . . adverbe de temps modifie *corriger.*
que. . . . .
de. . . . . préposition.
NE. . . . . adverbe de négation modifie *jamais.*
s'. . . . . pron. réfléchi de la 3me pers. du sing., régime direct de *corriger.*
en. . . . . pron. relat. à *défauts*, régime indir. de *corriger.*
corriger. . . . . verbe actif au présent de l'infinitif.
JAMAIS. . . . . adverbe de temps modifie *corriger.*
AUJOURD'HUI . . adverbe de temps modifie *il fait.*
il fait. . . . . verbe uniperson. accidentel, mode indic., temps présent, 3me pers. du sing., le sujet est *temps.*
beau. . . . . adject. qualif. de temps, masc. sing.
temps. . . . . nom com., masc. sing., sujet de *il fait.*
DEMAIN. . . . . adverbe de temps modifie *il pleuvra.*
il pleuvra. . . . . verbe unipers. essent., mode indic. temps futur, le sujet est *il.*

Analysez de même :

1° *C'est de l'avis de* BEAUCOUP *de personnes.* 2° COMBIEN *les grands sont malheureux d'être* TOUJOURS *trompés.* 3° QUE *cet heureux instant doit m'être doux !* 4° *Cet homme est plus aimable que son frère.* 5° *Il* NE *m'a* AUCUNEMENT *parlé de vos projets.* 6° *Vous* N'*agissez* PAS SI FINEMENT *qu'on* NE *puisse* ENCORE *vous duper.* 7° *Je voudrais* POURTANT BIEN *vous parler.* 8° *Il* NE *pense* A RIEN MOINS *qu'à vous supplanter.* 9° *Donnez-moi* AU MOINS *des preuves de votre sagesse.*

43e LEÇON. — THÉORIE.

DE LA CONJONCTION.

La *conjonction* est un mot qui sert à lier un mot à un autre mot, une proposition à une autre proposition. Dans ces exemples : *papa* ET *moi irons ensemble à la campagne; on vit heureux* QUAND *on est sage.* Le mot *et* dans la première phrase lie le substantif *papa* au pronom *moi*, et ajoute une idée d'addition ; dans la seconde phrase, le mot *quand* sert à joindre la première proposition *on vit heureux* à l'autre *on est sage*, et ajoute une idée de restriction ou de modification.

La conjonction est invariable comme la préposition et les adverbes, parce que son unique fonction est de lier les propositions qui ne peuvent avoir ni genre ni nombre.

Les principales conjonctions sont :

Ainsi.	*Néanmoins.*	*Quand.*	*Ni.*
Aussi.	*Or.*	*Que.*	*Jusque.*
Cependant.	*Ou.*	*Surtout.*	*Enfin.*
Comme.	*Donc.*	*Sinon.*	*Même.*
Car.	*Pourtant.*	*Si.*	
Et.	*Puisque.*	*Quoique.*	
Mais.	*Lorsque.*	*Toutefois.*	

On appelle conjonction *composée* ou *locution conjonctive* un assemblage de plusieurs mots qui servent à unir les propositions entr'elles, telles sont, *tandis que, au surplus, ainsi que, afin que, après que, de sorte que, pendant que, pourvu que, à moins que, encore que, bien que, de même que, supposé que, de manière que, si ce n'est que,* etc.

La conjonction *que* est celle dont l'usage est le plus

fréquent. On la distingue du pronom relatif *que* en ce qu'elle ne peut pas se tourner par *lequel, laquelle.* Dans cette phrase, *voici la lettre* QUE *vous m'avez écrite* : *que* est ici pronom, parce qu'on peut dire : *voici la lettre* LAQUELLE (lettre) *vous m'avez écrite.* Mais dans cette autre phrase, *j'aime à croire* QUE *vous serez obéissant*, *que* est ici conjonction parce qu'on ne peut pas dire : *j'aime à croire* LEQUEL *vous serez obéissant.*

EXERCICES.

Qu'est-ce que la conjonction?
Citez deux phrases où il y ait une ou plusieurs conjonctions?
La conjonction est-elle susceptible d'accord? Pourquoi?
Quelles sont les principales conjonctions?
Qu'appelle-t-on locution conjonctive?
Citez en quelques-unes?
Quelle est la conjonction la plus usitée?
Comment la distingue-t-on du pronom relatif?

PRATIQUE. — ANALYSE.

La vertu ET *la science sont estimables. Faites des heureux* TANDIS QUE *vous êtes riches. Je crois* QUE *l'âme est immortelle. Les peuples* COMME *les hommes , ne peuvent être heureux* QUE *dans un état de calme. Ne nous livrons pas trop, de* CRAINTE *qu'on ne nous trompe.*

La . . . . art. simple , fém. sing., annon. que *vertu* est déterm.

vertu . . . . subst. commun, fém. sing., 1ᵉʳ sujet de *sont.*

ET . . . . conjonction.

la . . . . art. simple, fém. sing., annonce que *science* est déterm.

science . . . . . . subst. commun, fém. sing., 2ᵐᵉ sujet de *sont.*

sont . . . . verbe subst. être, mode indic. temps présent , 3ᵐᵉ pers. du pluriel.

estimables . . . . . . adject. qualif. de *vertu* et de *science*, fémin. pluriel.

Faites. . . . . verbe actif de la 4me conjug., mode impérat., 2me pers. du plur.; son sujet est sous-entendu.

des . . . . pour *de les*, art. comp., masc. plur. annonce que *heureux* est détermi.

heureux. . . . . . . adject. pris substant., mascul. plur., régime direct de *faites*.

TANDIS QUE . . . . . conjonction.

vous . . . . pron. pers. de la 2me pers. plur. des deux genres, sujet de *êtes*.

êtes. . . . . verbe subst. être, mode indic., temps prés., 2me pers. du pluriel.

riches. . . . ., adject. qualif. de *vous*, masc. plur.

Je . . . . pron. pers. de la 1re pers. des deux genres, sujet de *crois*.

crois . . . . verbe act. de la 4me conj., mode indic., temps prés., 1re pers. du singulier.

QUE. . . . . conjonction.

l'. . . . . art. simple, fém. sing., annonce que *âme* est déterm.

âme. . . . . nom com., fém. sing., sujet de *est*.

est . . . . verbe substant. être, mode indicat., temps prés., 3me pers. du singul.

immortelle. . . . . adject. qualif. de *âme*, fém sing.

Les. . . . . art. simple, masc. plur., annonce que *peuples* est déterm.

peuples . . . . . . substant. commun, mascul. plur., 1er sujet de *peuvent*.

COMME. . . . ., conjonction.

les . . . . art. simple, masc. plur., annonce que *hommes* est déterm.

hommes. . . . . . substant. commun, masc. plur., 2me sujet de *peuvent*.

ne. . . . . adverbe de négation.

peuvent. . . . . . verbe neutre pris activement de la 3me conjug., mode indic., temps prés., 3me pers. du plur.

être. . . . . verbe subst. être au prés. de l'infinit.
heureux. . . . . adj. qualif de *peuples* et de *hommes*, masc. plur.
QUE. . . . . conjonction.
dans . . . . préposition.
un. . . . . adject. de nombre cardin. , mascul. sing. déterm. *état*.
état. . . . . subst. commun, masc. sing., régime de la préposition *dans*.
de. . . . . préposition.
calme . . . . adject. qualif., pris substant., régime de la préposition *de*.
Ne pas . . . . adverbe de négation modifie *livrons*.
nous . . . . pron. pers. de la 1re pers. du plur., régime direct de *livrons*.
livrons . . . . verbe act. de la 1re conjug.., mode imp., temps présent, 1re pers. du plur.; le sujet est sous-entendu.
trop. . . . . adverbe de quantité, modifie *livrons*.
DE CRAINTE QUE . . locution conjonct.
on . . . . pron. indéf., sujet de *trompe*.
ne. . . . . adverbe de négation.
nous . . . . pron. pers. de la 1re pers. du plur., régime direct de *trompe*.
trompe. . . . . verbe actif de la 1re conjug., mode subj., temps prés., 3me personne du sing.

Analysez de même :

1° *On ne jouit de rien* QUAND *on a des remords.* 2° *Tenons-nous préts* AVANT QUE *la mort vienne.* 3° PENDANT QUE *nous étions jeunes nous nous amusions beaucoup.* 4° *On ne peut être heureux sur la terre,* A MOINS DE *pratiquer la vertu.* 5° *J'irai vous voir vers le quinze du mois prochain ;* AU RESTE *je vous écrirai avant cette époque.* 6° *J'exécuterai ma promesse* AUSSITOT QUE *je l'aurai donnée.* 7° *Je vous assure* QUE *je vous aime* AUTANT QUE *vous le méritez.* 8° *Je mangerais bien,* MAIS *je suis à la diète.*

44e LEÇON. — THÉORIE.

DE L'INTERJECTION.

L'interjection est une partie invariable du discours, qui sert à peindre les différentes affections de l'âme. Mais comme les sensations que nous éprouvons sont produites par des causes différentes, on a divisé les interjections en plusieurs classes, savoir :

1° Pour exprimer la douleur ou l'affliction : *Ah ! aïe ! ou f ! Hélas !*

2° Pour exprimer la joie : *Ah ! bon !*

3° Pour marquer la surprise : *Oh ! ah !*

4° Pour marquer l'admiration : *Ha ! oh !*

5° Pour marquer l'aversion : *Fi ! fi donc ! pouah !*

6° Pour exprimer le silence : *Chut ! paix ! st !*

7° Pour appeler : *Holà ! hé !*

8° Pour exprimer l'interrogation : *Hé bien !*

Il faut remarquer que l'interjection équivaut à une phrase entière, car lorsque vous entendez quelqu'un s'écrier *ah !* ou *aïe !*, vous le comprenez aussi bien que s'il disait : *J'éprouve une vive douleur.* Il en est de même quand vous entendez *holà ! hé !*, vous comprenez bien que la personne qui appelle, veut dire : *Monsieur.........., je vous appelle, écoutez-moi.*

EXERCICES.

Qu'est-ce que l'interjection ?
Divise-t-on les interjections en plusieurs classes ?
Pourquoi ?
Citez-moi les interjections qui expriment la douleur, l'affliction ?
Citez-moi les interjections qui marquent l'aversion ?
       qui marquent le silence ?
       qui marquent l'interrogation ?
Que faut-il remarquer dans les interjections ?
Citez quelques exemples ?

ANALYSE GÉNÉRALE.

Quand le soir approchait, je descendais des cimes de l'île, et j'allais volontiers m'asseoir au bord du lac, sur la grève, dans quelque asile caché. Là le bruit des vagues et l'agitation de l'eau fixant mes sens, et chassant de mon âme toute agitation, là plongeaient dans une rêverie délicieuse, où la nuit me surprenait souvent sans que je m'en fusse aperçu.

Quand . . . . adv. de temps, modifie *approchait*.

le . . . . article simple masc. sing., annonce que *soir* est déterminé.

soir . . . . substantif comm. masc. sing., sujet de *approchait*.

approchait . . . . verbe act. pris neut. de la 1re conj., mode indicat., temps imparf., 3me pers. du sing.

je . . . . pronom pers. de la 1e pers. du sing., des 2 gen., suj. du verb. *descendais*.

descendais . . . . verbe neut. de la 4e conj., mode ind., temps imparf., 1re pers. du sing.

des . . . . pour *de les*, art. comp. fém. pluriel, annonce que *cimes* est déterm.

cimes . . . . subst. comm. fém. plur., rég. de la prépos. *de* dans l'art. comp. *des*.

de . . . . préposition.

l' . . . . art. simple fém. sing., annonce que *île* est déterminé.

île . . . . subst. comm. fémin. singul., régime de la préposition *de*.

et . . . . conjonction.

j' . . . . pronom pers. de la 1re pers. du sing., des 2 genr., sujet du verbe *allais*.

allais . . . . verbe neutre, 1re conj., temps imp., mode ind., 1re pers. du singulier.

volontiers . . . . adverbe d'affirmation, modifie *allais*.

m' . . . . pron. pers. de la 1re pers. du sing. des 2 gen., rég. dir. du verbe *asseoir*.

asseoir. . . . . verbe actif de la 3ᵉ conjug., mode
        infin., temps prés., rég. de *allais*.

au. . . . . pour *à le*, art. comp. masc. singul.,
        annonce que *bord* est déterminé.

bord. . . . . subst. comm. masc. sing., rég. de la
        prép. *à* dans l'art. composé *au*.

du. . . . . pour *de le*, art. comp. mascul. singul.,
        annonce que *lac* est déterminé.

lac. . . . . substant. com. masc. sing., régime
        de la prép. *de* dans l'art. comp. *du*.

sur. . . . . préposition.

la . . . . art. simple fémin. singul., annonce
        que *grève* est déterminé.

grève . . . . subst. comm. fémin. sing., régime de
        la préposition *sur*.

dans. . . . . préposition.

quelque . . . . . . adject. comm. masc. sing., dét. *asile*.

asile. . . . , . . . subst. comm. masc. sing., régime de
        la préposition *dans*.

caché. . . . . partic. passé pris adjectiv., masc. sing,
        qualifie *asile*.

là . . . . adverbe de lieu, modifie *fixant*.

le . . . . article simple masc. sing, annonce
        que *bruit* est déterminé.

bruit. . . . . subst. comm masc. singul., sujet du
        verbe *plongeaient*.

des. . . . . pour *de les*, art. comp. fém. pluriel,
        annonce que *vagues* est déterminé.

vagues. . . . . subst comm. fém. plur., régime de la
        prép. *de* dans l'art. comp. *des*.

et . . . . conjonction

l'. . . . . pour *la*, art. simp., fém. sing., ann.
        que *agitation* est déterminé.

agitation. . . . . . substant. comm. fém. sing., sujet du
        verbe *plongeaient*.

de. . . . . préposition.

l'. . . . . art. simple, fém. sing., annonce que
        eau est déterminé.

eau . . . . subst comm. fém. sing régime de la
        prépos *de*.

fixant . . . . partic. prés., régime de la prépos. *en* sous entendue.

mes . . . . adj. poss. plur. des deux genr., dét. *sens.*

sens . . . . subst. comm. masc. plur., rég. direct du verbe *fixant.*

et . . . . conjonction.

chassant . . . . . . part. prés., régime de la prépos. *en* sous entendue.

de . . . . préposition.

mon . . . . adj. poss. sing. fém., déterm. *âme.*

âme . . . . subst. comm. fém. sing., régime de la prépos. *de.*

toute . . . . adjec. indéf. fém. singul., détermine *agitation.*

agitation, ... subst. comm. fém. sing., rég. direct du verbe *chassant.*

la . . . . pron. relat. fém. sing., rég. direct du verbe *plongeaient.*

plongeaient . . . verbe actif de la 1re conjug., mode ind., temps imp., 3e pers. du plur.

dans . . . . préposition.

une . . . . adj. de nombre card., fém. singul., détermine *rêverie.*

rêverie . . . . . . subst. comm. fém. sing., régime de la préposition *dans.*

délicieuse . . . . adject. qualif. de *rêverie*, fémin. sing.

où . . . . adv. de lieu, modifie *surprenait.*

la . . . . art. simp., fém. sing., ann. que *nuit* est déterminé.

nuit . . . . subst. comm. fémin. sing., sujet du verbe *surprenait.*

me . . . . pron. pers., de la 1re pers. du sing., des deux genr., rég. dir. du verbe *surprenait.*

surprenait . . . . verbe act. de la 4e conjug., mode ind., temps imparf., 3e pers. du sing.

souvent . . . . . adv. de temps, modifie *surprenait.*

sans que . . . . . locution conjonctive.

je . . . . pron. pers. de la 1re pers., du singul.
des 2 gen., sujet du verbe me *fusse
aperçu.*

m' . . . . pronom pers. de la 1re pers. du sing.,
des deux genres.

fusse aperçu . . . verbe pronom., mode subjonc., temps
plus-que-parf., 1re pers. du singul.

en . . . . pron. relat, mis pour *de cela*, cela est
régime de la préposition *de.*

45e LEÇON. — THÉORIE.

ORTHOGRAPHE.

L'orthographe est l'art d'écrire correctement les mots d'une langue suivant les règles établies et adoptées par les meilleurs écrivains.

L'orthographe consiste dans l'emploi des caractères et dans l'emploi des signes orthographiques.

Il y a deux sortes d'orthographe : l'orthographe *absolue* et l'orthographe *relative* ; cette dernière ne peut avoir son application que dans les mots en rapport ; c'est ce que nous verrons dans la syntaxe.

L'orthographe absolue, qui est en partie fondée sur l'étymologie, est celle des mots isolés. Elle va être l'objet du présent chapitre.

Les caractères que l'on emploie pour former les mots sont les vingt-cinq lettres de l'alphabet ; les signes orthographiques sont les *accents*, *l'apostrophe*, *la cédille*, *le trait d'union*, *le trait de séparation et la parenthèse.*

Les mots sont *primitifs* ou *dérivés*, *simples* ou *composés.* Le mot primitif, ses dérivés et ses composés composent une *famille.*

Les mots sont primitifs, s'ils existent par eux-mêmes ; dérivés, s'ils tiennent leur origine d'autres mots ; simples,

13

lorsqu'il n'entre dans leur composition aucune idée étrangère ; et composés, s'ils sont formés de quelque mot étranger au mot primitif.

Voici la famille du mot *port.*.

Primitif.	Dérivés simples.	Dérivés composés.
	Porter,	ap port, ap port er.
	Portée,	dé port er, dé port ation.
	Porteur,	im port er, im porta tion, im port ant.
PORT.		ex port er, exportation.
	Porteuse ,	trans port, trans port er, trans port able.
	Portion,	sup port, sup port er, sup port able.

Cependant comme le but que nous nous sommes proposé ne nous permet pas d'entrer dans des détails qui seraient à la fois trop longs et peut-être peu sentis par l'enfance , nous nous bornerons simplement à donner dans ce chapitre les principales observations de cette partie de la grammaire.

EXERCICES.

Qu'est-ce que l'orthographe?
En quoi consiste l'orthographe?
Combien y a-t-il de sortes d'orthographe?
Qu'est-ce que l'orthographe absolue?
Qu'est-ce que l'orthographe relative ?
Quels sont les caractères que l'on emploie pour former les mots?
Quels sont les signes orthographiques?
Que forme un mot primitif avec ses dérivés et ses composés ?
Quand est-ce que les mots sont primitifs, dérivés, simples ou composés?

46e LEÇON. — THÉORIE.

EMPLOI DES CARACTÈRES.

Initiales.

A. Commencez par *a* les mots suivans : *abandon, abatis, abolission, abondance, abord, abri, abricot, acacia, académie, achat, acide, agenda, agioteur,* et beaucoup d'autres que l'usage fera connaître.

HA. Ecrivez par *ha* les mots *habile, habit, habitude, haleine, hameçon, harmonie,* etc.

AI. Commencez par *ai* les mots *aigle, aigre, aiguière, aiguille, aile, airain, aisance, aimant,* etc.

On écrit toujours par *ai* les mots *baie, baignoire, daine, faiblesse, fainéant, laine, mairie, rainure, raisin,* etc.

HAI. Commencez par *hai* les seuls mots *haie, haine, haire.*

É. Ecrivez par *é* les mots *ébène, ébéniste, ébullition, écaille, échafaud, échanson, échelle, écurie, éditeur, électeur, élévation, épigramme, épistolaire, éloquence,* etc.

HÉ. Commencez par *hé* les mots *hébreu, hécatombe, hématurie, hémisphère, hémorragie, hémorroïdes, héros, héritage,* etc.

OE. Commencez par *œ* ayant le son de *é* les mots *œcuménique, œdème, OEdipe, œsophage,* etc.

AU. Commencez par *au* les mots *aubade, auberge, audacieux, auditoire, auge, augure, aumônier, aune, aurore,* etc. Ajoutez-y *bauge, baume, daubé, faubourg, fauteuil, gaule, laurier, mausolée, naufrage,* etc.

HAU. On commence par *hau* les mots *hautain, haut-bois, hauteur, haute-futaie, haute-paye.*

O. Ecrivez par *o* les mots *obélisque, orateur, obole, obusier, oculiste, olivier, odorat, opinion, orage, ovale.*

HO. Commencez par *ho* les mots *hochet, holocauste, homicide, homogène, homonyme.*

AM. Commencez par *am* les mots *ambassadeur, ambition, ambroisie, amphibie, amphibologie, amphigouri, ampoule, amputation.*

EM. Ecrivez par *em emballeur, embarras, embrasure, embûche, empailleur, empereur, empois, emprunteur.*

AN. On écrit par *an* les mots *ancêtres, anchois, ancre, andouille, ange, angle, angora, antagoniste, antiquité ;* excepté *hanche, hangar, hanter.*

EN. Ecrivez par *en* les mots suivans : *Encan, encaveur, encaustique, enclume, encuver, enfant, enfer, engelure, engrenage, ennui, enseigne, entrailles.*

EXERCICES.

Quels sont les mots qui commencent par *a? ha?*
par *ai? hai? e? hé? œ?*
par *au? hau? o? ho?*
par *am? em? an? en?*

PRATIQUE.

Nota. Le maître exercera les élèves à l'orthographe des mots compris dans la présente leçon. (Même observation pour les leçons suivantes.

〜〜〜〜〜〜〜〜〜〜〜〜〜〜〜〜〜〜〜〜〜〜〜〜〜〜〜〜

47ᵉ LEÇON. — THÉORIE.

Suite des initiales.

EU. Ecrivez par *eu* les mots *cubages, eucharistie, eudiomètre, Euménides, euphonie, Europe.*

HEU. On écrit par *heu* les mots *heur*, *heure*, *heureux*, *heurter*.

OE. Commencez par *œ* ayant le son de *eu* les mots *œil*, *œilleton*, *œuf*, *œuvé*, *œuvre*.

I. Commencez par *i* les mots *idéal*, *idiôme*, *idolâtre*, *ignorantin*, *image*, *imitateur*, *inaction*, *inhumation*, *inanition*, *ivresse*.

HI. Mais on écrit par *hi* les mots *hibou*, *hideur*, *hilon*, *hilarité*, *hiver*.

HY. Ecrivez par *hy* les mots *hyacinthe*, *hydraulique*, *hydre*, *hydrographe*, *hydropisie*, *hygiène*, *hymen*, *hypocrite*, *hypothèques*; excepté *yacht*, *yeux*, *yonne*, *ypréau*.

IM. Commencez par *im* tous les mots où cette première syllabe est suivie de *b* ou de *p* : *Imbécille*, *imberbe*, *impartial*, *impatience*, *impénitent*, *impératrice*.

IN. Mais commencez par *in* les mots où cette première syllabe ne sera pas suivie d'une des lettres *b* ou *p* : *Incapable*, *incendie*, *incommodité*.

CA. Commencez par *ca* les mots *cabane*, *cabaret*, *cabinet*, *cachot*, *cadastre*, *cadran*, *cagot*, *calice*, *calomnie*, *canal*, *capitale*, *caprice*.

QUA. Mais écrivez par *qua* les mots *qualification*, *qualité*, *quarante*, *quasimodo*, *quarteron*, *quatre*.

CO. On écrit par *co* les mots *cognée*, *colère*, *colonie*, *colique*, *colonne*, *coquille*, *corail*, *coton*.

QUO. Commencez par *quo* les mots *quolibet*, *quote-part*, *quotidien*, *quotient*, *quotité*.

CR. Ecrivez par *cr* les mots *cramoisi*, *cravache*, *créance*, *créme*, *crime*, *crise*, *croupière*, *cruche*, *crucifix*.

CHR. On commence par *chr* les mots *chréme*, *chrétien*, *chronique*, *chronologie*, *chrysalide*.

F. Commencez par *f* les mots *fable*, *fabricant*, *facétieux*, *fagot*, *fanatique*, *fantasmagorie*, *faubourg*.

PH. Mais commencez par *ph* les mots *phalange*, *pharisien*, *phénix*, *phénomène*, *philanthrope*, *philosophe*, *physicien*, *physionomie*.

RH. Ecrivez par *rh* les mots *rhabillage*, *rhétorique*, *rhi-nocéros*, *rhombe*, *rhubarbe*, *rhumatisme*, *rhum*. Les autres mots commencent par *r*.

EXERCICES.

Quels sont les mots dont l'initiale est *eu*? *heu*? *œ*?
dont l'initiale est *i*? *hi*? *hy*?
dont l'initiale est *im*? *in*?
dont l'initiale est *ca*? *qua*?
dont l'initiale est *co*? *quo*?
dont l'initiale est *cr*? *chr*?
dont l'initiale est *f*? *ph*?
dont l'initiale est *rh*?

48ᵉ LEÇON. — THÉORIE.

Finales.

Les finales d'un grand nombre de mots primitifs sont indiqués par leurs dérivés. C'est pourquoi on écrit :

Plomb.		Plomber.
Accroc.		Accrocher.
Brigand.		Brigandage.
Bord.		Border.
Rang.		Ranger.
Long.		Longueur.
Fusil.	*à cause*	Fusiller.
Péril.		Périlleux.
Parfum.	*des*	Parfumer.
Vain.		Vainement.
Drap.	*dérivés,*	Drapier.
Galop.		Galoper.
Berger.		Bergère.
Engrais.		Engraisser.
Amas.		Amasser.
Mort.		Mortel.
Goût.		Goûter.

Mais comme tous les mots ne sont pas susceptibles d'avoir des dérivés, nous allons donner les différentes finales de la plupart de ces mots.

A. Terminez par *a* les mots *acacia*, *agenda*, *angora*, *opéra*, *brouhaha*, *colza*, *panorama*.

AS. Terminez par *as* les mots *appas*, *bas*, *canevas*, *cervelas*, *chasselas*, *coutelas*.

AT. Finissez par *at* les substantifs *achat*, *appât*, *assassinat*, *attentat*, *avocat*, *crachat*, *dégat*, *entrechat*, *grabat*, *lauréat*, *odorat*, *potentat*.

AC. Terminez par *ac* les mots *bac*, *cornac*, *havresac*, *lac*, *tabac*, *cognac*, *estomac*, *trictrac*; excepté *chabraque*, *iconomaque*, *laque*, *maniaque*, *opaque*, *zodiaque*.

ACE. Terminez par *ace* les mots *audace*, *bonace*, *coriace*, *espace*, *glace*, *grimace*, *place*, *trace*, *vorace*, etc.

ASSE. Mais terminez par *asse* les mots *bécasse*, *carcasse*, *chasse*, *classe*, *cocasse*, *cuirasse*, *filasse*, *masse*, *molasse*, etc.

AFE. Finissez par *afe* les mots *agrafe*, *carafe*, *parafe*; excepté *giraffe*, *pataraffe*.

APHE. Terminez par *aphe* les mots *épitaphe*, *géographe*, *néographe*, *orthographe*, *télégraphe*; etc.

AI. Finissez par *ai* les mots *balai*, *délai*, *essai*, *étai*, *gai*, *mai*, *vrai*, etc.

AIS. Finissez par *ais* les mots *dais*, *désormais*, *laquais*, *marais*, *palais*, *punais*, etc.

AIT. Terminez par *ait* les mots *attrait*, *bienfait*, *distrait*, *extrait*, *méfait*, *portrait*, *stupéfait*, etc.

É. Terminez par *é* précédé de la lettre *t* les noms féminins qui dérivent d'un adjectif : *Ancienneté*, *chasteté*, *commodité*, *dureté*, *fermeté*, *loyauté*, *sainteté*, *surdité*, etc.

ÉE. Mais terminez par *ée* tous les substantifs féminins qui tiennent leur origine d'un verbe, ou qui ont pour base des substantifs de mesure : *Armée*, *cognée*, *fricassée*, *entrée*, *fumée*, *brassée*, *pincée*, *assiettée*, *hottée*, etc.

(150)

ES. Finissez par *ès* les mots *accès, congrès, décès, grès, procès, progrès, succès*, etc.

ET. Finissez par *et* les mots suivans : *Bouquet, brochet, chevet, duvet, gibet, menuet*, etc.

EXERCICES.

Quels sont les mots dont la finale est *a? as? at?*
dont la finale est *ac?*
dont la finale est *ace? asse?*
dont la finale est *afe? aphe?*
dont la finale est *ai? ais? ait?*
dont la finale est *é? ée? ès? et?*

49ᵉ LEÇON. — THÉORIE.

Suite des finales.

AU. Terminez par *au* les mots *boyau, étau, gruau, noyau, préau, tuyau*.

EAU. Finissez par *eau* les mots suivants : *agneau, fuseau, hameau, lapereau, perdreau*; excepté *réchaud, défaut, héraut, levraut*.

O. Terminez par *o* les mots *bravo, cacao, coco, domino, écho, loto, piano, quiproquo, vertigo, zéro*; excepté *chaos, héros, mérinos*.

OT. Finissez par *ot* les mots *brulot, chariot, entrepôt, escargot, goulot, impôt, lingot*.

AIN. Finissez par *ain* les mots suivants *airain, bain, dédain, écrivain, levain, massepain, parrain, poulain, regain, souterrain*; excepté *essaim, faim, étain, dessein, frein plein, serein*.

AINE. Terminez par *aine* les mots *aubaine, capitaine, domaine, fontaine, futaine, mitaine, porcelaine*; excepté les mots *baleine, pleine, sereine, veine*.

AIRE. Finissez par *aire* les mots *braire, chaire, éclaire, libraire, maire, salaire, vulgaire;* excepté, *chair, clair, pair.*

ÈRE. Terminez par *ère* les substantifs *adultère, aiguière, bannière, colère, compère, cimetière, enchère, fougère, galère, lingère, misère, monastère;* excepté *amer, belveder, cancer, cuiller; fer, hiver, magister, concert, désert, dessert, expert, vert.*

AN. Terminez par *an* les mots ci-après : *alcoran, bilan, brelan, carcan, encan, ortolan, ruban.*

ANT. Mais terminez par *ant* les mots suivans : *diamant, éléphant, fabricant, gant,* et tous les participes présens.

ENT. Terminez par *ent* les mots qui suivent : *confident, continent, différent, dolent, éloquent, évident, fréquent, impatient, opulent, président, turbulent.*

ANCE. Terminez par *ance* les mots *ambulance, bienfaisance, consistance, dépendance, élégance, importance, malveillance;* excepté *danse, panse, transe.*

ENCE. Terminez par *ence* les mots *absence, affluence, cadence, clémence, décence, différence, éloquence, expérience, indulgence;* excepté *défense, dépense, immense, récompense, offense.*

ESSE. Terminez par *esse* les mots *altesse, caresse, faiblesse, ivresse, promesse, paresse;* excepté *espèce, nièce, pièce, caisse, graisse.*

IC. Terminez par *ic* les substantifs *alambic, arsenic, aspic, basilic, cric, mastic, pic.*

IE. Terminez par *ie* tous les substantifs féminins qui ont cette désinence : *ambroisie, bouillie, charpie, épidémie, frénésie,* etc. ; et ceux-ci quoiqu'ils soient du masculin : *génie, incendie, messie, parapluie.*

IER. Terminez par *ier* tous les substantifs masculins qui ont cette désinence pour l'oreille : *cahier, espalier, gibier, poulaillier* ; excepté les substantifs féminins qui suivent : *amitié, inimitié, moitié, pitié.*

EXERCICES.

Quels sont les mots dont la désinence est au ? eau ? o ? ot ?
dont la désinence est ain ?
dont la finale est aine ?
dont la finale est aire ?
est ère ?
dont la finale est an ? ant ? ent ?
dont la finale est ance ? ence ?
dont la finale est esse ?
dont la finale est ic ?
dont la finale est ie ?
dont la finale est ier ?

~~~~~~

50e LEÇON. — THÉORIE.

Suite des finales.

IS. Terminez par *is* les mots *abattis, avis, brebis, chassis, devis, hachis, panaris* ; excepté *crucifix, perdrix, six.*

IT. Terminez par *it* les mots *appétit, bandit, circuit, conscrit, délit, esprit, manuscrit.*

OIS. Terminez par *ois* les substantifs suivans : *bois, carquois, chamois, tournois* ; excepté *choix, noix, poix, voix ; convoi, désarroi, emploi, octroi ; courroie, joie, proie, soie.*

OSSE Finissez par *osse* les mots *bosse, brosse, carosse, crosse, rosse* ; excepté *négoce, sacerdoce, atroce, féroce.*

OUE. Terminez par *oue* les substantifs suivants : *abajoue, boue, houe, roue.*
~~~~~~

(153)

OUX. Finissez par *oux* les mots *courroux, époux, sain-doux, toux*; excepté *filou, matou joujou.*

OURS. Terminez par *ours* les mots qui suivent : *atours, concours, discours, recours, secours, rebours, velours*; excepté *tour, contour, bravoure, bourre.*

US. Terminez par *us* les mots *abus, blocus, calus, fœtus, verjus*; excepté *affut, tribut, chut, salut, scorbut.*

UEIL. Terminez par *ueil* les mots *accueil, cercueil, orgueil, recueil*; mais écrivez par *euil* les substantifs *cerfeuil, écureuil, fauteuil.*

ÇON. Terminez par *çon* les substantifs suivants : *arçon, caleçon, caparaçon, façon, garçon, hameçon, limaçon*; excepté *basson, boisson, chanson, cresson, écusson, hérisson.*

SION. Terminez par *sion* tous les mots où cette finale est précédée d'une voyelle ou des consonnes *l, n, r* : *conclusion, occasion, convulsion, dimension, inversion*; il faut en excepter les mots *attention, intention, insertion, portion,* et d'autres qui ont le *t* dans leurs dérivés.

SSION Terminez par *ssion* tous les mots en *ussion, ession, mission*; *discussion, percussion, confession, profession, démission, omission.*

TION. Finissez par *tion* tous les substantifs qui finissent en *ation, étion, ition, otion, aution, ution, etion, ption*: *abdication, discrétion, ambition, émotion, précaution, locution, affection, réception.*

XION. Terminez par *xion* les mots *flexion, fluxion, connexion, génuflexion.*

EXERCICES.

Quels sont les mots qui ont la finale en *is*? *it*?
   qui ont la finale en *ois*?
   qui ont la finale en *osse*?
   qui ont la finale en *ouc*? *oux*?
   qui ont la finale en *ours*?
   qui ont la finale en *us*?
   qui ont la finale en *ueil*?
   qui ont la finale en *çon*?
   qui ont la finale en *sion*? *ssion*? *tion*?
   xion?

51e LEÇON. — THÉORIE.

Du doublement des consonnes.

B. La lettre *b* se double dans les seuls mots suivans : *abbatiat, abbaye, abbé, rabbin* et *sabbat.*

C. Le *c* se double dans les mots dont l'initiale est *ac, oc, suc; accolade, accumuler; occasion, succomber;* excepté *acabit, acajou, oculaire.*

D. La consonne *d* se double dans les seuls mots qui suivent : *addition* et ses composés, *adducteur* et *reddition.*

F. Doublez le *f* dans les mots commençant par *af, ef, of, dif, souf* et *suf: affaiblir, efficace, offense, diffamation, soufflet, suffrage;* excepté *afin, cafard, café, défaut, défense défiant.*

G. Doublez le *g* dans les seuls mots suivans; *agglomérer, agglutiner, aggraver, suggérer* et leurs dérivés.

L. Doublez le *l* dans les mots dont l'initiale est *al, il; aller, alliance, illégal, illusion;* excepté *alarme, aliéner, aloyau.*

M. Le *m* se double dans les mots commençant par *com* et par *im: commerce, commission; immédiat, immortel;* excepté *comédie, comète, image, imiter.*

N. Doublez le *n* dans les mots dont l'initiale est *con,* et dans ceux dont la finale est *oner : connétable, connaissance; couronner, sonner;* excepté *donataire, honorer.*

P. Le *p* se double dans les mots commençant par *ap, op* et *sup. : appareil, opposition, supplier;* excepté *apanage, apathie; opération superchérie, superficie.*

R. Doublez le *r* dans les mots commençant par *ar, ir,* et *cor : arranger, arrêter; irrécusable, ir-*

    rémissible; *corridor*, *corroyeur*; excepté les
    mots *aratoire*, *aréopage*, *aride*, *irascible*,
    ironie, *coriace*, *corollaire*.

S. La lettre *s* entre deux voyelles se double tou-
    jours quand elle ne doit pas avoir le son de
    z, excepté dans les mots *désuétude*, *présup-*
    poser, *préséance*, *vraisemblance*.

T. Doublez le *t* dans les mots commençant par *at* et
    ot : *attaquer*, *attouchement*, *attention*; *botte*,
    grotte, *hotte*, *motte*; excepté *atelier*, *atroce*,
    bigote, *note*, *dévote*.

EXERCICES.

Quels sont les mots qui doublent le *b*? *c*? *d*?
             qui doublent le *f*? *g*? *l*?
             qui doublent le *m*? *n*? *p*?
             qui doublent le *r*? *s*? *t*?

52e LEÇON. — THÉORIE.

Emploi des Majuscules.

On se sert de lettres majuscules, 1° au commencement de toute phrase qui commence après un point.

Les comètes ont à peu près la forme des planètes.

Elles font leur révolution dans des orbites très- allon-
gées.

Quelquefois elles sont très-près du soleil, etc.

2° Au commencement de chaque vers :

Tôt ou tard la vertu, les grâces, les talens
Sont vainqueurs des jaloux et vengés des méchans.
(GRESSET.)

3° Au commencement de chaque substantif propre :
Louis, *Charles*, *Europe*, *Paris*.

4° Au commencement des substantifs communs employés comme substantifs propres : *La Grammaire est*

une science très-importante: La Menuiserie emprunte le secours de la Géométrie et du Dessin, pour fournir des embellissemens à l'Architecture.

5° Quand on adresse la parole à un être quelconque : *O Ciel ! ô Terre ! étonnez-vous de ce prodige nouveau.*

EMPLOI DES SIGNES ORTHOGRAPHIQUES.

Des accens.

Il a été parlé de trois sortes d'accens et du tréma dans la 2e leçon. (Voyez page 3.)

De l'apostrophe.

L'apostrophe (') est un signe en forme de virgule, dont on se sert pour indiquer la suppression d'une voyelle.

Les voyelles que l'on peut remplacer par l'apostrophe sont l'*a* , l'*e* et l'*i*.

Ainsi , au lieu de dire *la enfance* , *le honneur*, *si il*, on dit *l'enfance* , *l'honneur* , *s'il*.

De la cédille.

La cédille est un signe que l'on met sous la lettre (ç), pour en adoucir la prononciation, lorsqu'il est placé devant les voyelles *a* , *o* , *u* ; c'est ainsi qu'on écrit *façade* , *garçon* , *gerçure*.

Du trait-d'union.

Le trait d'union (–) est un petit trait droit et horisontal , qu'on place entre deux mots que l'on veut unir.

On s'en sert , 1° lorsqu'on veut unir les mots qui entrent dans un mot composé : *tête-à-tête* , *coq-à-l'âne* , *Seine-et-Marne* ;

2° Avant ou après la particule *ci* et *là* : celle-ci , ceux-là , ci-dessous , là-haut ;

3° Après *très* pour le joindre à l'adjectif ou à l'adverbe qui suit : *très-remarquable* , *très poliment* ; et avant *même* pour le joindre au pronom qui précède : *moi-même* , *elle-même*.

4° Entre le verbe et les pronoms *je* , *moi* , *toi* , *tu* , *nous* , *vous* , *il* , *elle* , *lui* , *leur* , *le* , *la* , *les* , *y* , *en* , *ce* , *on*, quand ces mots sont placés après le verbe : *irai-je ? aimeras-tu ? puissiez-vous ?* et lorsqu'il y a deux pronoms, on emploie deux traits-d'union : *flattons-nous-en* , *rendez-le-moi*.

Du trait de séparation.

Le trait de séparation , dont voici la figure (—) , est un peu plus long que le trait-d'union ; il s'emploie pour éviter la répétition de *dit-il* , *répondit-il* , *répliqua-t-il* , etc. ; et pour annoncer , dans un dialogue , le changement d'interlocuteur.

EXEMPLE.

L'homme , sourd à la voix du sage , ne dira-t-il jamais : c'est assez , jouissons ?

Je le ferai , dit-il , — mais quand donc ? — dès demain. — Eh ! mon ami , la mort peut te prendre en chemin ; jouis dès aujourd'hui.

De la Parenthèse.

La Parenthèse ( ) est formée de deux crochets placés en regard, qui servent à renfermer une note ou une proposition accidentelle qui ne s'enchaîne pas avec les autres, mais qui sert cependant à jeter un trait de lumière dans la phrase où on l'interpose.

EXEMPLE.

L'homme doit discerner (s'il veut se rendre heureux)
Du plaisir innocent le plaisir dangereux.

EXERCICES.

Indiquez la place des lettres majuscules ?
Qu'est-ce que l'apostrophe ?
    la cédille ?
    le trait d'union ?
    le trait de séparation ?
    la parenthèse ?

FIN DE LA PREMIÈRE PARTIE.

SECONDE PARTIE.

SYNTAXE.

~~~~~~

1re LEÇON.

DE LA PROPOSITION.

Dans la première partie de la grammaire, nous avons considéré les mots isolément ; nous allons maintenant nous occuper de leur arrangement dans le discours, suivant les rapports qu'ils ont entre eux. Cette partie de la grammaire s'appelle *Syntaxe*, c'est-à-dire construction de la proposition.

La *proposition* est l'énonciation d'une pensée. Quand je dis : *L'homme est mortel*, j'énonce une pensée, c'est-à-dire que j'affirme que la qualité de *mortel* convient à *homme*.

Dans une proposition, il y a toujours trois parties dont une est quelquefois sous-entendue. Ces trois parties sont :

1° Le *sujet* qui est l'objet de la pensée, et auquel on attribue quelque chose ;

2° L'*attribut* qui exprime la manière d'être du sujet, ou la qualité qu'on juge lui appartenir ;

3° Le *verbe* qui sert à joindre l'attribut au sujet, et qui sert à affirmer que l'attribut convient ou ne convient pas au sujet. Ainsi, dans la proposition ci-dessus, *l'homme est mortel*, on voit que l'*homme* est le sujet, parce qu'on
~~~~~~

lui attribue une qualité ; *mortel* est l'attribut, parce qu'il exprime la qualité qu'on affirme du sujet ; *est* est le verbe, parce qu'il lie l'attribut au sujet, ou, en d'autres termes, parce qu'il sert à affirmer que la qualité de mortel convient à *homme*.

Nous avons dit que l'une des parties de la proposition est quelquefois sous-entendue ; cela arrive même presque toujours ; mais il est aisé de rétablir, par l'analyse, les mots de manière à voir nettement toutes les parties de la proposition. Dans l'exemple suivant : *L'enfant étudie*, il semble qu'il manque quelque chose pour compléter la proposition, cependant un léger changement va faire voir qu'elle est complète. Ainsi, au lieu de dire *l'enfant étudie*, nous dirons : *L'enfant est étudiant*. Voilà maintenant toutes les parties de la proposition bien distinctes ; *l'enfant* est le sujet, *est* le verbe, *étudiant* l'attribut. Le mot *étudie* renferme donc le verbe et l'attribut. Il en est de même de tous les verbes attributifs. Quand on dit : *On aime la vertu, on déteste le vice*, c'est comme si l'on disait : *On est aimant la vertu, on est détestant le vice*.

Il arrive aussi quelquefois que le sujet est sous-entendu, c'est lorsque le verbe est à l'impératif. Exemple : *Soyez prudent*, c'est-à-dire, *vous, soyez prudent ; étudie ta leçon*, c'est-à-dire, *toi, sois étudiant ta leçon*.

Il y a, dans une phrase, autant de propositions que cette phrase contient de verbes à un mode personnel, exprimés ou sous entendus.

EXERCICES.

Qu'est-ce que la syntaxe ?
Qu'est-ce qu'une proposition ?
Combien y a-t-il de parties dans une proposition ?
Qu'est-ce que le sujet ?
Qu'entendez-vous par attribut ?
Qu'est-ce que le verbe ?
Les trois parties de la proposition sont-elles toujours bien distinctes ?
Désignez les trois parties de la proposition suivante : Dieu punira les méchans ?
Combien y a-t-il de propositions dans une phrase ?

PRATIQUE. — ANALYSE.

Le vice est odieux.

Le sujet est *vice ;* le verbe est *est*, et l'attribut *odieux*.

La nuit est obscure.

Le sujet est *nuit ;* le verbe est *est*, et l'attribut *obscure*.

L'enfant travaille.

Le sujet est *l'enfant ;* le verbe est *est*, et l'attribut *travaillant*

Les oiseaux chantaient.

Le sujet est *oiseau ;* le verbe est *étaient*, et l'attribut *chantant*.

Le bois a brûlé.

Le sujet est *bois ;* le verbe est *a été*, et l'attribut *brûlant*.

Analysez de même :

1° Le ciel est bleu. 2° Les nuages sont noirs. 3° Le chat miaulera. 4° Nous voyageons. 5° Le canif a coupé. 6° L'eau est claire. 7° Mes habits avaient brûlé. 8° Dieu est éternel. 9° Les livres sont reliés. 10° Ils jouent.

2ᵉ LEÇON.

Suite de la Proposition.

Le sujet de toute proposition est ou un *substantif*, ou un *pronom*, ou un *infinitif*, ou tout autre mot pris substantivement.

EXEMPLES :
- *Le* VICE *est déshonorant.*
- TU *es méchant.*
- MANGER *est un besoin.*
- *Le* MENTEUR *est détesté.*

Le verbe est toujours le verbe *être* : tantôt il est sous sa véritable forme, comme dans cette phrase : *Cet enfant est studieux* ; tantôt il est caché et combiné avec un verbe attributif, comme dans celle-ci : *Son père le récompensera*, c'est-à-dire *son père sera récompensant lui*.

L'attribut est ou un *substantif*, ou un *pronom*, ou un *adjectif*, ou un *participe* présent ou passé.

EXEMPLES :
> *Le travail est une* PROPRIÉTÉ.
> *Ces maisons sont* LES NÔTRES.
> *La grammaire est* UTILE.
> *J'étudie l'histoire* ; pour *je suis* ÉTUDIANT *l'histoire*.
> *Cet enfant sera* RÉCOMPENSÉ.

Outre ces trois parties, il y en a une quatrième qu'on appelle complément, et qui sert à achever la signification du sujet ou de l'attribut. Dans cette phrase : *L'homme* RICHE *repousse le* MALHEUREUX, le mot *riche* est le complément du sujet, et le mot *malheureux* est celui de l'attribut.

Il résulte de ce qui précède que le sujet et l'attribut peuvent avoir un complément ou n'en pas avoir ; quand ils en ont, ils sont complexes, et incomplexes dans le cas contraire.

EXEMPLES :
> *L'enfant est aimé.*
> *L'enfant* SAGE *est aimé.*
> *L'enfant* SAGE *est aimé* DE SES PARENS.

Dans la première phrase, le sujet et l'attribut sont incomplexes ; dans la seconde, le sujet est complexe et l'attribut incomplexe ; dans la troisième, le sujet et l'attribut sont l'un et l'autre complexes.

Le sujet et l'attribut peuvent aussi être *simples* ou *composés* ; ils sont simples, lorsqu'ils n'offrent à l'esprit qu'une seule idée, comme dans cette proposition : *Le* FEU *est* destructeur ; le mot *feu*, qui est le sujet, et le mot *destructeur*, qui est l'attribut, sont simples, parce qu'ils ne présentent qu'une seule idée. Mais dans cette phrase : RACINE *et* FÉNÉLON *sont* ÉLOQUENS *et* PERSUASIFS, le sujet et l'attribut sont composés, parce qu'ils présentent à l'esprit plusieurs idées.

EXERCICES.

Quelles sont les espèces de mots qui peuvent être les sujets d'une proposition ?
Citez des exemples de chacun de ces cas ?
Quel est le mot qui lie l'attribut au sujet ?
Ce verbe est-il toujours distinct ?
Par quelle espèce de mot peut être exprimé l'attribut d'une proposition ?
Citez des exemples de chacun de ces cas ?
La proposition n'a - t - elle pas quelquefois une quatrième partie, et comment s'appelle-t-elle ?
Citez une proposition dont le sujet et l'attribut aient un complément ?
Quand est-ce que le sujet et l'attribut sont complexes ?
Citez un exemple ?
Quand est-ce que le sujet et l'attribut sont incomplexes ?
Citez un exemple ?
Quand est-ce que le sujet et l'attribut sont simples ?
Citez un exemple ?
Quand est-ce que le sujet et l'attribut sont composés ?
Citez un exemple ?

PRATIQUE. — ANALYSE.

Cet homme est paresseux et dissipé.

Le sujet est *homme* ; il est simple, parce qu'il n'exprime qu'un seul homme ; le verbe est *est* ; l'attribut, *paresseux* et *dissipé* ; il est composé, parce qu'il exprime deux manières d'être du sujet.

Le chien canard est fidèle.

Le sujet est *chien* ; simple, parce qu'il n'exprime qu'une seule idée, et complexe à cause de son complément *canard*. Le verbe est *est* ; l'attribut, *fidèle*, qui est simple et incomplexe.

Le roi et ses enfans se sont promenés.

Le sujet est *roi* et *enfans* ; il est composé, parce qu'il présente deux objets différens, et incomplexe, n'ayant aucun complément. Le verbe est *ont été*; l'attribut, *pro-menant*; il est simple, parce qu'il n'énonce qu'une ma-nière d'être du sujet, et complexe à cause de son com-plément direct *soi*.

La soif des conquêtes, et le désir d'une vaine gloire, portent les hommes à entreprendre la guerre.

Le sujet est *soif* et *désir*; il est composé, parce qu'il représente deux objets différens, et complexe, à cause des complémens *des conquêtes* et *d'une vaine gloire*. Le verbe est *est*; l'attribut, *portant*; il est simple, parce qu'il n'exprime qu'une idée; et complexe, à cause du complément, *les hommes à entreprendre la guerre.*

Analysez de même :

1º Tout citoyen est redevable à sa patrie de ses talens et de la manière de les employer.

2º La beauté du château nous enchantait.

3º Mon cousin et ma cousine étaient plus sages et plus dociles.

4º L'ignorance et la stupidité enfantent la crainte et les préjugés.

5º La foi, l'espérance et la charité sont des vertus théologales.

6º Une belle pensée, bien exprimée, plaît toujours.

7º La bouillante jeunesse est facile à séduire.

3ᵉ LEÇON.

Suite de la proposition.

Les mots qui accompagnent le sujet et l'attribut en sont les complémens; mais comme ils peuvent en mo-difier la signification de plusieurs manières, il y a plu-sieurs sortes de complémens, qui sont : le complément modificatif, le complément *direct*, le complément *indirect*, et le complément *circonstanciel*.

Le complément *modificatif* sert à qualifier le sujet ou l'attribut ; il est représenté par un *adjectif* ou par un *participe*. Exemple : l'homme SAGE est heureux ; votre frère est un homme SENSÉ ; chat ÉCHAUDÉ craint l'eau froide ; Bossuet fut un orateur ESTIMÉ.

Le complément *direct* est le régime direct du verbe dont il complète la signification sans le secours d'une préposition. Exemple : la rouille use LE FER ; la pluie a inondé LA PLAINE ; l'instruction élève LES SENTIMENS.

Le complément *indirect* n'est autre chose que le régime indirect ; il complète, au moyen d'une préposition, la signification du sujet ou de l'attribut. Exemple : Marseille a été fondée PAR DES PHOCÉENS ; mettez ce livre SUR LA TABLE ; vous donnerez cette lettre A VOTRE FRÈRE.

Le complément *circonstanciel* est celui qui exprime quelque circonstance relative au sujet ou à l'attribut ; il est toujours représenté par un *adverbe* ou un *régime indirect* équivalant à une expression adverbiale. Exemple : le riche n'est pas TOUJOURS heureux ; parler SANS PENSER, c'est tirer SANS VISER.

EXERCICES.

Combien y a-t-il de sortes de complémens ?
Qu'est-ce que le complément modificatif ?
Donnez deux exemples ?
Qu'est-ce que le complément direct ?
Donnez deux exemples ?
Qu'est-ce que le complément indirect ?
Donnez deux exemples ?
Qu'est-ce que le complément circonstanciel ?
Donnez deux exemples ?

PRATIQUE. — ANALYSE.

Ce beau discours anima le peuple.

Le sujet est *discours* simple, parce qu'il n'exprime qu'une idée, et complexe ayant pour complément modificatif beau. Le verbe est *fut* ; l'attribut *animant*, simple, n'exprimant qu'une manière d'être du sujet, et complexe à cause de son complément direct *le peuple*.

Notre défiance justifie souvent la tromperie d'autrui.

Le sujet est *défiance* simple et incomplexe. Le verbe est *est*; l'attribut, justifiant, simple parce qu'il n'exprime qu'une idée, et complexe à cause du complément circonstanciel *souvent*, du complément direct la *tromperie* et du complément indirect *d'autrui*. (1)

L'humilité est la véritable preuve des vertus chrétiennes.

Le sujet est *l'humilité*, il est simple et incomplexe. Le verbe est *est*; l'attribut est *preuve*, il est simple mais complexe, parce qu'il y a le complément *véritable des vertus chrétiennes*.

Les petits esprits sont blessés des petites choses.

Le sujet est *esprits*, il est simple, mais complexe à cause du complément modificatif *petits*. Le verbe est *sont*; l'attribut *blessés*, simple parce qu'il n'exprime qu'une manière d'être et complexe ayant pour complément indirect *des petites choses*.

Analysez de même :

1º La table et la chaise ont été cassées par mon frère. 2º Les personnes faibles ne peuvent être sincères. 3º Le ridicule déshonore plus que le déshonneur. 4º La jeunesse est une ivresse continuelle; c'est la fièvre de la raison. 5º La petitesse de l'esprit fait l'opiniâtreté. 6º La civilité est un désir d'en recevoir, et d'être estimé poli.

---

(1) Lorsque deux ou plusieurs complémens se suivent, il est inutile de désigner l'espèce de chacun d'eux. Ainsi, dans cette phrase, on peut dire : l'attribut est complexe à cause de son complément *souvent la tromperie d'autrui*. Cette désignation de complément en modificatif circonstanciel etc., n'est bonne qu'autant que ces complémens se trouvent isolés.

4ᵉ LEÇON.

Suite de la proposition.

Le verbe être est quelquefois suivi de mots qui paiss ent être l'attribut de la proposition , et qui cepennt ne le sont pas. Par exemple : *quand on dit , je suis à votre service , vous êtes dans l'erreur;* ces mots *à votre service* et *dans l'erreur* ne sont pas les attributs de ces propositions ; c'est comme si l'on disait, *je suis* DÉVOUÉ *à votre service; vous êtes* TOMBÉ *dans l'erreur;* ce sont les mots *dévoué* et *tombé* qui sont les véritables attributs.

Il y a deux sortes de propositions qui sont : la proposition *principale* et la proposition *incidente.*

La proposition *principale* est celle dont dépendent les autres ; elle exprime l'objet principal de la pensée. On en distingue de deux sortes : la proposition *principale absolue* et la proposition *principale relative.*

La première principale énoncée dans une phrase est la principale absolue; les autres principales qui viennent à la suite sont des principales relatives. Exemple : *Le hasard et la fortune ont pu faire des héros ;* LA VERTU SEULE FORME DES GRANDS HOMMES; la première proposition est principale absolue , la seconde est principale relative.

La proposition *incidente* est celle que l'on ajoute à d'autres propositions pour en rendre le sens plus complet. Il y en a de deux sortes : l'incidente *déterminative* et l'incidente *explicative.*

L'incidente *déterminative* est ajoutée à une autre proposition pour en déterminer quelques circonstances indispensables , et y est tellement liée, qu'on ne saurait la retrancher sans changer le sens de la phrase. Exemple :

Celui QUI PERSÉCUTE L'HOMME DE BIEN *fait la guerre au ciel:* les mots *qui persécute l'homme de bien* constituent une proposition incidente déterminative, car si on la retranchait, les mots qui resteraient n'exprimeraient plus la même pensée.

La proposition incidente *explicative* sert à développer le sens d'une proposition principale, et peut être déplacée ou même retranchée sans en altérer le sens. Ex. : *Le temps,* QUI FUIT SUR NOS PLAISIRS, *semble s'arrêter sur nos peines :* les mots *qui fuit sur nos plaisirs*, ne sont qu'une incidente explicative parce qu'ils pourraient être retranchés sans que la pensée fut changée.

Une proposition *incidente* est toujours liée à une proposition *principale* par une *conjonction* ou par un *pronom relatif.* La principale ne commence jamais par ces mots. Il faut en excepter les conjonctions *et, ni, mais, ou* qui peuvent se trouver au commencement d'une principale relative ou d'une incidente ; mais dans ce dernier cas, ces conjonctions sont suivies ou d'un pronom relatif, ou d'une autre conjonction.

Il est aussi à remarquer qu'une proposition incidente *explicative* est suivie d'une virgule si elle commence la phrase, qu'elle est entre deux virgules si elle est dans le corps de la phrase, et qu'enfin elle est précédée d'une virgule si elle la termine.

EXERCICES.

N'arrive-t-il pas que l'attribut est sous-entendu après le verbe être ?

Donnez deux exemples ?

Combien y a-t-il de sortes de propositions ?

Qu'est-ce que la proposition principale ?

Combien y en a-t-il d'espèces ?

Qu'est-ce que la principale absolue ?

          la principale relative ?

          une proposition incidente ?

Combien y en a-t-il d'espèces ?

Qu'est-ce que l'incidente déterminative ?

          l'incidente explicative ?

Par quel mot commence une incidente ?

Quels sont les mots qui en sont exceptés ?

La ponctuation ne sert-elle pas à faire reconnaître une incidente explicative ? Comment ?

PRATIQUE. — ANALYSE.

On apercevait partout des arbres renversés. **Cette pro**-position est principale absolue Le sujet est *on*; simple et incomplexe. Le verbe est *était*; l'attribut, apercevant; simple ne présentant qu'une manière d'être du sujet, et complexe, ayant pour complément *partout des arbres renversés.*

L'honnête homme est celui qui ne se pique de rien. Cette phrase renferme deux propositions : une principale absolue, et une incidente déterminative.

L'honnête homme est celui, proposition principale absolue. Le sujet est *homme,* il est simple, parce qu'il n'exprime qu'un seul être, et complexe ayant pour complément modificatif *honnête,* le verbe est *est;* l'attribut, *celui;* il est simple, parce qu'il n'exprime qu'une manière d'être du sujet, et complexe, à cause de son complément, la proposition incidente *qui ne se pique,* etc.

Qui ne se pique de rien, proposition incidente déterminative. Le sujet est qui ; il est simple et incomplexe ; le verbe est *est;* l'attribut, *piquant;* il est simple ; et complexe, ayant pour complément *se* et *de rien.*

La majesté des écritures saintes m'étonne ; leur sainteté parle à mon cœur.

Cette phrase renferme deux propositions ; une principale absolue, et une principale relative.

La majesté des écritures saintes m'étonne, proposition principale absolue. Le sujet est *majesté;* il est simple, et complexe, à cause du complément indirect *des écritures saintes.* Le sujet est *est;* l'attribut, *étonnant;* il est simple, et complexe, ayant pour complément direct *me.*

Leur sainteté parle à mon cœur, proposition principale relative. Le sujet est *sainteté:* il est simple ; et complexe ayant pour complément indirect *leur.* Le verbe est *est;* l'attribut *parlant;* il est simple, et complexe, parce qu'il a pour complément indirect *à mon cœur.*

Analysez de même :

1° Le roi de Suède avait un courage extraordinaire. 2° La folie nous suit dans tous les temps de la vie. 3° Le désir de paraître habile empêche souvent de le devenir. 4° La vertu n'irait pas si loin si la vanité ne lui tenait compagnie. 5° Le règne de Pepin fut glorieux ; il chassa les Sarrasins du Midi, et il se rendit puissant en Germanie. 6° Le roi des Lombards, qui possédait tout le nord de l'Italie, était alors un prince puissant. 7° La reine et le duc s'enfuirent ; Jean retint le dauphin.

5e LEÇON.

Suite de la proposition.

Une proposition peut être *pleine, elliptique,* ou *implicite.*

Une proposition est *pleine* ou *complète* lorsque toutes les parties dont elle est composée (sujet, verbe et attribut) y sont exprimées : *le soleil est brillant ; la nuit est sombre ; l'adversité éprouve la vertu.*

Une proposition est *elliptique* ou *incomplète,* quand quelqu'une des trois parties qui la constituent n'est pas exprimée. Exemple : *Travaillons et nous serons récompensés ; l'un est bon et l'autre méchant ; quand partirez-vous ? Demain.* Toutes ces propositions sont elliptiques ; elles équivalent à celles-ci ; *nous soyons travaillant, et nous serons récompensés ; l'un est bon et l'autre est méchant ; quand partirez-vous ? Je partirai demain*

Une proposition est *implicite* quand le mot qui la représente, renferme en soi les trois termes qui la composent : *Ah ! que je suis chagrin ; hélas ! pourquoi ne répondez-vous pas à mon amitié ?* ces mots *ah ! hélas !* expriment chacun une proposition implicite, car ils signi-

fient, le premier, *j'avoue*; le second, *je demande*. Il en
est de même de toutes les interjections.

Les expressions *oui, non*, forment aussi des propositions implicites.

EXERCICES.

Quand est-ce qu'une proposition est pleine ou complète?
Citez deux exemples?
Quand est-ce qu'une proposition est elliptique ou incom-
  plète?
Donnez deux exemples?
Quand est-ce qu'une proposition est implicite?
Donnez deux exemples?

PRATIQUE. —ANALYSE.

Hélas ! je vais mourir.

Cette phrase renferme deux propositions : une principale absolue, et une principale relative.

Hélas! proposition principale absolue et implicite ;
elle équivaut à *je suis désespéré.* Le sujet est *je,* simple
et incomplexe ; le verbe est *suis* ; l'attribut, *désespéré,*
simple et incomplexe.

Je vais mourir, proposition principale relative. Le sujet est *je,* simple et incomplexe ; le verbe est *suis* ; l'attribut *allant,* simple et complexe , ayant pour complément *mourir.*

Oh ! que l'hiver est rigoureux !

Il y a deux propositions dans cette phrase : une principale absolue et une principale relative.

Oh ! proposition principale absolue et elliptique ; elle
répond à celle-ci *j'affirme.* Le sujet est *je,* simple et incomplexe ; le verbe est *suis ;* l'attribut, *affirmant,* simple et incomplexe.

Que l'hiver est rigoureux, proposition principale relative. Le sujet est *l'hiver,* simple et incomplexe ; le verbe
est *est* ; l'attribut, *rigoureux,* simple et incomplexe.

Que demandez-vous ? Du papier.

Il y a trois propositions dans cette phrase ; une principale absolue, une principale relative et une incidente
déterminative.

16

Je demande ce, proposition principale absolue et sous-entendue. Le sujet est *je*, simple et incomplexe ; le verbe est *suis* ; l'attribut *demandant*, simple ; complexe, à cause du complément direct *ce*.

Que vous demandez, proposition incidente déterminative. Le sujet est *vous*, simple et incomplexe ; le verbe est *êtes* ; l'attribut *demandant*, simple et incomplexe.

(*Je demande*) *du papier*, proposition principale relative et elliptique. Le sujet est *je*, simple et incomplexe ; le verbe est *suis* ; l'attribut, *demandant*, simple ; complexe, ayant pour complément direct *du papier*.

Analysez de même :

1° Ah ! que les révolutions sont à craindre ! 2° Avez-vous joué long-temps ? Oui. 3° Que désirez-vous de moi ? Votre bienveillance. 4° Ah ! qu'il est doux de revoir sa famille. 5° Chut ! ou vous serez punis. 6° Hélas ! pourquoi voulez-vous me rendre malheureux. 7° Hélas ! vos malheurs m'attendrissent.

6e LEÇON. — THÉORIE.

DU SUBSTANTIF.

Genre des Substantifs.

Les substantifs sont ordinairement ou du genre masculin ou du féminin ; cependant quelques-uns peuvent être de l'un et de l'autre genre, selon leur signification, ou même quelquefois suivant qu'ils sont du singulier ou du pluriel.

EXEMPLE.

Amour, délice, orgue sont du masculin, quand ils sont au singulier ; et ils sont du féminin au pluriel : ainsi on dira UN *amour* DÉSORDONNÉ, de FOLLES *amours* ; UN *délice*, de GRANDES *délices*; UN BEL *orgue*, de BELLES *orgues* : il y a exception pour le mot amour, qui est du masculin, quoique au pluriel, quand il signifie les Amours (dieux de la fable).

Aigle, signifiant enseigne, comme les *aigles romaines*, les *aigles impériales*, est du féminin ; quand il a tout autre sens, il est masculin.

Automne est du masculin et du féminin : cependant il est d'usage de le faire masculin quand l'adjectif est avant, comme UN BEL *automne*; on le fait féminin quand l'adjectif n'est qu'après, comme l'*automne* a été FROIDE et PLUVIEUSE.

Couple est masculin, quand il signifie la réunion du mâle et de la femelle, comme UN couple de pigeons a niché sur ce rayon ; il est du féminin, quand il signifie le nombre deux, exemple : Donnez-moi UNE *couple de pêches*, UNE *couple d'œufs*, UNE *couple de pigeons*, quand il ne s'agit que du nombre.

Enfant est du masculin ou du féminin, selon qu'il désigne un petit garçon ou une petite fille.

Exemple est du masculin, quand il désigne des actions ou des paroles à imiter ; dans ce cas, on dit *suivre* LE BON *exemple*; il est du féminin, quand il signifie un modèle d'écriture ; alors on peut dire : *Imiter, copier* UNE BELLE *exemple*.

Foudre, lorsqu'il désigne le tonnerre, est du féminin : *Le feu de la* FOUDRE *a réduit cette maison en cendres ;* il est masculin dans tout autre cas.

EXERCICES.

De quel genre sont les substantifs?
N'y en a-t-il pas qui sont des deux genres?
Dans quel cas amour, délice, orgue, sont-ils du masculin?
Quand sont-ils du féminin?
Quand aigle est-il du féminin?
Quand est-il du masculin?
Et couple?
De quel genre est le mot enfant?
Et le mot exemple?
Et le mot foudre?

~~~~~~

7ᵉ LEÇON.

Suite du genre des Substantifs.

Gens veut au féminin tous les mots qui s'y rapportent, quand ces mots sont avant, et au masculin, tous ceux qui sont après, exemple : Les VIEILLES *gens sont* DÉFIANS et SOUPÇONNEUX.

Chose est du féminin : UNE *chose* EXCELLENTE.

Quelque chose est du masculin : *Quelque chose de* NOUVEAU.

Personne est du féminin quand il signifie UNE PERSONNE : UNE EXCELLENTE *personne.*

Personne est du masculin, quand il signifie *pas une personne,* aucune *personne* : comme *Personne n'est* VENU.

Il y a des substantifs qui changent de genre en changeant de signification ; ainsi ,

SONT DU MASCULIN :	SONT DU FÉMININ :
Aide, signifiant la personne qui aide, UN *aide-major,* UN *aide-de-camp.*	*Aide*, signifiant secours, comme UNE *aide prompte* et *efficace...*
Enseigne, officier qui porte le drapeau.	*Enseigne*, le drapeau lui-même , ou toute autre chose destinée à annoncer quelque chose.
Garde, homme armé, garder quelqu'un ou quelque chose.	*Garde*, troupe armée, action de garder.
Greffe, lieu où s'enregistrent les actes des tribunaux.	*Greffe*, action de greffer les arbres.
Guide, personne ou chose servant à indiquer.	*Guide*, lanières de cuir, ou cordons servant à guider les chevaux.
Livre, cahier de papier imprimé.	*Livre*, poids de 16 onces, ou demi-kilogramme.
Manche, partie d'un instrument , le manche d'un couteau, d'un ciseau.	*Manche*, partie d'un habit , d'une chemise.
Manœuvre, ouvrier, aide-maçon.	*Manœuvre*, mouvemens des troupes, conduite dans les affaires.
~~~~~~

Mousse, jeune matelot. | *Mousse*, petite herbe qui vient sur les arbres, sur les rochers, sur les toits.

Poêle, fourneau à tuyaux, pour échauffer les appartemens. | *Poêle*, ustensile de cuisine.

Poste, emploi, fonction. | *Poste*, bureau de distribution des lettres, courrier qui les porte, maison où sont les chevaux de relai.

Solde, complément d'un compte. | *Solde*, paie des militaires.

Somme, repos, sommeil. | *Somme*, somme d'argent, total, charge.

Souris, action de sourire. | *Souris*, petit rat.

Tour, mouvement fait en tournant, outil à tourner. | *Tour*, édifice rond.

Trompette, celui qui sonne de la trompette. | *Trompette*, instrument à vent.

Vase, ustensile à contenir quelque chose. | *Vase*, boue, limon.

Voile, ce qui sert à couvrir. | *Voile*, toile qui sert à donner prise au vent pour faire avancer les vaisseaux.

EXERCICES.

De quel genre sont les mots qui se rapportent à gens ?

De quel genre est le mot personne ?

Quand est-ce qu'il est du masculin ? Du féminin ?

De quel genre est quelque chose ?

Que signifie le mot aide, quand il est masculin ?

Et quand il est féminin ?

Qu'entendez-vous par un enseigne ? Et par une enseigne ?

Qu'entendez-vous par un manœuvre ? Et une manœuvre ?

Par un poêle ? Et une poêle ?

Qu'entendez-vous par un poste ? Et par la poste ?

Que veut dire somme au masculin ? Et au féminin ?

Quelle différence y a-t-il entre un trompette et une trompette ?

Quelle différence y a-t-il entre le vase et la vase ?

8e LEÇON. — THÉORIE.

Nombre des Substantifs.

Le nom propre n'étant que le nom de famille d'une personne ou qui distingue une chose de celles de la même espèce, doit être essentiellement de l'un ou de l'autre nombre ; ainsi on écrit au singulier comme au pluriel : Les deux CORNEILLE sont nés à Rouen ; les deux PLINE ont vécu du temps de la première éruption du Vésuve ; les deux CATON furent philosophes.

Cependant on écrit, contrairement à cette règle, *les deux* SÈVRES, *les deux* NÈTHES, quoique ces mots soient les noms particuliers de rivières homonymes, comme les noms d'hommes ci-dessus expriment les noms d'hommes de même nom

Mais lorsque les noms propres sont employés pour désigner des choses ou des personnes dont ils ne sont pas les noms, mais que l'on compare à ceux qui les ont portés, ces noms propres prennent la marque du pluriel, exemples :

Donnez-moi des DAVIDS *et des* PHARAONS, *et ils pourront avoir des* NATHANS *et des* JOSEPHS *pour ministres.*

Si les noms propres, quoique au pluriel, désignent évidemment un seul individu, ils ne prennent pas la marque du pluriel ; ainsi on écrira : *Il manque à cet auteur ces expressions heureuses qui font le mérite des* HOMÈRE, *des* VIRGILE, *des* MILTON, *des* POPE, *des* CORNEILLE, *des* RACINE, *des* BOILEAU, *des* DELILLE, etc.

Il y a des noms communs qui n'ont point de singulier, comme les noms des métaux, des couleurs, des vertus, des vices. Exemples :

L'*or*, l'*argent*, le *cuivre*, le *fer*, l'*acier*, le *mercure*, le *zinc*, etc.

Le *blanc*, le *rouge*, le *brun*, le *jaune*, le *gris*, etc.

La *bienfaisance*, la *douceur*, la *générosité*, la *patience*, la *tempérance*, la *reconnaissance*, la *noblesse*, etc.

La *méchanceté*, la *dureté*, la *mollesse*, la *négligence*, la *paresse*, la *désobéissance*, la *haine*, etc.

Les adjectifs, pris substantivement, n'ont point de pluriel, comme d'abord l'*indispensable*, ensuite l'*utile*, enfin l'*agréable*.

D'autres substantifs n'ont point de singulier, comme : *Ancêtres, annales, appas, arrérages, assistant, assises, bestiaux, broussailles, ciseaux* à couper les étoffes, *confins, frais, dépens, funérailles, mœurs, matériaux,* etc.

EXERCICES.

Les noms propres ont-ils les deux genres aussi bien que le nom commun ?

Quand est-ce qu'ils peuvent être mis au pluriel ?

Quand ne peuvent-ils pas prendre la marque du pluriel ?

Quels sont les substantifs communs qui, en général, n'ont pas de pluriel ?

Dites-moi trois noms de métaux ?

trois noms de couleurs ?

trois noms de vertus ?

trois noms de vices ?

De quel nombre est l'adjectif employé substantivement ?

N'y a-t-il pas des noms qui n'ont point de singulier ?

Citez en six ?

9ᵉ LEÇON. — THÉORIE.

Suite du nombre des Substantifs.

Nous avons vu dans la première partie de la grammaire comment se forme le pluriel des substantifs, mais il nous reste à voir la manière de former le pluriel des substantifs composés de plusieurs mots, comme *chien-loup, petit-maître, passe-temps, contre-danse, tête-à-tête,* etc.

Ces sortes de substantifs pouvant être composés de plusieurs sortes de mots, nous allons donner les règles qu'ils suivent, selon qu'ils sont composés de telle ou telle espèce de mots.

Quand *deux substantifs sont joints ensemble* pour faire un nom composé, ils prennent l'un et l'autre la marque du pluriel. Exemples :

SINGULIER.	PLURIEL.
Une *dame-jaune*	Des *dames-jaunes*.
Un *chou-fleur*.	Des *choux-fleurs*.
Un *porc-épic*.	Des *porcs-épics*.
Un *chef-lieu*.	Des *chefs-lieux*.

On excepte de cette règle :

Un *appui-main*, qui fait	Des *appuis-main* (appui pour la main.)
Un *Hôtel-Dieu*.	Des *Hôtels-Dieu* (hôtel de Dieu.)
Un *bec-figue*.	Des *bec-figues* (oiseau dont le bec pique les figues.)

Si le substantif est composé d'un *substantif* et d'un *adjectif*, les deux mots prennent la marque du pluriel, exemples :

Un *loup-marin*.	Des *loups-marins*.
Un *haut-fourneau*.	Des *hauts-fourneaux*.
Un *bel-esprit*.	Des *beaux-esprits*.
Un *bas-fond*.	Des *bas-fonds*.
Un *beau-frère*.	Des *beaux-freres*.
Un *chat-huant*.	Des *chats-huants*.
Une *chauve-souris*.	Des *chauves-souris*.
Une *plate-bande*.	Des *plates-bandes*.
Un *ver-luisant*.	Des *vers-luisants*.
Une *courte-pointe*.	Des *courtes-pointes*.

Excepté

1° *Grand'pères*, *grand'mères*, *grand'tantes*, *grand' rues*, *grand'messes*, dans lesquels le mot *grand* ne change pas ;

2° Des *blanc-seings*, (signature en blanc), des *terre-pleins* (lieux pleins de terre). *L'explication* des mots *blanc-seings* et *terre-pleins* fait voir que blanc et terre ne peuvent être au pluriel.

Si le substantif est composé d'un *adverbe* et *d'un nom*,

d'une *préposition* et *d'un nom*, le nom seul doit varier,
exemples :

Substantifs composés d'un nom et d'un adverbe.

SINGULIER.	PLURIEL.
Un *bien-aimé.*	Des *bien-aimés.*
Un *quasi-délit.*	Des *quasi-délits.*
Une *arrière-garde.*	Des *arrière-gardes.*
Une *arrière-pensée.*	Des *arrière-pensées.*

EXERCICES.

De combien de manières un substantif peut-il être composé ?

Citez deux mots composés de deux substantifs !

Quelle règle suivent ces sortes de noms ?

Citez des noms composés d'un substantif et d'un adjectif?

Quelle règle suivent ces substantifs ?

Citez deux substantifs composés d'un adverbe et d'un
nom !

Quelle règle suivent-ils?

~~~~~~

10ᵉ LEÇON. — THÉORIE.

Substantifs composés d'une préposition et d'un nom.

SINGULIER.	PLURIEL.
Un *avant-coureur.*	Des *avant-coureurs.*
Une *après-dînée.*	Des *après-dînées*
Une *avant-garde.*	Des *avant-gardes.*
Un *contre-coup.*	Des *contre-coups.*
Un *contre-maître.*	Des *contre-maître.*
Un *entre-sol.*	Des *entre-sols.*
Un *entr'acte.*	Des *entr'actes.*
Un *sous-préfet.*	Des *sous-préfets.*
Un *sous-locataire.*	Des *sous-locataires.*

Si le substantif est composé *d'un verbe* et *d'un nom*, le
verbe est toujours invariable, et le nom est du singulier
~~~~~~

ou du pluriel, selon que l'emploi qu'on en fait indique l'unité ou la pluralité.

Ainsi, dans les mots un *porte-mouchettes*, un *tire-bottes*, un *cure-dents*, la partie qui est substantif est au pluriel, quoiqu'il ne s'agisse que d'un seul de ces objets, parce que le mot *mouchettes* est essentiellement au pluriel ; le tire-bottes sert à tirer *des bottes* et non pas une botte ; le *cure-dents* sert à nétoyer *plusieurs dents à la fois*, etc.

Dans les mots de *serre-tête*, des *prête-nom*, des *tourne-broche*, *tête* est au singulier, quoiqu'il s'agisse de plusieurs *serre-tête*, parce que ces objets ne serrent qu'une tête ; *broche* reste au singulier, parce que chaque *tourne-broche* ne tourne qu'une broche, etc.

On voit que pour ces sortes de substantifs il faut faire attention à leur emploi pour savoir si le nom qui en fait partie doit être au singulier ou au pluriel.

Après ce que nous venons de dire, on écrira :

AVEC LA MARQUE DU SINGULIER:

Un *boute-feu*.	Des *boute-feu*.
Un *boute-en-train*	Des *boute-en-train*.
Un *brise-cou*.	Des *brise-cou*.
Un *caille-lait*.	Des *caille-lait*.
Un *casse-cou*.	Des *casse-cou*.
Un *chasse-marée*.	Des *chasse-marée*.
Un *chausse-pied*.	Des *chausse-pied*.
Un *gagne-petit*.	Des *gagne-petit*.
Un *gagne-pain*.	Des *gagne-pain*.
Un *coupe-jarret*.	Des *coupe-jarret*.
Un *couvre-feu*.	Des *couvre-feu*.
Un *porte-drapeau*.	Des *porte-drapeau*.
Un *porte-crayon*.	Des *porte-crayon*.
Un *pleure-misère*.	Des *pleure-misère*.
Un *tire-balle*.	Des *tire-balle*.
Un *tire-pied*.	Des *tire-pieds*.
Un *vole-au-vent*.	Des *vole-au-vent*.

AVEC LA MARQUE DU PLURIEL:

Un *casse-noisettes*.	Des *casse-noisettes*.
Un *casse-mottes*.	Des *casse-mottes*.
Un *chasse-chiens*.	Des *chasse-chiens*.
Un *chasse-mouches*.	Des *chasse-mouches*.
Un *couvre-pieds*.	Des *couvre-pieds*.
Un *croque-notes*.	Des *croque-notes*.
Un *cure-dents*.	Des *cure-dents*.

Un essuie-mains.	Des essuie-mains.
Un garde-fous.	Des garde-fous.
Un garde-meubles.	Des garde-meubles.
Un lave-mains.	Des lave-mains.
Un pèse-liqueurs.	Des pèse-liqueurs.
Un porte-mouchettes.	Des porte-mouchettes.
Un porte-huiliers.	Des porte-huiliers.
Un tire-bottes.	Des tire-bottes.
Un va-nu-pieds.	Des va-nu-pieds.

EXERCICES.

Comment s'écrit chaque partie des mots composés d'une préposition et d'un substantif ?

Pourriez-vous nous dire pourquoi la préposition reste invariable, quoique le mot où elle se trouve soit au pluriel ?

Quelle règle suivent les mots composés d'un verbe et d'un substantif ?

Dites-nous pourquoi chausse-lit s'écrit au pluriel comme au singulier ?

Pourquoi gagne-pain, couvre-feu, porte-crayon, tire-balle, etc., ne prennent ils pas la marque du pluriel ?

Comment écririez-vous, au singulier, le mot casse-noisettes ?

Pourquoi l'écrivez-vous avec la marque du pluriel, quoiqu'il soit au singulier ?

Pourquoi écrivez-vous avec la marque du pluriel, quoiqu'ils soient au singulier, les mots cure-dents, essuie-mains, porte-mouchettes, tire-bottes, va-nu-pieds ?

11e LEÇON. — THÉORIE.

Suite du nombre des substantifs.

Quand les substantifs sont composés de *deux substantifs unis par une préposition*, ou *d'un substantif et d'un infinitif également unis par une préposition*, le premier substantif prend seul la marque du pluriel, à moins que le dernier soit essentiellement au pluriel.

Exemple du premier cas.

Un chef-d'œuvre.	Des chefs-d'œuvre.
Un bec-d'âne.	Des becs-d'âne.

Un *bec-de-canne*.	Des *becs-de-canne*.
Une *belle-de-jour*.	Des *belles-de-jour*.
Un *ciel-de-lit*.	Des *ciels-de-lit*.
Un *corps-de-garde*.	Des *corps-de-garde*.
Un *cul-de-jatte*.	Des *culs-de-jatte*.
Le *pot-au-feu*.	Les *pots-au-feu*.
Un *ver-à-soie*.	Des *vers-à-soie*.
Une *fin-de-non-recevoir*.	Des *fins-de-non-recevoir*.
Un *savoir-vivre*.	Des *savoir-vivre*.
Un *savoir-faire*.	Des *savoir-faire*.

Exemple du deuxième cas.

Un *croc-en-jambes*.	Des *crocs-en-jambes*.
Un *haut-de-chausses* (habillement allant jusqu'aux chausses, c'est-à-dire jusqu'aux bas.	Des *hauts-de-chausses*.
Un *maître-ès-arts*.	

Quelquefois ces substantifs sont composés de mots que leur emploi rend invariables, comme :

Un *pied-à-terre* (un ou plusieurs endroits où l'on met le pied à terre.	Des *pied-à-terre*.
Un *bout-tout-à-cuire* (des hommes qui dépensent tout-à-la-fois)	Des *bout-tout-à-cuire*.
Un *coq à-l'ane*.	Des *coq-à-l'âne*.
Un *hors-d'œuvre*.	Des *hors-d'œuvre*.
Un *tête-à-tête*.	Des *tête-à-tête*.
Un *passe-partout*.	Des *passe-partout*.
Un *passe-droit*.	Des *passe-droit*.
Un *perce-neige*.	Des *perce-neige*.

Dans ces sortes de mots il faut beaucoup d'attention pour discerner si quelque partie doit ou non prendre la marque du pluriel.

Enfin, il y a des substantifs qui sont empruntés des autres langues et qu'on n'a pas changé. Ces sortes de mots sont ordinairement invariables. Tels sont les *pater*, les *alleluia*, les *ave*, les *te-deum*, les *post-scriptum*, les *auto-da-fé*, les *memorandum*, les *album*, etc.

Les mots français, invariables de leur nature, sont aussi invariables lorsqu'ils sont employés substantivement comme *les car, les mais, les si, les pourquoi, les parce que, les on dit, les qu'en dira-t-on, les oui, les non,* etc., etc.

EXERCICES.

Quelle règle suivent les substantifs composés de deux

substantifs unis par une préposition ou d'un substantif et d'un infinitif, également unis par une préposition ?

Citez quatre substantifs composés, dont la dernière partie soit toujours au singulier, quoique la première prenne la marque du pluriel ?

Citez-en quatre dont la dernière partie soit au pluriel, quoique la première soit au singulier ?

Citez-en quatre où les deux parties soient invariables ?

Quelle règle suivent les noms empruntés aux langue étrangères, et qui n'ont pas été francisés ?

Comment forme-t-on le pluriel des mots invariables de leur nature, et qui sont employés comme substantifs ?

Donnez quatre exemples de ces sortes de mots ?

12ᵉ LEÇON. — THÉORIE.

DE L'ARTICLE.

Accord de l'article.

L'article, dont la fonction est de précéder les substantifs, pour annoncer qu'ils sont pris dans un sens déterminé, s'accorde avec ces substantifs en genre et en nombre.

EXEMPLE.

La *fleur* DES *champs* est LA *plus simple* et LA *plus gentille.*

LES *hommes* ont LA *force en partage.*

On dit que les substantifs sont pris dans un sens déterminé, lorsqu'ils désignent un genre, une espèce, ou un individu particulier.

EXEMPLE.

DU GENRE.
{ *L'homme est un animal raisonnable,* c'est-à-dire, tous les hommes pris collectivement.
Les poissons nagent, c'est-à-dire, tous les poissons en général.

17

<table>
<tr><td>DE L'ESPÈCE.</td><td>{</td><td>L'homme sauvage est féroce, c'est-à-dire, la classe des hommes sauvages.
Les hommes laborieux réussissent toujours, c'est-à-dire, la classe des hommes, etc.</td></tr>
<tr><td>D'UN INDIVIDU PARTICULIER.</td><td>{</td><td>L'homme qui est venu est aimable, c'est-à-dire, le seul homme qui est venu est aimable.
Le roi de France est aimé de son peuple.</td></tr>
</table>

Emploi de l'article.

L'article s'emploie :

1° Avant tous les substantifs dont la signification est déterminée :

LES *anciens Romains méprisaient* LES *richesses et* LES *mollesses de* LA *vie.* LES *hommes colères sont dangereux. Un étranger dit autrefois* DU *sénat de Rome : j'ai vu une assemblée de rois.*

2° Avant les substantifs communs employés dans un sens partitif, s'ils ne sont déjà précédés d'un adjectif qualificatif :

J'ai donné DES *fruits à cet homme ; nous avons fourni à l'armée* DU *drap et* DE *la toile*, c'est-à-dire une quantité de fruits, de drap, de toile. Mais si ces mots fruits, drap et toile, sont précédés d'un adjectif qualificatif, alors on fait usage de la préposition *de* au lieu de l'article. Ainsi on écrira : *J'ai donné* DE *bons fruits à cet homme ; nous avons fourni à l'armée d'excellent drap et de bonne toile*, et non pas DES *bons fruits*, de L'*excellent drap et de* LA *bonne toile.*

Cependant, il faut remarquer que si l'on veut désigner un sens individuel, général et déterminé, on écrira : *Nous nous sommes servis de* LA *belle toile*, *de* LA *bonne toile, de* LA *mauvaise toile*, que vous nous avez indiquée.

3° Avant tous les mots pris substantivement : LE *bon est préférable* AU *beau ;* LE *pauvre est souvent méprisé* DU *riche ;* LE *mourir est commun à tous les hommes, mais* LE *bien mourir est propre à l'homme vertueux; il m'a demandé* LES *pourquoi ,* LES *comment.*

4° On fait usage de l'article avant les adverbes *plus*

mieux, moins, lorsqu'on veut exprimer une comparaison : *Voici les opérations* LES *mieux combinées de la campagne; les arbres* LES *plus hauts sont* LES *plus exposés aux coups de la tempête ; le roi de Suède était un des princes* LES *plus courageux.*

Mais lorsqu'on veut marquer une qualité portée au plus haut degré, sans idée de comparaison, on emploie toujours *le*, parce qu'il forme avec les mots *plus, mieux, moins,* une locution adverbiale. Exemple. *C'est lorsqu'ils voient le danger qu'ils sont* LE PLUS *tranquilles; c'est dans le tête-à-tête qu'elle est* LE PLUS *aimable.*

5° L'article s'emploie avant les substantifs qui forment, avec l'adjectif qui les précède, une expression indivisible : *Il veut* DES *petits pâtés,* DES *petits pois ; il y a dans cette maison* DES *petits maîtres,* DES *petites maîtresses bien désagréables.*

EXERCICES.

Comment l'article s'accorde-t-il avec son substantif ?
Donnez des exemples ?
Quand est-ce que les substantifs sont pris dans un sens déterminé ?
Donnez des exemples ?
Dans quel cas emploie-t-on l'article ?
Donnez deux exemples du premier cas ?
    deux exemples du second cas ?
N'y a-t-il pas une remarque à faire ?
Donnez deux exemples du troisième cas ?
    deux exemples du quatrième cas ?
    deux exemples du cinquième cas ?

13ᵉ LEÇON.

SUITE DE L'ARTICLE.

Cas où l'on ne doit pas employer l'Article.

On n'emploie pas l'article :
1° Avant les substantifs communs dont la signification

est qualificative, ou quand on leur donne un sens vague et indéterminé : *Il faut se montrer* HOMME *quand le besoin l'exige. Un acte de* BONTÉ *n'est jamais perdu.* On voit que le mot *homme* présente ici une qualité et non une substance, et que *bonté* est pris dans un sens vague et indéterminé ;

2° Avant les substantifs précédés déjà d'un adjectif qualificatif, et qui ne sont pas liés d'une manière inséparable : *Vous avez de belles prairies, nous avons de charmantes fleurs ;*

3° Avant les substantifs placés sous la dépendance d'un de ces mots : *pas, point, peu, beaucoup, moins, plus, tant, autant, foule, infinité, quantité,* etc. *Je n'ai pas d'argent ; il n'y a point de vraisemblance ; nous avons vu beaucoup de personnes ; il y a peu de personnes charitables ; on ne compte plus d'amis sincères ; une foule de personnes ; une infinité de gens ; j'ai vu une multitude d'insectes,* etc. Dans toutes ces phrases, l'article est remplacé par la préposition *de.*

Mais si le substantif précédé de *pas* ou *point* est suivi d'un adjectif qualificatif, ou d'une phrase incidente qui en détermine le sens, on fait usage de l'article : *N'affectez point ici* DES *soins si généreux ; ne donnez point* DES *conseils qu'il soit dangereux de suivre.*

4° On n'emploie pas l'article avant les substantifs précédés déjà d'un adjectif déterminatif, parce que cet adjectif remplit lui-même la fonction de l'article : *Nous avons vu votre maison ; ce cheval est superbe ; quelques hommes sont venus.*

EXERCICES.

Dans quels cas n'emploie-t-on pas l'article ?
Citez deux exemples du premier cas ?
  deux exemples du second cas ?
  deux exemples du troisième cas ?
N'y a-t-il pas une exception pour *pas* et *point* ?
  deux exemples du quatrième cas ?

14e LEÇON. — THÉORIE.

SUITE DE L'ARTICLE.

Répétition de l'Article.

On répète l'article :

1° Avant tous les substantifs communs dont la signification est déterminée : LES *hommes*, LES *femmes*, LES *enfans partagèrent l'allégresse publique.* LE *loup* et LE *renard allaient de compagnie.* Ainsi on ne dira pas : LES *hommes*, *femmes et enfans partagèrent*, etc. ; LE *loup et renard*, etc.

Nota. Cette règle est applicable à tous les adjectifs déterminatifs, ainsi on dira : MON *frère et* MA *sœur*, et non pas : MES *frères et sœurs;* SES *parens et* SES *amis l'estiment beaucoup*, et non pas : SES *parens et amis*, etc.

2° Avant deux adjectifs unis par la conjonction *et*, lorsqu'ils qualifient des substantifs différens : LES *vieilles et* LES *jeunes personnes ne se conviennent guère;* LES *anciens et* LES *nouveaux soldats ont été tués;* VOS *beaux et* VOS *vilains habits sont déchirés.* Il y a une ellipse dans chacune de ces phrases. C'est comme s'il y avait : LES *personnes vieilles et* LES *personnes jeunes;* LES *anciens soldats et* LES *nouveaux soldats*, etc.

On voit que la même personne ne peut être à la fois jeune et vieille, ni les soldats anciens et nouveaux, c'est pourquoi on répète l'article.

Mais si les adjectifs qualifient le même objet, on ne répète pas l'article. Ainsi on dira : LA *solide et véritable gloire réside dans la pratique de toutes les vertus;* LE *naïf et spirituel Lafontaine était souvent rêveur.*

3° L'article doit toujours se répéter, quand le substantif se rapporte à des adjectifs qui expriment la qualité au plus haut degré : *Je fréquente* LA *plus brillante et* LA *plus estimable société*, et non pas : LA *plus brillante et plus estimable société. Je préfère l'enfant* LE *plus sage et* LE *plus studieux*, et non pas *l'enfant* LE *plus sage et plus studieux.*

EXERCICES.

Dans quel cas répète-t-on l'article ?
Citez deux exemples du premier cas ?
      deux exemples du second cas ?
N'y a-t-il pas une remarque à faire ?
Citez deux exemples du troisième cas ?

15ᵉ LEÇON.

SYNTAXE DES ADJECTIFS.

Adjectifs qualificatifs.

ACCORD DES ADJECTIFS.

Les adjectifs destinés à accompagner les substantifs, pour exprimer leur manière d'être, doivent s'accorder avec eux, c'est-à-dire changer de genre et de nombre pour se prêter au genre et au nombre des noms.

EXEMPLE.

Une *ordonnance* MONOTONE et SYMÉTRIQUE régnait dans nos jardins; de TRISTES *charmilles*, dans leurs ENNUYEUX *alignemens*, masquaient aux yeux les formes et les *teintes* DIFFÉRENTES des arbres. Les eaux dormaient dans des bassins, de LONGS *canaux* s'étendaient en *lignes* DROITES, le *ruisseau* le plus ANIMÉ n'eût osé se permettre le plus PETIT *détour*.

On voit par l'exemple que nous venons de donner que l'adjectif placé avant ou après le substantif, s'accorde avec ce substantif. Il en est de même lorsqu'il en est séparé par d'autres mots.

EXEMPLE.

Ou RIANS ou PEUPLÉS, ou DÉSERTS ou SAUVAGES, les *lieux* frappent nos sens par DIVERSES *images*.

L'adjectif qui se rapporte à deux ou plusieurs substantifs qui n'ont pas la même signification , se met au pluriel , et si l'un de ces substantifs est du masculin , l'adjectif se met au pluriel masculin.

Exemple.

Le *riche* et l'*indigent* , l'*imprudent* et le *sage* ,
Sujets à même loi , subissent même sort.

La *clémence* et la *majesté* sont PEINTES sur sa figure.

Chacun travaille à le faire réussir , comme s'il avait sa *vie* et son *bonheur* ATTACHÉS au succès.

Cet acteur joue avec une *noblesse* et un *goût* PARFAIT.

Si les substantifs auxquels se rapporte l'adjectif sont *synonimes* , c'est-à-dire signifient la même chose , l'adjectif s'accorde seulement avec le dernier.

Exemple.

Il honore les lettres de cet *attachement* , de cette *protection* CAPABLE de les faire fleurir.

Toute sa vie n'a été qu'un *travail* , qu'une *occupation* CONTINUELLE.

L'adjectif employé adverbialement, c'est-à-dire pour modifier un verbe , est invariable.

Nous avons tenu *bon*. — Ces fruits coûtent fort *cher*. — Ces enfans chantent fort.

Les adjectifs *nu* , *demi* , *joint* , *supposé* , *excepté*, sont invariables s'ils sont placés avant les substantifs qu'ils modifient. Exemples. Ils vont NU-*tête* , NU-*pieds*. — Une DEMI-*heure* , une DEMI-*livre*; ils sont tous partis EXCEPTÉ les *deux* plus jeunes ; vous recevrez ci-JOINT *trois listes* des élèves qui fréquentent mon école.

Ces mêmes adjectifs s'accordent , s'ils ne sont placés qu'après les substantifs. Exemples. Ces *faits* une fois SUPPOSÉS , il sera facile de vous nuire ; une *heure* et DEMIE ; les *pieds* NUS ; tous mes amis , *Pierre* et *Paul* EXCEPTÉS , sont venus me voir.

EXERCICES.

De quel genre et de quel nombre est un adjectif ?
Donnez un exemple ?

Mais s'il se rapporte à plusieurs substantifs ?
Donnez un exemple ?
Et si les substantifs sont synonimes ?
Donnez un exemple ?
Et si l'adjectif est employé pour modifier la signification
d'un verbe ?
Donnez un exemple ?
Quelle règle suivent pour l'accord les adjectifs *nu*, *demi*,
joint, *supposé*, *excepté* ?
Donnez un exemple ?
Et si l'adjectif est avant ?
Donnez un exemple ?

16e LEÇON. — THÉORIE.

Suite des Adjectifs.

Deux ou plusieurs adjectifs ne peuvent forcer un substantif à changer de nombre, parce que c'est le substantif qui doit faire la loi à l'adjectif, et non ce dernier au
substantif.

Ainsi on ne peut pas dire les LANGUES *grecque* et *latine*, les *premier* et *second* VOLUMES de cet ouvrage, les
quinzième et *seizième* SIÈCLES, etc.

On doit dire : *La langue grecque et la latine*, *le
premier volume et le second*, *le quinzième siècle et le
seizième*, etc.

Un adjectif doit toujours ajouter quelque chose à la
signification du substantif ; ainsi on ne dira pas *une tempête orageuse*, *une patience tranquille*, *une assiduité
exacte*, etc. ; on voit que les adjectifs *orageuse*, *tranquille*, *exacte*, n'ajoutent rien aux substantifs *tempête*,
patience, *assiduité*, etc.

Il ne faut pas appliquer aux personnes des qualités
qui ne conviennent qu'aux choses, et réciproquement.

Ainsi on ne dira pas une *personne déplorable* ; *vous
n'êtes pas pardonnable*, etc. On ne peut pas dire non
plus une *douleur inconsolable*.

Il y a à remarquer dans ces sortes d'adjectifs que ceux qui dérivent des verbes s'appliquent aux personnes, si ces verbes peuvent avoir pour régime direct un nom de personne, et qu'ils ne peuvent s'appliquer qu'aux choses, si les verbes d'où ils dérivent ne peuvent avoir pour régime que des noms de choses ; voilà pourquoi on ne dit pas une personne pardonnable, une douleur inconsolable, parce qu'on ne dit pas pardonner quelqu'un, consoler une douleur, etc.

Il nous reste à parler de la place des adjectifs, dont quelques-uns se placent indifféremment avant ou après le substantif, comme une AVEUGLE *fureur*, une *fureur* AVEUGLE ; on a déjoué ces COUPABLES *menées*, on a déjoué ces *menées* COUPABLES.

D'autres ne peuvent se mettre qu'avant les substantifs tels sont les adjectifs déterminatifs, *mon*, *ton*, *son*, *ce*, *cette*, *chaque*, *plusieurs* ; ainsi on ne dit pas *père* MON, *livre* CE, *homme* CHAQUE, etc.

D'autres ne peuvent se mettre qu'après le substantif ; tels sont *bossu*, *boiteux*, *arrondi*, *embrouillé*, *instruit*, etc., et l'adjectif indéfini *quelconque*. On ne peut pas dire un BOSSU *homme*, une INSTUIRTE *femme*, une EMBROUILLÉE *affaire*, etc.

D'autres enfin changent de signification selon qu'ils précèdent on suivent le substantif : ainsi, un *homme brave* et un *brave homme* sont différens ; il en est de même de *un homme grand* et un *grand homme*, un *homme pauvre* et un *pauvre homme*, etc.

EXERCICES.

Qu'arrive-t-il quand on a à employer plusieurs adjectifs qui servent à qualifier un seul substantif ; par exemple les premier et second volumes ?

Pourquoi le substantif ne doit-il pas s'assujétir à prendre le pluriel ?

Que faut-il donc faire dans ce cas ?

Donnez un exemple ?

Pourquoi ne peut-on pas dire une marche mobile, une glace froide, une tristesse sérieuse, etc. ?

Pourquoi ne peut-on pas dire une personne rapide, une

chose inconsolable ; une personne impardonnable ,
etc ?
Quelle place doivent occuper les adjectifs dans le discours?
Citez en deux qui ne se mettent qu'avant le substantif ?
N'y en a-t-il pas qui changent de signification selon qu'ils
suivent ou qu'ils précèdent le substantif ?
Citez-en deux ?

17e LEÇON.

Régime des Adjectifs.

On appelle régime de l'adjectif les mots qui l'accompagnent pour en compléter le sens , ou pour marquer
quelque rapport de l'adjectif à un autre mot , comme
utile A LA SANTÉ , *digne* DE RÉCOMPENSE , etc. ; les mots
à la santé , *de récompense* , sont régimes des adjectifs
utile et *digne.*

Parmi les adjectifs , les uns présentent un sens complet par eux-mêmes , et n'ont point de régime, comme
intrépide , *inviolable* , *guerrier* , *studieux* , *vertueux, vicieux* , *intérieur* , *noir* , *blanc* , *petit* , etc.

D'autres exigent presque toujours d'autres mots qui
en complètent la signification , parce qu'ils marquent
nécessairement un rapport ; par exemple *comparable* ,
désireux , *digne* , *indigne* , *utile* , *cher* (aimé) , etc. ;
car , avec ces sortes d'adjectifs , on est naturellement
porté à demander *comparable à qui* , *à quoi ? — désireux de quoi ? — digne* , *indigne de quoi ? — utile, cher
à qui ? —* etc.

On voit par ce qui précède que les adjectifs qui sont
susceptibles d'avoir un régime , peuvent marquer plusieurs espèces de rapports ; ils ne veulent donc pas tous
après eux la même préposition ; quelques-uns veulent *à,*
d'autres *en* , d'autres *de* , d'autres *sur* , d'autres *dans* ,
etc. Il faut bien prendre garde de ne donner à chaque

adjectif que le régime qui lui convient ; ainsi il serait très-inexact de dire il est *indigne à cette récompense* , il est *utile de ses voisins* , etc. ; l'usage apprend cela.

Mais il est un peu plus difficile de se garantir d'erreur, quand il s'agit de plusieurs adjectifs de suite, auxquels on veut donner un même mot pour régime. Par exemple, si je parle d'un homme qui est *digne d'une place*, et qui est *propre* à cette même place, et que je ne veuille pas répéter le mot *place*, je parlerais mal en disant : il est *digne* et *propre à cette place*; il ne serait pas mieux de dire il est *propre* et *digne de cette place*, parce que l'adjectif *digne* marque un rapport qui exige *de*, et *propre* veut la préposition *à* ; on ne peut donc donner à ces deux adjectifs un régime commun.

Dans ce cas et dans tous ceux qui y ressemblent, il faut donner au premier adjectif le régime qu'on lui donnerait s'il était seul, et donner pour régime au second un pronom qui en tienne la place. Ainsi on dira : il est *digne de cette* place, et il *y* est *propre* ; ou bien il est *propre à cette* place, et il *en est* digne.

On ne dira pas, cet homme est *utile et chéri de sa famille*, parce que ces adjectifs ne veulent pas la même préposition ; il faut dire : *cet homme est utile à sa famille et en est chéri.*

Il ne faut pas non plus donner pour régime aux adjectifs des mots d'espèce différente, ainsi il serait inexact de dire : ce champ est *propre aux pâturages et à produire des grains* ; il faudrait dire : *propre aux pâturages* et *à la production des grains*, ou bien : *propre à servir de pâturage et à produire des grains*. Il serait également contraire à la règle de dire : cet homme est *habile dans la musique et à peindre* ; il faudrait : *habile dans la musique et à la peinture.*

EXERCICES.

Qu'appelle-t-on régime des adjectifs ?
Citez deux adjectifs avec leur régime ?
Tous les adjectifs ont-ils un régime ?
Citez-en deux qui n'en aient point ?
Tous les adjectifs veulent-ils le même régime ?

Citez deux adjectifs qui veuillent la préposition *à* ?

Que faut-il faire quand on a à donner un régime commun à deux adjectifs qui ne veulent pas la même préposition ; par exemple *capable et propre* ?

Peut-on donner pour régime à un adjectif deux mots d'espèce différente ?

Pourrait-on dire : cet enfant est indigne et impropre à remplir les fonctions de moniteur.

Comment faudrait-il dire pour parler correctement ?

Pourrait-on dire : cet homme n'est capable de rien, pas même de ne point faire du mal ?

Corrigez cette phrase.

18ᵉ LEÇON.

ADJECTIFS DÉTERMINATIFS.

Adjectifs de nombre.

Les adjectifs cardinaux, hormis *un, vingt, cent* et *mille* sont invariables.

Un prend le féminin.

Vingt et *cent* précédés d'un autre nombre par lequel ils sont multipliés, prennent la marque du pluriel s'ils ne sont pas suivis d'un autre adjectif de nombre ; ainsi on écrit *quatre*-vingts arbres, deux cents hommes, *huit cents* arbres, etc. Mais on écrira *quatre*-vingt-*deux* maisons, cinq cent *quarante* chevaux, etc.

Mille s'écrit de trois manières, 1° s'il signifie le nombre *mille* il est toujours invariable : cette ville contient mille âmes, *quatre* mille âmes, *dix* mille âmes.

2° S'il sert à énoncer une date, il s'écrit *mil* : Il s'est opéré une seconde révolution en France, en mil *huit cent trente.*

3° S'il exprime une mesure itinéraire, il devient substantif, et alors il a les deux nombres : *trois* milles d'*Angleterre font un peu plus d'une lieue de France.*

Les adjectifs *vingt* et *cent* restent invariables quoiqu'ils soient précédés d'un adjectif numéral qui les multiplie et qu'ils ne soient point suivis d'un autre nombre, lorsqu'ils signifient *vingtième* et *centième* ; ainsi on écrira : *Chapitre* QUATRE-VINGT, *page* DEUX CENT, *l'an mil sept cent* QUATRE-VINGT, *an mil huit cent*; c'est comme si l'on disait *chapitre quatre-vingtième, page deux-centième, l'an mil sept cent quatre-vingtième.*

Tous les adjectifs numéraux ordinaux prennent la marque du pluriel, et suivent la règle des adjectifs qualificatifs.

Adjectifs possessifs.

Les *adjectifs possessifs* étant destinés à désigner la personne à laquelle appartient l'objet dont on parle, ne doivent pas être employés lorsque le sens ne peut présenter d'équivoque ; on ne dira donc pas *j'ai mal à ma tête, il a reçu un coup de feu à son bras, tu saignes de ton nez ; on lui a cassé sa jambe*, etc. Les pronoms *je, il, tu, lui* indiquent clairement que les objets dont on parle appartiennent à la personne qu'elles représentent.

Il faut donc, dans ce cas, remplacer l'adjectif possessif par l'article, et dire : *J'ai mal à la tête, il a reçu un coup de fusil au bras, tu saignes du nez, on lui a cassé la jambe.*

On n'emploie pas non plus l'adjectif possessif, lorsque le substantif auquel il est joint est suivi de mots qui le déterminent, *tel que, qui que*, etc. ; il serait donc incorrect de dire : *j'ai reçu votre lettre que vous m'avez écrite ; tenez vos promesses que vous m'avez faites* ; il faut dire : *j'ai reçu la lettre que vous m'avez écrite; tenez les promesses que vous m'avez faites*, car il est évident que vous ne m'avez pas écrit la lettre d'un autre, que vous ne m'avez pas fait les promesses d'un autre; cependant l'usage autorise à dire contrairement à cette règle : *je me suis tenu toute la journée sur mes jambes, je l'ai vu de mes propres yeux, je l'ai entendu de mes propres oreilles.*

Mais si le pronom personnel n'ôte pas l'équivoque, on doit joindre l'adjectif au substantif comme : *je vois que*

MA *jambe s'enfle; il a donné hardiment* SON *bras au chi-rurgien, il perd tout* SON *sang*, etc. Dans ces phrases il n'y a que les adjectifs possessifs qui indiquent, d'une manière positive, que les objets possédés appartiennent à la personne représentée par les pronoms personnels qui précèdent.

De même l'adjectif possessif ne peut pas servir à déter-miner plusieurs substantifs ; on ne peut pas plus dire *mes père et mère, ses frère et sœur*, qu'on ne peut dire *mes nez et bouche, mes front et menton*, il faut répéter l'adjectif possessif devant chaque substantif et dire : MON *père et* MA *mère*, SON *frère et* SA *sœur*, etc.

Notre, votre, leur, ne peuvent être employés au plu-riel avec les substantifs qui n'ont que le singulier, quoi-qu'on veuille exprimer une collection de ces mêmes substantifs ; ainsi il serait très-incorrect de dire *nos sa-gesses, — messieurs, comment vont vos santés? — ces en-fants ont été punis de leurs paresses.*

EXERCICES.

Quels sont les adjectifs numéraux cardinaux qui prennent la marque du pluriel ?

Dans quel cas peuvent-ils la prendre ?

Mais si *vingt* et *cent* signifient *vingtième* et *centième?*

Écrivez, en toutes lettres, 280 soldats, 400 pieds, 624 hom-mes, 85 chevaux, le tome 80, l'an 1400 ?

Les adjectifs ordinaux ont-ils un pluriel ?

Dans quel cas ne doit-on pas employer les adjectifs pos-sessifs ?

Pourrait-on dire ce soldat a eu sa jambe cassée par un coup de feu, il a reçu une blessure à sa poitrine ?

Pourquoi ne pourrait-on pas le dire ?

Comment faut-il s'exprimer, pour parler correctement ?

Dans quel cas est-on obligé d'employer l'adjectif possessif ?

Citez deux exemples ?

Puis-je dire en parlant de mon canif et de ma plume : mes canif et plume ?

Comment faut-il s'exprimer pour parler correctement ?

~~~~~~

19ᵉ LEÇON.

Adjectifs indéfinis.

Aucun, nul et *chaque*, que l'on distingue des pronoms correspondans, parce qu'ils sont toujours accompagnés d'un substantif, ne sont susceptibles de prendre le pluriel que lorsqu'ils se rapportent à des substantifs qui n'ont point de singulier ; exemple : Je ne me mêle plus d'*aucune* affaire.

Nul bien sans mal, *nul* plaisir sans mélange.

Aucun chemin de fleurs ne conduit à la gloire.

Aucunes funérailles ne furent plus pompeuses. — On ne lui a fait *aucuns* frais.

Chaque peuple à son tour a brillé sur la terre.

Par les lois, par les arts et surtout par la guerre.

Ces adjectifs étant destinés à donner l'exclusion, et signifiant *pas un, pas une,* n'exprimeraient rien de plus s'ils étaient au pluriel.

Il faut remarquer qu'ils doivent toujours être accompagnés de l'adverbe négatif *ne.*

Même peut être adjectif ou adverbe.

Il est adjectif, 1º quand il est placé avant le substantif :

C'est le *même* Dieu qui nous jugera tous.

Et ces *mêmes* bienfaits ont tourné contre moi.

2º Quand il est placé après un pronom personnel et après l'article :

Ceux qui se plaignent de la fortune n'ont souvent à se plaindre que d'eux-*mêmes.*

Vos doigts et les miens sont les *mêmes.*

3º Quand il est précédé d'un seul substantif et que l'on peut sous-entendre un pronom personnel ; exemple :

Les meilleurs princes *mêmes* sont quelquefois contraints de se servir des méchans.
~~~~~~

Même est adverbe toutes les fois qu'il est placé après deux ou plusieurs substantifs, ou qu'il peut se tourner par *aussi*; exemple :

Les hommes, les animaux, les plantes *même* sont sensibles aux bienfaits.

Nous ne devons pas fréquenter les impies, nous devons *même* les fuir comme des pestes publiques.

Quelque, dont le son est à peu près le même dans tous les cas, s'écrit cependant de plusieurs manières :

1° Quand il est suivi d'un substantif il est adjectif et s'accorde avec le substantif; exemple :

Quelques mots suffiront pour éclaircir cela.

Quelques raisons que vous donniez vous ne le persuaderez pas.

2° Lorsqu'il est suivi d'un adjectif ou d'un adverbe; il est lui-même adverbe et par conséquent invariable; exemple :

Les choses qui font plaisir à croire seront toujours crues, *quelque* inutiles et *quelque* déraisonnables qu'elles puissent être.

Quelque adroitement que les choses s'y soient faites.

3° S'il est suivi du verbe *être* au subjonctif, il s'écrit en deux mots (quel que) et alors le premier est adjectif, et s'accorde en genre et en nombre avec le nom ou pronom qui est le sujet du verbe, et *que* étant conjonction ne varie point; exemple :

Quel que soit votre désir, *quelle que* soit votre intention, *quels que* soient vos desseins, *quelles que* soient vos vues.

Tout est adjectif ou adverbe : il est adjectif lorsqu'il est placé immédiatement avant un substantif ou un pronom, ou qu'il n'en est séparé que par l'article ou les adjectifs possessifs ou enfin les adjectifs démonstratifs, et alors il s'accorde en genre et en nombre avec le substantif ou le pronom qu'ils qualifient; exemple :

Tout homme, *toute* femme, *tous* les hommes, *toutes* les femmes, *tous* ces champs, *toutes* ces forêts, *tous* vos malheurs, *toutes* nos infortunes.

Il est à remarquer que lorsqu'il est immédiatement

devant un substantif, il est toujours au singulier, à moins que le substantif n'ait que le pluriel.

Tout est considéré comme adverbe lorsqu'il signifie *tout-à-fait*, quelque, et il reste invariable lorsque le mot qui suit commence par une voyelle ou une *h* muette; exemple :

Pardonnez-leur *tout* indignes qu'ils sont de vos bontés.

Il les a invités d'une manière *tout* amicale.

Mais il prend le genre et le nombre de l'adjectif ou du participe qui le suit, si ces mots sont féminins et qu'ils commencent par une consonne ou une *h* aspirée; ex. :

Ces femmes sont *toutes* désolées. — *Toutes* spirituelles qu'elles sont, elles font plus d'une bévue.

EXERCICES.

Comment distingue-t-on, *nul*, *aucun* et *chacun* des pronoms correspondans?

Quelle règle suivent ces adjectifs?

Dans quel cas prennent-ils le pluriel?

Quel est le mot qui doit toujours les accompagner dans le discours?

Dans combien de cas même est-il adjectif?

Citez un exemple du premier cas?

Citez un exemple du second cas?

Citez un exemple du troisième cas?

Quand ce mot est-il adverbe?

Et quelle règle suit-il sans ce cas?

Le mot *quelque* s'écrit-il de plusieurs manières?

Comment s'écrit-il devant un substantif?

Donnez deux exemples?

Comment s'écrit-il devant un adjectif ou un adverbe?

Donnez deux exemples?

Comment s'écrit-il devant le verbe être au subjonctif?

Donnez deux exemples?

Comment s'écrit le mot *tout* devant un substantif ou un pronom, soit immédiatement séparé par un adjectif possessif ou un adjectif indicatif?

Tout n'est-il pas quelquefois invariable?

Dans quel cas?

Et si l'adjectif ou le participe féminin commence par une consonne ou une h aspirée?

Donnez deux exemples?

20ᵉ LEÇON.—THÉORIE.

DES PRONOMS.

De leur emploi en général.

La fonction des *pronoms* étant de représenter le nom des personnes ou des choses mises en action dans le discours, doivent par leur forme désigner le genre, le nombre et les autres circonstances des noms dont ils tiennent la place ; ils ne doivent être employés, sauf les pronoms personnels de la première et de la seconde personne, et les pronoms indéfinis, que pour rappeler l'idée de substantifs déjà exprimés, et que l'usage ou les règles de notre langue ne permettent pas de répéter. Il est donc contre toute espèce de raisonnement de dire, sans avoir déjà parlé de quelque objet : *celui-ci est plus beau, — j'ai reçu la vôtre de tel jour, — je vous confirme dans tout son contenu la mienne de tel jour,* etc.

Il ne suffit pas que le substantif auquel se rapporte un pronom ait été exprimé, il faut encore qu'il soit pris dans un sens déterminé; ainsi il serait incorrect de dire : *A peine fûmes-nous en mer, qu'*ELLE *commença à devenir orageuse,* etc. — *Cet homme s'est mis en colère* QUI *n'a pu être apaisée.* — *J'ai voyagé en Espagne,* QUI *est un pays très-fertile.* — *J'ai droit d'entrer ici, et je* LE *réclame.* — *J'ai pris plaisir à vous entendre chanter, et je viendrai* EN *jouir plus d'une fois,* etc.

Pour que ces phrases fussent correctes, il faudrait dire : *A peine fûmes-nous sur* LA MER, QU'ELLE *devint orageuse.* — *Cet homme s'est mis dans* UNE COLÈRE QUI *n'a pu être apaisée.* — *J'ai voyagé en Espagne; c'est* UN PAYS TRÈS-FERTILE. — *J'ai* LE DROIT *d'entrer ici, et je* LE *réclame.* — *J'ai pris* UN GRAND *plaisir à vous entendre chanter, je viendrai* EN *jouir,* etc.

Des pronoms personnels.

Nous avons vu dans la première partie, que les personnes ou les choses, mises en action dans le discours, peuvent y jouer trois rôles différens, et que c'est ce qu'on est convenu d'appeler *personnes.*

Si *la personne qui parle* s'attribue quelque chose, elle ne se nomme pas, elle se désigne par les mots, *je, me, moi* au singulier, *nous* au pluriel.

Si elle attribue quelque chose à *la personne à qui elle parle,* elle la désigne par les mots *tu, te, toi, vous* au singulier, et *vous* au pluriel : il arrive bien quelquefois qu'elle nomme cette personne, mais ce n'est que pour attirer son attention, et jamais pour faire de son nom le sujet du verbe, autrement il faudrait mettre le verbe à la troisième personne.

Il est évident que ces pronoms ne peuvent représenter que des noms de personnes ou des noms de choses personnifiées; et comme ces personnes ou ces choses sont en présence, ils ne prennent pas de forme particulière pour chaque genre, et n'ont pas besoin d'être précédés du nom dont ils rappellent l'idée.

Il n'en est pas de même de ceux de la 3me *personne,* qui représentent des choses ou des personnes *dont on parle* et qui peuvent être absentes; ces pronoms ne peuvent être employés que pour éviter la répétition des substantifs dont ils tiennent la place et doivent en être précédés; il faut remarquer aussi que la plupart ont une forme particulière pour chaque genre. Voici ces pronoms :

Il.
Lui.   } Pour le masculin singulier.
Le, soi.

Eux.
Ils.
Les.   } Pour le masculin pluriel.
Leur.

Elle.
La.   } Pour le féminin singulier.
Lui.

Elles.
Les.   } Pour le féminin pluriel.
Leur.

En, y, où, pour les deux genres et les deux nombres.

Parmi les pronoms personnels, les uns ne peuvent être que sujets, tels sont : *je, tu, il, ils*; d'autres ne peuvent être que régimes, ce sont : *me, te, se, le, la, les, leur, en, y, où.* — D'autres peuvent être sujets ou régimes, ce sont : *moi, toi, soi, nous, vous, eux, lui, elle, elles.*

Il faut remarquer que *moi, toi, soi, elle, elles* ne peuvent, s'ils sont régimes, être placés qu'après le verbe, ou après une préposition, tandis que *me, te, se* doivent être placés avant le verbe et ne sauraient être précédés d'une préposition.

EXERCICES.

Quelle est la fonction des pronoms dans le discours ?
De quoi doivent-ils être précédés en général ?
N'y a-t-il pas quelque exception ?
Quelle faute y a-t-il dans cette phrase : J'ai reçu *la vôtre* de tel jour ?
Que doit être le substantif placé avant le pronom qui le représente ?
Quelle faute y a-t-il dans cette phrase : Il s'est mis en fureur qu'il n'a pas été possible de calmer ?
Et dans celle-ci : Leur discussion s'est changée en querelle qui a amené une rupture ?
Et dans celle-ci : Je vous demande grâce pour lui; j'espère que vous ne me la refuserez pas ?
Combien les choses et les personnes mises en action dans le discours, peuvent-elles y jouer de rôles ?
Par quels mots se désigne la personne qui parle ?
Et celle à qui l'on parle ?
Mais si l'on nomme la personne à qui l'on parle, emploie-t-on également un pronom ?
Pourquoi ?
Ne remarquez-vous pas que les pronoms de la première et de la seconde personne n'ont que la même forme pour les deux genres ?
Pourriez-vous en donner quelque raison ?
En est-il de même des pronoms de la troisième personne ?
Tâchez d'en dire le motif ?

Dites-nous quels sont les pronoms de la troisième personne,
tant au singulier qu'au pluriel?
Qnels sont les pronoms qui ne peuvent être que sujets?
Quels sont ceux qui ne peuvent être que régimes, et qui
ne veulent pas être précédés de prépositions?
Quels sont ceux qui peuvent être sujets et régimes?

21ᵉ LEÇON. — THÉORIE.

Lorsque les *pronoms personnels* sont *sujets*, ils se mettent avant le verbe. Exemples :

*J'*arrive, *je* l'appelle, et me tendant la main,
Il ouvre un œil mourant qu'*il* referme soudain.

Exceptions :

Le pronom sujet se met après le verbe :
1° Lorsqu'on *interroge*, ou qu'il y a une *exclamation*.

EXEMPLE :

A qui DESTINEZ-VOUS *ces fleurs?* — *Ce pays* EST-IL
votre patrie? — AVEZ-VOUS *toujours vécu seul?* — *Votre sœur* VIVAIT-ELLE *avec vous?*—*Ho! combien* SERAIT-
IL *plus heureux, s'il fût resté auprès de vous !*

2° Lorsqu'une proposition incidente annonce que l'on
va répéter les paroles de quelqu'un. Exemples :

Dieu de bonté, S'ÉCRIA-T-IL, *combien de bienfaits cet
homme compatissant ?* — *Pourquoi,* DIT-IL *enfin, cher-
cherais-je à me faire illusion?* — *Je veux,* DISAIT-ELLE,
mourir en regardant le ciel. — *Adieu, ma sœur, lui* DIS-
JE, *à voix basse !*

3° Lorsque le verbe est au subjonctif sans conjonction.

EXEMPLE :

PUISSÉ-JE *trouver le terme de mes jours dans l'exercice
de la vertu !*
PUISSENT-ILS *ignorer toujours la source de mes malheurs !*

FUSSIEZ-VOUS *au fond des abîmes, la main de Ju-*
piter pourrait vous en tirer.

4° Lorsque le verbe est précédé d'un des mots *aussi,*
encore, en vain, peut-être, toujours, du moins, au moins.

EXEMPLE :

PEUT-ÊTRE DÉSIREZ-VOUS *connaître quelle fut la fin*
de ce monarque ?

EN VAIN VOUDRAIT-ON *s'opposer à ce débordement.*

AUSSI FUT-IL *puni de sa témérité.*

Les pronoms personnels sujets doivent être répétés :

1° Quand les propositions sont liées par d'autres conjonctions que *et, ou, ni, mais*; exemple :

On l'admire quoiqu'*on* ne l'aime pas.

Vous viendrez aussitôt que vous pourrez.

2° Lorsqu'on passe d'une proposition négative à une
proposition affirmative; exemple :

Je ne le cherchais pas, et *je* l'ai trouvé sur mon chemin.

Les pronoms personnels qui sont employés comme régime se mettent avant le verbe; exemple :

Je TE *comblai de biens, je veux* T'EN *accabler.*

Ils T'*aimeront comme tu* M'*aimes.*

Dieu NOUS *a créés pour* L'*aimer,* LE *servir.*

Exception :

Le pronom, régime d'un verbe à l'impératif, se met
après le verbe. Exemple. (*me, te, se,* ne sont jamais
dans ce cas.)

Des dieux de ce vallon, CONTEZ-MOI *les secrets.*

PEIGNEZ-VOUS *leur audace.*

Ils ont des espions qui leur rapportent les anecdotes
scandaleuses, AYONS-EN *pour épier les bonnes œuvres.*

PENSEZ-Y *bien.* — CONSULTEZ-VOUS.

Quand un verbe a deux pronoms pour régime, l'un
direct et l'autre indirect; le régime direct doit se mettre le premier. Il en est de même pour les pronoms de
la troisième personne, quoique le verbe ne soit pas à
l'impératif.

Je LE *lui donnerai;* — *prêtez-*LE *moi ; commandez-*LE *leur.*

Exception.

Mais si le verbe n'est pas à l'impératif, et que les pronoms qui sont régimes indirects soient de la première personne ou de la deuxième, ils doivent se mettre avant le régime direct.

EXEMPLE.

Vous NOUS *le donnerez , je* VOUS *l'enverrai , il* TE *l'a porté ,* etc.

EXERCICES.

Quelle place occupent les pronoms lorsqu'ils sont sujets ?
Donnez quatre exemples ?
N'y a-t-il pas des exceptions ?
Quelle est la première ?
Donnez deux exemples ?
Quelle est la seconde exception ?
Donnez deux exemples ?
Quelle est la troisième ?
Donnez deux exemples ?
Quelle est la quatrième ?
Donnez deux exemples ?
Quelle est la quatrième ?
Donnez deux exemples ?
Quand les pronoms sujets doivent-ils être répétés ?
Donnez deux exemples ?
Où se met le pronom personnel lorsqu'il est régime ?
Donnez quatre exemples ?
Mais lorsque le verbe est à l'impératif ?
Donnez deux exemples ?
Lorsqu'un verbe a deux pronoms pour régime , l'un direct et l'autre indirect, quel est celui qui se met le premier ?
Donnez deux exemples ?
Mais si le verbe n'est pas à l'impératif, et si l'un des pronoms est de la première personne ou de la deuxième , quel est le régime que l'on met le premier ?
Donnez deux exemples ?

22ᵉ LEÇON. — THÉORIE.

Le pronom personnel , lorsqu'il est régime , doit être répété devant chaque verbe.

On *l'*emporte., on *la* sale , on en fait maint repas.

Je *vous* dis et *vous* répète que , etc.

Les pronoms *lui* , *elle* , *eux* , *elles* , régimes d'une préposition , ne peuvent, non plus que *leur* , s'appliquer qu'aux personnes et aux choses personnifiées ; on ne pourrait donc pas dire , en parlant d'un cheval : *montez sur lui* ; — en parlant d'un arbre : *mettez-vous sous lui.* — Il serait incorrect aussi de dire : *ces deux affaires sont très-importantes ; donnez-leur tous vos soins.* — Il faut corriger ces phrases de cette manière : *voilà un cheval* , MONTEZ *dessus.* En parlant de l'arbre : *mettez-vous* DESSOUS ; — *ces deux affaires sont très-importantes , donnez-*Y *tous vos soins* , etc.

Le pronom *soi* , qui est une variation de *se* , n'a pas une acception aussi étendue que *se* , car il ne peut se rapporter qu'à un pronom indéfini , et par conséquent au singulier. Exemple. CHACUN pour SOI. — QUICONQUE *veut être bien servi doit se servir* SOI-*même.* — ON *ne doit pas rapporter tout à* SOI.

Quelques auteurs sont d'avis que l'on emploie *soi* au lieu de *lui* , quand l'emploi de ce dernier pronom peut présenter une équivoque , par exemple : *En remplissant les volontés de son père , ce jeune homme travaille pour* SOI , au lieu de *pour lui* , qui offre du doute ; mais on éviterait cet inconvénient en ajoutant le mot *même* après *lui* ; on peut donc dire , sans crainte de n'être pas compris : *En remplissant les volontés de son père , ce jeune homme travaille pour* LUI-MÊME.

Le pronom *le* , *la* , *les* peut tenir la place d'un adjectif ou d'un substantif ; quand il représente un *substan-*

tif, ou *un adjectif pris substantivement*, il doit s'accorder avec ce substantif ou cet adjectif.

EXEMPLES.

Etes-vous la sœur de cet enfant ? — Oui, je LA *suis.*

Etes-vous les sœurs de cet enfant. — Oui, nous LES
sommes.

Etes-vous la musicienne dont on m'a parlé ? — Non,
je ne LA *suis pas.*

*Etes vous les deux amies que l'on m'a annoncées ? —
Oui*, nous LES *sommes.*

Mais si ce pronom représente un *adjectif*, ou un *substantif pris adjectivement*, il reste invariable.

Madame, êtes-vous musicienne ? — Oui, je LE *suis.*

Etes-vous mariée ? — Non, je ne LE *suis pas.*

Mesdames, êtes-vous sœurs ? — Nous ne LE *sommes pas.*

Messieurs, êtes-vous bons amis ? — Oui, nous LE
sommes.

EXERCICES.

Ne pourrait-on pas donner un pronom pour régime commun à plusieurs verbes ?

Donnez un exemple ?

A quoi doivent se rapporter les pronoms *lui*, *elle*, *eux*,
elles, régime d'une préposition, et le pronom *leur ?*

Quelle faute y a-t-il dans cette phrase ?

Cette phrase est mauvaise, ne vous servez pas d'elle ?

Et dans celle-ci : *Ces chevaux ont l'air vicieux, je ne voudrais pas monter sur eux ?*

Quel est l'emploi du pronom *soi ?*

Donnez un exemple ?

Que représente le pronom *le*, *la*, *les ?*

Quelle règle doit-il suivre lorsqu'il représente un adjectif?

Donnez deux exemples ?

Et lorsqu'il représente un substantif ?

Donnez deux exemples ?

~~~~~~

23e LEÇON. — THÉORIE.

Le pronom *ce*, suivi du verbe être, et d'un pronom personnel, veut le verbe au singulier, si le pronom personnel est de la première ou de la seconde personne, quoique au pluriel.

EXEMPLES.

C'EST NOUS *qui sommes venus*, C'EST *vous qui nous avez envoyé cela.* Mais si le pronom personnel est de la troisième personne, ou que ce soit un substantif, le verbe se met au singulier ou au pluriel, suivant que le pronom ou le substantif l'exige.

CE SONT EUX *qui nous l'ont dit* ; CE SONT ELLES *qui vous ont obtenu votre grâce* ; C'EST LUI *qui est venu* ; CE SONT CES DEUX ENFANS *qui ont mérité la récompense*, etc.

Ce même pronom, suivi de *qui* ou de *que*, ou de *quoi*, *de dont*, au commencement d'une phrase, doit être répété dans le second membre de phrase.

EXEMPLES.

Ce qui me plaît le plus dans cet enfant, c'est sa dou-ceur et son application. Ce dont je me plains, c'est votre paresse. Ce à quoi vous devez vous appliquer, c'est à ga-gner l'estime des honnêtes gens. Ce que je vous recom-mande le plus, c'est de ne jamais mentir.

Il est bien d'employer le pronom *ce* dans le cours d'une phrase, devant le verbe être, lorsque ce qui précède figure comme attribut, ce que l'on reconnaît quand on peut mettre à la fin de la phrase ce qui est au commen-cement. Exemple. Buffon a dit : *Le génie, c'est la pa-tience. — Le pire de tous nos élèves, c'est un tel. — Ce-lui que je préfère, c'est le plus sage*, etc. Il est évident que ce qui précède le pronom *ce* est employé comme at-tribut; car on peut tourner ces phrases de cette manière :
~~~~~~

La patience est le génie. — Un tel est le pire de nos élèves. — Le plus sage est celui que je préfère, etc.

Celui, celle, ceux, celles n'étant employés comme l'article, que pour annoncer qu'on va déterminer l'objet dont on va parler, doivent être accompagnés de mots qui les déterminent eux-mêmes ; par exemple : *celui que, celle de, ceux dont, celles qui*, etc. Ils ne sauraient donc être suivis immédiatement d'un adjectif ou d'un participe ; ainsi on ne pourrait pas dire : *j'aime les enfans sages, mais je déteste* CEUX MÉCHANS *et paresseux.* — *Les élèves que j'ai nommés vont sortir,* CEUX INSCRITS *sur cette liste vont rester,* etc. ; il faut dire : *ceux qui sont méchans ; — ceux qui sont inscrits*, etc.

Ceci, celui-ci, celle-ci, ceux-ci, celles-ci, ne peuvent pas être employés pour *cela, celui-là, celle-là, ceux-là, celles-là ;* quand ils sont mis en opposition, les pronoms finissant par *ci*, indiquent les objets les plus proches, les autres désignent les objets les plus éloignés.

Corneille et Racine ont illustré notre théâtre: CELUI-CI *est aujourd'hui plus goûté que* CELUI-LA *; celui-ci indique Racine, et celui-là désigne Corneille.* — *Les bons ne seront pas traités comme les méchans :* CEUX-LA *seront récompensés, et* CEUX-CI *seront punis. Ceux-là désignent les bons, et ceux-ci indiquent les méchans. Voilà deux colonnes :* CELLE-CI *est de l'ordre toscan, et* CELLE-LA *est de l'ordre dorique.* — *La colonne dorique doit être plus éloignée que l'autre, qui est désignée par le pronom celle-ci.*

EXERCICES.

A quel nombre se met le verbe être qui suit le pronom *ce* ?

Donnez trois exemples ?

Et si le verbe est suivi d'un pronom de la troisième personne ou d'un substantif ?

Donnez deux exemples ?

Quand doit-on répéter le pronom *ce* ?

N'y a-t-il pas des phrases où l'on met *ce* dans le cour d'une phrase, quoiqu'il ne soit pas au commencement ?

De quels mots doivent être suivis les pronoms, celui, celle, celles, ceux?

Quelle faute y a-t-il dans cette phrase : *Les leçons transcrites seront apprises par cœur, celles non transcrites devront l'être?*

Et dans celle-ci : *L'enfant appliqué sera récompensé, celui non appliqué sera puni?*

Quelle différence y a-t-il entre les pronoms *ceci, celui-ci, celle-ci, ceux-ci, celles-ci*, et les pronoms *cela, celui-là, ceux-là, celles-là?*

Donnez deux exemples?

<hr>

24e LEÇON. — THÉORIE.

Des pronoms possessifs.

Les *pronoms possessifs* sont employés, comme nous l'avons vu dans la première partie, pour rappeler un objet dont on a parlé, en y ajoutant une idée de possession ; exemples : *ta plume va mieux que* LA MIENNE ; — *mon livre est plus propre que* LE VÔTRE ; — *votre père vous a donné une image,* LE MIEN *m'a promis quelque chose de mieux,* etc.

Il n'y a aucune difficulté dans l'emploi de ces pronoms à la première et à la seconde personne, parce que lors même que l'objet possesseur est un nom de chose, ce ne peut être qu'une chose personnifiée. Mais il n'en est pas de même pour la troisième personne, lorsque le pronom doit être sujet, car il ne peut s'employer pour attribuer la possession à un nom de chose ; ainsi on ne peut pas dire en parlant des eaux d'un fleuve : LES SIENNES *sont plus limpides que celles de l'autre ;* — ni en parlant de la marche de plusieurs chevaux : LA LEUR *est plus rapide,* etc.

Les *pronoms possessifs* peuvent quelquefois devenir des substantifs, et alors ils n'ont pas besoin d'être précédés d'un nom auquel ils se rapportent ; exemples : *chacun désire le bonheur* DES SIENS ; — *soyez toujours bienveillant au moins à l'égard* DES VÔTRES ; — *toi et* LES TIENS , *nous et* LES NÔTRES , etc. Dans ces façons de parler , ces pronoms indiquent les proches parens.

Des pronoms relatifs.

Les pronoms relatifs *qui* , *que* , *dont* , *lequel, laquelle, lesquels* , *lesquelles* , *duquel, desquels , auxquels, auxquelles* , étant toujours du même genre , du même nombre et de la même personne que leur antécédent , c'est-à-dire que le mot auquel ils se rapportent, n'empêchent pas que les autres accords n'aient lieu , ainsi on dira : *moi* QUI SUIS , *toi* QUI ES , *lui* QUI EST , *nous* QUI SOMMES , *vous* QUI ETES , *eux* QUI SONT , etc. *C'était* PIERRE *et* MOI *qui étions* , *c'est lui et* VOUS *qui* AVEZ *été* , etc.

Qui, que et *dont* peuvent également se rapporter à un nom de personne ou à un nom de chose, comme *l'enfant* QUI *n'est pas sage;*— *le devoir* QUI *n'est pas fait;* — *l'enfant* DONT *vous parlez ;* — *le devoir* DONT *vous vous oc-cupez* , etc.

En général , on ne doit employer les huit derniers pronoms relatifs avec les noms de personnes , que pour éviter un équivoque ; dans tout autre cas il faut se servir de *qui* , *que* , *dont, de qui, à qui.*

EXEMPLES.

L'enfant A QUI *vous avez infligé une punition ;* — *l'homme* DONT ou DE QUI *vous m'avez parlé ;* — *la femme* A QUI *vous avez promis un service* , etc.

Lorsque ces pronoms ont pour antécédent un nom de chose , il faut l'un des huit derniers ; exemples : *le jardin* AUQUEL *vous donnez la préférence ;* — *le cheval sur* LEQUEL *vous êtes monté ;* — *les arbres* AUXQUELS *vous avez fait couper les branches* , etc.

Quand le pronom relatif n'est qu'après le mot dont il est régime , on se sert, même avec un nom de per-

sonne, de *duquel*, de *laquelle*, *desquels*, etc. Exemples :
Le prince, à la protection DUQUEL *je dois ma fortune* ;
— *c'est une femme*, *sur le compte de* LAQUELLE *on ne dit
que du bien* ; — et de même des choses : *Les moutons*, à
la dépouille DESQUELS *les hommes doivent leurs vête-
mens* ; — *la Seine dans le lit de* LAQUELLE *viennent se
jeter l'Yonne et l'Oise*.

Il ne faut pas confondre le pronom *dont* avec *d'où* ;
dont marque une *relation*, comme : *le pays* DONT *je
connais toutes les parties*, DONT *j'ai parcouru toute l'é-
tendue*, etc.

D'où marque *l'extraction*, *la sortie*, *l'origine*, etc.
Le pays D'OÙ *je viens*, D'OÙ *je sors*, D'OÙ *j'ai fait venir telle marchandise*, etc.

Les *pronoms relatifs* sont à l'égard des adjectifs possessifs ce que sont, pour ces mêmes adjectifs, les pronoms personnels, c'est-à-dire que l'article suffit pour
marquer la possession; exemples :

L'homme à QUI *vous avez cassé* LA *jambe et non pas*
SA *jambe*. — *L'enfant* DONT *vous connaissez* LE *père et
non pas* SON *père*, etc.

L'usage a autorisé, on ne sait pourquoi, l'emploi du
pronom *qui*, comme régime d'un verbe ou d'une préposition et en même temps sujet du verbe suivant ; Ex :

J'aimerai QUI *m'aimera*. — *Le travail est productif à*
QUI *veut s'y livrer*. — *J'ai des égards pour* QUI *fait toujours bien*. — Il est évident que le mot CELUI est sous-
entendu avant le pronom *qui*.

Souvent l'emploi du pronom *que* empêche qu'on se
serve de la conjonction *que*, et oblige de mettre le verbe
suivant à l'infinitif; exemples :

L'homme que vous m'avez dit ÊTRE *venu ici*, et non pas
l'homme que vous m'avez dit qu'il est venu ici. — *Les enfans que je crois* AVOIR ÉTÉ *punis*, et non pas *les enfans
que je crois qu'ils ont été punis*. — *Les services que j'espère lui* RENDRE, *et non pas les services que j'espère que
je lui rendrai*, etc.

Qui peut quelquefois être employé sans antécédent, c'est
lorsqu'il est interrogatif; mais alors il ne peut s'appliquer
qu'à des noms de personnes, c'est-à-dire qu'il doit exi-

ger pour réponse un nom de personne : ainsi on ne dira pas : *Vous avez, dites-vous, plusieurs raisons à donner ;* QUI *sont-elles ?* On doit dire QUELLES *sont-elles ? — Je vous ai donné deux commissions ;* LAQUELLE *ferez-vous la première,* et non pas QUI *ferez-vous la première ?*

Qui interrogatif absolu ne peut représenter qu'un nom de personne ; exemples :

QUI *enverrez-vous ?* QUI *avez-vous chargé de cette affaire ;* etc.; *et que interrogatif* ou *absolu,* ne peut représenter que des noms de choses ; exemples :

QUE *ferez-vous après dîner ? —* QUE *vous a dit cet homme ?* etc.

Dont ne peut jamais être interrogatif.

Mais *de qui, à qui, lequel, laquelle, lesquels, lesquelles, duquel, de laquelle, desquels, desquelles, auquel, à laquelle, auxquels, auxquelles* peuvent être relatifs et interrogatifs absolus, et alors ils peuvent se dire des personnes et des choses ; exemple :

Voilà deux enfans ; DUQUEL *voulez-vous prendre soin ? — Voilà deux livres ;* AUQUEL *donnez-vous la préférence ?— Voilà quatre paires de mouchettes ;* LESQUELLES *voulez-vous ?* etc.

EXERCICES.

Peut-on employer le pronom possessif de la troisième personne avec un nom de chose ?

Donnez-un exemple ?

Le pronom possessif ne devient-il pas quelquefois substantif ?

Donnez quatre exemples ?

Que signifie-t-il dans ce cas ?

De quel genre, de quel nombre et de quelle personne sont les pronoms relatifs ?

Donnez des exemples ?

Lorsque les pronoms relatifs sont sous la dépendance d'une préposition, quels sont ceux qui s'emploient pour les noms de personnes ?

Donnez des exemples ?

Quels sont ceux qui s'emploient pour les noms de choses ?

Donnez des exemples ?

Quels sont les pronoms relatifs que l'on emploie, lorsque ces pronoms ne sont qu'après le mot dont ils dépendent ?

Donnez deux exemples ?

Quelle différence y a-t-il entre *dont* et *d'où* ?

Donnez un exemple de l'emploi de chacun ?

Qu'y a-t-il à remarquer sur les pronoms relatifs à l'égard des adjectifs possessifs ?

Quelle faute y a-t-il dans cette phrase : *Les enfans que je savais qui étaient venus* ?

Et dans celle-ci : *Les services que j'espère que je lui renrai* ?

Les pronoms relatifs ne changent-ils pas quelquefois de nature ?

Quel est alors leur emploi ?

Donnez un exemple de chacun d'eux employé dans le sens absolu ou interrogatif ?

N'y en a-t-il pas un d'excepté ?

Quel est-il ?

$\sim\sim\sim\sim\sim\sim\sim\sim\sim\sim\sim\sim\sim\sim\sim\sim\sim\sim\sim\sim$

25ᵉ LEÇON. — THÉORIE.

Des pronoms indéfinis.

Les *pronoms indéfinis* sont, à peu d'exceptions près, du singulier et du masculin, et tous exigent que lorsqu'on les fait suivre d'un pronom personnel qui s'y rapporte, l'on emploie *soi* au lieu de *lui*, ou de *nous* ; Ex :

Chacun pour SOI. — *Personne ne veut laisser dire du mal de* SOI. — *Quiconque n'est bon que pour* SOI. — *On doit s'observer* SOI-*même*, etc.

Il est contre la grammaire de dire :

On n'aime pas qu'un autre VOUS *commande.* — *Chacun est bien aise qu'on* NOUS *fasse les honneurs.* — La raison est que *nous* et *vous* ne peuvent pas représenter la personne désignée, dans la même phrase, par ON.

On, qui est du masculin et du singulier de sa nature, devient féminin ou pluriel, quand il désigne évidemment une femme ou plusieurs personnes ; exemples :

Quand ON *est* MARIÉE, ON *n'est pas toujours* MAÎ-

TRESSE *de ses actions. —* On *n'est pas* DES ESCLAVES *pour être traités ainsi,* etc.

— Il faut avoir le soin de faire toujours rapporter le pronom *on* au même sujet, quand il est employé plusieurs fois dans la même phrase ; ainsi il est incorrect de dire :

On *croit être aimé, et l'*ON *ne vous aime point.* — On *croit n'être pas trompé, cependant* ON *nous trompe à tout moment.* Il faut dire : On *croit être aimé, et* ON *ne l'est point.* — On *croit n'être pas trompé, et* ON *l'est à tout moment,* etc.

— *On* doit être précédé de *L'euphonique,* c'est-à-dire qu'on doit employer L'ON au lieu de ON pour éviter le choc de deux voyelles, ce qui arrive après les mots *et, si, ou, où, qui,* à moins que ce pronom ne soit suivi de *le, la, les ;* exemples :

— On ne doit pas dire : ET ON *vous a dit.* — SI ON *vient.* — *Où* ON *voudra.* — SI L'ON *le veut.* — *Et* L'ON *l'a fait ;* on doit dire : *Et* L'ON *vous a dit.* — *Si* L'ON *vient.* — *Où* L'ON *voudra.* — *Si* ON LE *veut.* — *Et* ON L'A *fait.* Au commencement d'une phrase, on doit toujours employer *on,* parce qu'il n'y pas à craindre de hiatus.

Chacun, précédé d'un pluriel, exige après lui tantôt *son, sa, ses,* tantôt *leur, leurs.*

Il prend *son, sa, ses* quand il est *après le régime direct,* ou que le verbe n'a point de régime de cette espèce ; exemples :

Ils ont donné leur avis chacun selon SES *vues.* — *Le vainqueur et le vaincu se retirèrent chacun dans* SA *ville.* — *Remettez ces livres chacun à* SA *place,* etc.

Chacun veut *leur, leurs,* si le régime du verbe n'est qu'*après* ce pronom ; exemples :

Ils ont donné chacun LEUR *avis.* — *Ils ont payé chacun* LEUR *écot.* — *Les langues ont chacune* LEURS *bizarreries.*

Après le pronom *autrui,* on ne peut pas mettre *son, sa, ses, leur, leurs,* parce que ce pronom exprime une idée trop vague ; ainsi on ne dira pas : *En épousant les intérêts d'autrui* on ne doit pas épouser SES *passions*; il faut dire : *On ne doit pas* EN *épouser les passions.*

Il ne faut pas confondre *l'un, l'autre, les uns, les autres,* qui expriment une idée de *réciprocité* avec *l'un et l'autre, les uns et les autres,* qui en expriment une de *pluralité;* ainsi si l'on voulait parler de deux enfans qui se sont dérangés mutuellement, il faudrait dire : *Ils se sont dérangés* L'UN L'AUTRE et non pas *l'un et l'autre.* — *Nous les punirons* L'UN ET L'AUTRE et non pas *l'un l'autre.*

S'il y a plus de deux sujets, la réciprocité doit s'exprimer par *les uns les autres;* ainsi on doit dire : *Les enfans de cette classe s'encouragent* LES UNS LES AUTRES, et non pas *l'un l'autre.*

Quand le pronom *se* qui précède *l'un l'autre, les uns les autres,* est régime indirect, il faut mettre la préposition *à* devant le mot *l'autre;* exemples :

Ils se sont prêté assistance l'un A *l'autre.* — *Ils se nuisent l'un* A *l'autre,* etc., et non pas *ils se sont prêté assistance l'un l'autre.* — *Ils se nuisent l'un l'autre,* etc.

EXERCICES.

De quel genre et de quel nombre sont ordinairement les pronoms indéfinis?

Quel est le pronom personnel qu'il faut joindre aux pronoms indéfinis?

Quelle faute y aurait-il dans cette phrase : *Chacun pense pour lui?*

Et dans celle-ci : *Personne ne veut laisser dire du mal de lui?*

Le pronom *on* ne peut-il pas être du féminin?

Donnez un exemple?

Dans quel cas peut-il être féminin?

Dans quel cas peut-il être pluriel?

Donnez un exemple?

Quelle faute y a-t-il dans cette phrase : *On croit n'être pas trompé,* et *l'on nous trompe à chaque instant?*

Pourquoi?

Si le pronom *on* est précédé des mots si, où, ou; et quel changement lui fait-on subir?

Donnez un exemple?

Le pronom *chacun* ne peut-il pas être suivi de *son, sa, ses,* ou de *leur, leurs?*

Quand doit-il être suivi de *son, sa, ses?*

Donnez un exemple?

Quand doit-il être suivi de *leur, leurs?*

Donnez un exemple?

Peut-on mettre *son, sa, ses,* après *autrui?*

Donnez un exemple?

Quelle différence y a-t-il entre *l'un l'aurte* et *l'un et l'autre?*

Donnez un exemple de l'emploi de *l'un l'autre?*

Donnez un exemple de l'emploi de *l'un et l'autre?*

Comment exprime-t-on la réciprocité quand il y a plus de deux objets?

Donnez un exemple?

Qu'arrive-t-il quand *l'un l'autre* est précédé de *se,* régime indirect?

~~~~~~

26ᵉ LEÇON. — THÉORIE.

DU VERBE.

Comme il n'y a pas d'effet sans cause, on ne peut exprimer une action ni un état sans les attribuer à quelqu'un ou à quelque chose; et, comme le verbe exprime un effet, il faut connaître la cause; et cette cause, c'est le sujet. Il ne peut donc y avoir de verbe sans sujet.

Ainsi que nous l'avons déjà vu dans la première partie, le sujet d'un verbe peut être exprimé par un substantif, par un adjectif pris substantivement, par un pronom, par un verbe à l'infinitif et enfin par tout autre mot pris substantivement.

Accord du verbe avec son sujet.

RÈGLE GÉNÉRALE. Le verbe s'accorde avec son sujet en nombre et en personne; Exemples :
~~~~~~

Je marche, tu marches, il ou elle marche, nous marchons, vous marchez, ils ou elles marchent. La PROBITÉ ASSURE *la considération;* les EXCÈS AMÈNENT *la satiété.*

Lorsque le verbe est en rapport avec plusieurs sujets, dont chacun concourt également à l'action ou à l'état exprimé par le verbe, on le met au pluriel; exemples :

La JEUNESSE *et* L'INEXPÉRIENCE *nous* EXPOSENT *à bien des fautes.* RACINE, CORNEILLE *et* VOLTAIRE *furent des tragiques distingués.*

Si les sujets du verbe sont des pronoms, et de différentes personnes, on met le verbe au pluriel, mais il s'accorde avec la personne qui a la priorité.

La première a la priorité sur la seconde, et celle-ci sur la troisième ; exemple :

VOUS *et* MOI SOMMES *heureux ;* TOI *et* LUI IREZ *au château.*

Exceptions :

1° Le verbe s'accorde avec le premier substantif ou le premier pronom, lorsque ces substantifs ou ces pronoms sont unis par les conjonctions *plutôt que, non plus que, ainsi que, de même que, comme;* exemples :

Le bonheur AINSI QUE *la peine* PASSE *avec rapidité. Son esprit* NON PLUS QUE *son corps ne se* PARE *jamais de vains ornemens. C'est la gloire* PLUTÔT QUE *le bonheur de la nation qu'il* A *ambitionné.*

Dans ces exemples, le verbe s'accorde avec le premier sujet, parce que le second sujet fait partie d'une proposition accessoire dont le verbe est sous-entendu.

2° Le verbe s'accorde avec le dernier substantif ou le dernier pronom, lorsque les substantifs ou pronoms formant le sujet ont un caractère de synonimie; exemples :

Sa DOUCEUR, *sa* PRÉVENANCE, *lui* CONCILIE *l'amitié de tous ceux qui l'entourent. Son* COURAGE, *son* INTRÉPIDITÉ ÉTONNE *les plus braves.*

Il s'accorde encore avec le dernier substantif ou pronom, lorsque les mots qui composent le sujet sont placés par gradation, parce que ce dernier mot est l'expression dominante, et que c'est sur lui que repose le plus l'attention ; exemple : *Un seul mot, un soupir, un* COUP D'OEIL *nous* TRAHIT.

Le fer, le bandeau, la FLAMME EST *toute prête.*

Même règle lorsque les mots formant le sujet sont récapitulés par une expression qui les renferme. Comme *tout, rien, personne* ; exemple :

Vous n'êtes point à vous : le temps, les biens, la vie, RIEN *ne vous* APPARTIENT, TOUT EST *à la patrie.*

Grands, riches, petits, pauvres, PERSONNE N'ÉCHAPPE à la mort.

EXERCICES.

Est-il nécessaire qu'un verbe ait un sujet ?

Pourquoi ?

Quel rapport doit-il y avoir entre un verbe et son sujet ?

Mais si le sujet se compose de plusieurs substantifs ou de plusieurs pronoms ?

Qu'arrive-t-il lorsque les mots composant le sujet ne sont pas de la même personne ?

N'y a-t-il pas des exceptions ?

Quand est-ce que le verbe s'accorde avec le premier substantif ou avec le premier pronom ?

Quand s'accorde-t-il avec le dernier ?

Dites les trois cas et donnez-en des exemples ?

27ᵉ LEÇON. — THÉORIE.

Suite de l'accord du verbe avec son sujet.

Quand deux ou plusieurs substantifs composant le sujet sont unis par la conjonction *ou*, le verbe ne doit être soumis qu'à la loi du dernier substantif.

EXEMPLE.

*Un roi ou un tyran n'*EST *pas la même chose. Si le temps ou le lieu le* PERMET *nous pousserons plus loin nos recherches.*

Le pronom relatif *qui* précédé de deux ou plusieurs substantifs auxquels il se rapporte, veut le verbe qui suit au pluriel; exemple:

Cet éclat éblouissant cachait une faiblesse et une misère QUI EUSSENT *bientôt renversé son empire.* *C'est l'intempérance et l'oisiveté* QUI *nous* PERDENT.

Si le pronom *qui* n'a pour antécédent qu'un seul substantif ou un seul pronom, et que ce substantif ou ce pronom exprime un pluriel, le verbe qui suit le pronom *qui* se met également au pluriel; exemple:

Vous êtes les deux bons élèves QUI REMPORTERONT *les prix. Ceux* QUI AIMENT *leur patrie sont estimés.*

Le verbe qui a pour sujet le pronom *l'un et l'autre* se met au pluriel, parce qu'il exprime évidemment la pluralité; exemple:

L'UN ET L'AUTRE ONT *promis Atalide à ma foi.* L'UN ET L'AUTRE *à ces mots* ONT *levé le poignard.*

On trouve cependant dans de bons auteurs *l'un et l'autre* suivis d'un verbe au singulier; ainsi Corneille a dit: *Emilie et César,* L'UN ET L'AUTRE *me* GÊNE; mais ce n'est pas à imiter.

Ni l'un ni l'autre et tout sujet dont les parties sont unies par la conjonction *ni,* veulent le verbe au singulier, si l'on ne peut attribuer qu'à un seul l'action ou l'état exprimé par le verbe; exemple:

NI L'UN NI L'AUTRE N'EST *mon père.*

NI L'UN NI L'AUTRE *ne* RÉGNERA *sur ce pays.*

Mais si les deux sujets peuvent faire l'action, alors on met le verbe au pluriel; exemple:

NI L'UN NI L'AUTRE *ne* POURRONT *nous imposer des lois arbitraires.*

NI LE TEMPS NI LE MALHEUR NE DOIVENT *effacer de notre cœur le souvenir d'un ami.*

NI L'OR NI LA GRANDEUR *ne nous* RENDENT *heureux.*

Lorsque le sujet du verbe est un collectif général, le verbe s'accorde avec ce collectif; exemple:

La FOULE *s'*EST *précipitée.*

La TROUPE *des barbares s'*EMPARA *de la ville.*

Mais si le collectif est partitif ou que le sujet du verbe soit précédé d'un adverbe de quantité, le verbe s'accorde avec le substantif qui suit cet adverbe ou ce collectif.

EXEMPLE.

La plupart des ANIMAUX ONT *plus d'agilité que l'homme*.
Une infinité de JEUNES GENS *se* PERDENT.
*Peu d'*HOMMES RAISONNENT *bien*.

Le pronom *ce*, placé devant le verbe être, mérite beaucoup d'attention : le verbe être ne se met au pluriel que lorsqu'il est suivi d'un substantif ou d'un pronom pluriel de la troisième personne; exemple :

Ce sont mes ÉLÈVES *qui ont fait cette action généreuse.*
Ce SONT EUX ; *ce* SONT ELLES.

Il se met toujours au singulier, quoiqu'il soit suivi de plusieurs substantifs au singulier ou de plusieurs pronoms pluriel de la première ou de la deuxième personne.

C'EST *le* TRAVAIL *et l'*APPLICATION *qui*, etc.
C'EST NOUS *qui*, etc. ; C'EST VOUS *qui*, etc.

Ce même pronom, précédé de plusieurs infinitifs auxquels il se rapporte, veut encore le verbe suivant au singulier; exemple :

PRENDRE *ses armes*, FONDRE *sur lui*, *et le* TERRASSER, *ce*
FUT *l'ouvrage d'un instant.*

La raison en est que les infinitifs, n'ayant pas de nombre par eux-mêmes, ne peuvent le communiquer au verbe dont ils sont sujets.

EXERCICES.

Q'y a-t-il à observer lorsque les mots qui composent le
    sujet sont unis par la conjonction *ou*?
Donnez deux exemples?
Quelle règle suit le verbe précédé du pronom qui?
Dites les deux cas?
A quel nombre se met le verbe qui a pour sujet l'un et
    l'autre?
Qu'y a-t-il à observer quand le sujet du verbe est ni l'un
    ni l'autre ?
Citez deux exemples du premier cas ?
        deux exemples du deuxième cas ?
Quelle est la règle du verbe précédé d'un collectif général?
Donnez deux exemples?
Quelle règle suit le verbe lorsque le sujet est un collectif
    partitif ou un adverbe de quantité?

Que remarquez-vous sur le pronom *ce* placé devant le verbe être?

Donnez deux exemples?

Et quand il est précédé de plusieurs infinitifs auxquels il se rapporte, à quel nombre se met le verbe?

28e LEÇON. — THÉORIE.

Place du sujet.

Le sujet d'un verbe est ordinairement placé avant ce verbe, parce que le sujet étant l'objet de la pensée, il se présente à l'esprit avant la manière d'être qu'on lui attribue; cependant il est plusieurs cas où le sujet n'est placé qu'après le verbe. C'est :

1° Dans les phrases interrogatives. *Viendra-t-IL ? irez-vous ?*

2° Quand on rapporte les paroles de quelqu'un : *Heureux, disait* MENTOR, *le peuple qu'un sage roi conduit ainsi.*

3° Quand on exprime un souhait : *Puissiez-vous être heureux !*

4° Lorsque les phrases commencent par ces mots : *aussi, ainsi, pourquoi, tel;* exemple :

Ainsi s'est terminé sa CARRIÈRE; *telle fut la* FIN *de ce grand homme.*

5° Quand la phrase commence par un verbe unipersonnel : *Il est arrivé de* GRANDS MALHEURS. *Il vient de paraître un* EXCELLENT LIVRE.

6° Lorsque les mots qui composent le sujet sont en plus grand nombre que ceux qui composent le régime :

Voyez ce que m'a fait le FILS *du grand Achille.*

Répétition du sujet.

Le pronom personnel, employé comme sujet, doit

toujours être répété devant le même verbe, quand celui-ci est employé à des temps différens :

Je soutiens *et* je soutiendrai *toujours que vous avez fait une mauvaise action.*

On répète aussi le pronom sujet devant le verbe d'une proposition incidente, lorsqu'il a déjà été employé comme régime dans la proposition principale.

Exemple.

Vous m'*avez poussé à bout, et* je *me* suis vu *contraint de vous fuir.*

Cependant il est quelquefois permis de ne pas répéter le sujet ; c'est lorsqu'on veut donner plus de vivacité à la phrase ; exemple :.

Il pleurait *de dépit et* alla *se soustraire à nos yeux.*

Le sujet d'un verbe ne doit jamais être exprimé deux fois, quand un seul sujet suffit, ainsi ne dites pas avec Lafontaine : Eux *seuls* ils composaient *toute leur république ;* mais dites : eux *seuls* composaient *toute leur ré-publique.*

Place du régime.

Nous avons dit dans la première partie que le régime ou complément d'un verbe est ce que l'on ajoute à ce verbe pour en compléter l'idée ou la signification. Il se place ordinairement après le verbe quand c'est un substantif, et avant le verbe quand c'est un pronom ; Ex :

J'aime mon père. *J'estime les* enfans *laborieux. Je* l'*aime beaucoup. Nous* la *chérissons.*

Cependant lorsque le verbe est à l'impératif, le pronom régime se met après, si la proposition est affirmative ; exemple :

*Conduisez-*le *moi. Récompensons-*les.

Mais il se met immédiatement avant le verbe, si la proposition est négative : *Ne* me *suivez point. Ne* nous *inquiétons pas.*

Lorsqu'un verbe a deux régimes, l'un direct et l'autre indirect, il faut placer le plus court le premier.

EXEMPLE.

Nous préferons A UNE HEUREUSE MÉDIOCRITÉ *les ri-chesses qui sont, hélas! la source de toutes nos infortunes; Vivez, et faites-*VOUS *un effort généreux.*

Quand les complémens sont d'une égale étendue, le complément direct se place le premier: exemple :

L'ambition qui est prévoyante, sacrifie le PRÉSENT *à l'avenir. L'homme sage préfère la* SCIENCE *aux richesses. Rendez-*LE *moi. Faites-*LES-*lui.*

Le pronom personnel, employé comme régime, doit toujours être placé auprès du verbe dont il est le complément. Ainsi ne dites pas : *On* LES *peut* RAMENER *de leur erreur. Ils* SE *seront pu* TROMPER. Dites : *On peut* LES RAMENER *de leur erreur. Ils auront pu* SE TROMPER.

EXERCICES.

Quelle est la place du sujet d'un verbe?
N'y a-t-il pas des exceptions?
Citez--les et donnez deux exemples de chacun des cas?
Quand est-ce qu'il faut répéter le sujet ?
Citez les deux cas?
N'y a-t-il pas une exception?
Quelle est la place du régime?
N'y a-t-il pas une exception pour le pronom personnel ?
Lorsqu'un verbe a deux régimes, quel est celui qui doit être placé le premier?
Et lors que les régimes sont d'une égale étendue?

29ᵉ LEÇON. — THÉORIE.

Complément de chaque verbe.

Quand, dans une phrase, il y a deux verbes qui ne veulent pas le même complément, il faut donner à chacun le régime qui lui est propre. Ainsi, il ne faut pas dire : *Le créateur* PRÉSIDE *et* RÈGLE LE MOUVEMENT *des astres ; Le général a su* CONNAITRE *et se* SERVIR DE SA POSITION, car ces deux phrases sont vicieuses ; dites : *Le Créateur* PRÉSIDE AU MOUVEMENT *des astres et* LES RÈGLE. *Le général a su* CONNAITRE SA POSITION *et* S'EN SERVIR.

On voit, dans ces deux phrases, que les verbes *régler* et *connaître* veulent un régime direct, et les verbes *présider et servir* veulent au contraire un régime indirect.

Lorsque deux verbes veulent des régimes indirects marqués par des prépositions différentes, il faut bien se garder de leur donner le même complément. Ne dites pas : *Cet enfant* ENTRE *et* SORT DE LA MAISON *à chaque instant ; je* VAIS *et* REVIENS DE RIOM *en deux heures ; laissez partir ce jeune homme qui* A ÉTÉ PROMIS *et qui* EST ATTENDU DE SA MÈRE ; dites : *Cet enfant* ENTRE DANS LA MAISON *et* EN SORT *à chaque instant ; je* VAIS A RIOM *et* EN REVIENS *en deux heures ; laissez partir ce jeune homme qui* A ÉTÉ PROMIS A SA MÈRE, *et qui* EN EST ATTENDU.

On ne doit jamais donner à un verbe deux régimes indirects pour exprimer le même rapport. Ne dites pas : *C'est* A VOUS A QUI *je parle ; c'est* DE TOI DONT *il s'agit ; c'est* A LUI A QUI ON DOIT *ce chef d'œuvre ; nous devons honorer nos parens, puisque c'est* D'EUX DE QUI *nous tenons la vie ;* dites : *C'est* A VOUS QUE *je parle ; c'est* DE TOI QU'*il s'agit ; c'est* A LUI QU'*on doit ce chef-d'œuvre ; nous devons honorer nos parens, puisque c'est* D'EUX QUE *nous tenons la vie.*

Le régime des verbes passifs est toujours précédé des prépositions *de* ou *par*, mais on est souvent embarrassé sur le choix que l'on doit faire entre ces deux prépositions. Voici à ce sujet une règle qui détermine l'emploi de ces deux mots.

Employez la préposition *de* lorsqu'il s'agit d'un sentiment de l'âme, et dites : *Les enfans sages sont chéris* DE *leur maître*, et non *par leur maître ; cet homme est connu* DE *tout le monde*, et non PAR *tout le monde.*

Employez *par* lorsqu'il s'agit d'une action à laquelle l'esprit ou le corps a seul part. Exemple : *Ces remparts ont été détruits* PAR *les Français. On croit que la poudre à canon fut inventée* PAR *le cordelier Berthold Schwartz.*

EXERCICES.

Lorsque deux verbes ne veulent pas le même régime, que
faut-il faire ?

Citez deux exemples ?

Quand deux verbes réclament des régimes indirects marqués par des prépositions différentes, que fait-on ?

Doit-on donner à un verbe deux régimes pour exprimer
le même rapport?

Citez un exemple?

Quels sont les mots qui précèdent le verbe passif?

Quand emploie-t-on par ?

Quand emploie-t-on de ?

30ᵉ LEÇON. — THÉORIE.

Emploi des deux auxiliaires.

Il n'est pas indifférent d'employer le verbe auxiliaire
avoir pour le verbe auxiliaire *être*. L'auxiliaire ayoir
marque toujours une action faite par le sujet : J'AI *marché*
long-temps; *il* A *travaillé avec courage.* L'auxiliaire être
au contraire n'exprime que l'état du sujet: *nous* SOMMES
ravis de vous voir ; elles SERONT *récompensées généreuse-*
ment.

Il résulte de ce qui précède que tous les verbes actifs
et tous les verbes neutres qui expriment une action se
conjuguent dans leurs temps composés avec l'auxiliaire
avoir : *Tu* AS *joué*, *j'*AI *frappé*, *ils* ONT *marché*, *elles* ONT
chanté.

Excepté 1° Tous les verbes pronominaux, qui prennent l'auxiliaire être dans leurs temps composés, quoiqu'ils expriment une action; exemple :

Je me SUIS *emparé de la ville*, *il s'*EST *blessé, nous nous*
SOMMES *abstenus.*

2° Une quarantaine de verbes neutres, tels que *aller*, *arriver*, *éclore*, *mourir*, *tomber*, *venir* et les composés de ce dernier verbe, *devenir intervenir*, *parvenir*, *revenir* qui prennent aussi l'auxiliaire être, quoiqu'ils marquent réellement une action; exemple :

Je SUIS *allé*, *tu* ES *arrivé*, *il* EST *venu*, *je* SUIS *devenu grand.*

Il y a des verbes neutres, comme *dégénérer*, *disparaître*, *empirer*, *croître*, *décroître*, *accroître*, *échoir*, *périr*, *demeurer*, etc, qui prennent les deux auxiliaires selon le sens qu'on veut exprimer. Ainsi on écrit :

AVEC AVOIR.	**AVEC ÊTRE.**

Le lièvre A *disparu comme un éclair,* pour signifier l'action du lièvre lorsqu'il disparut.	*Le lièvre* EST *disparu*, pour exprimer qu'il n'est plus présent à nos yeux.
Ma douleur A *empiré*, pour marquer qu'elle a fait des progrès.	*Ma douleur* EST *empirée*, pour marquer l'état de la douleur, le degré où elle se trouve.
La rivière A *cru*, *décru depuis hier*, pour exprimer l'action des eaux qui se sont élevées.	*La rivière* EST *crue*, *décrue* pour signifier seulement que les eaux sont dans un état d'élévation supérieur ou inférieur.
Ils ONT *péri dans un combat*, pour marquer la manière dont ils ont péri.	*Ils* SONT *péris*, pour exprimer que les personnes dont je parle n'existent plus.
Mon frère A *demeuré long-temps à Paris*, pour faire connaître qu'il n'est plus à Paris, mais qu'il y a demeuré.	*Mon frère* EST *demeuré à Paris*, pour marquer qu'il y est encore au moment où je parle.

Quelques verbes s'emploient aussi avec avoir et avec être dans des significations bien différentes.

On dit, *cette faute m'*A ÉCHAPPÉ, pour exprimer qu'on ne l'a pas remarquée; et *cette faute m'*EST ÉCHAPPÉE, pour marquer qu'on la faite par inadvertance.

On dit d'une personne *elle* A ÉCHAPPÉ *au danger*, quand elle n'y a pas été exposée; et *elle* EST ÉCHAPPÉE *au danger*, quand elle n'y a pas succombé.

On dit, *ce domestique nous* A CONVENU, dans le sens d'être convenable; et *nous* SOMMES CONVENUS *de notre marché* pour dire, demeurer d'accord.

EXERCICES.

Que marque l'auxiliaire avoir?
            l'auxiliaire être?
Quels sont les verbes qui prennent l'auxiliaire avoir?
N'y a-t-il pas des exceptions?
Dites les deux cas?
N'y a-t-il pas des verbes neutres qui prennent les deux
    auxiliaires? Pourquoi et quels sont ces verbes?
Quelle différence y a-t-il entre le lièvre a disparu et le
    lièvre est disparu?
Entre ma douleur a empiré et ma douleur est empirée,
    etc., etc.?
Que signifie cette faute m'a échappé?
            cette faute m'est échappée, etc.?

31ᵉ LEÇON. — THÉORIE.

De l'emploi des modes et des temps.

L'emploi des modes et des temps est une grande difficulté de notre langue. Cependant cette difficulté s'aplanit si l'on se pénètre bien des définitions que nous avons données leçon 20ᵉ, de la première partie. Mais, dans la crainte que nos élèves éprouvent quelques difficultés sur cette partie importante de la Grammaire, nous allons exposer ici quelques observations générales.

Emploi de l'infinitif.

L'infinitif, ainsi que nous l'avons vu, est un mode impersonnel qui signifie l'affirmation d'une manière vague. Il s'emploie de deux manières, comme sujet, et comme régime : alors il fait fonction de substantifs, et il est susceptible d'être déterminé et modifié comme les véritables substantifs ; exemple :

Un BON MOURIR *vaut mieux qu'un* MAL VIVRE.

L'infinitif renferme cinq temps : le présent, le prétérit, le participe passé, le participe présent et le participe futur ; nous ne parlerons ici que des trois pre-
miers, les deux autres ayant leur place dans un autre
chapitre.

DU PRÉSENT.

Le présent de l'infinitif joue un rôle important dans
le discours. On l'emploie souvent à la place de l'indicatif
ou du subjonctif dans une proposition complémentaire,
parce qu'il simplifie le discours et le débarrasse de cir-
conlocutions qui en rendent souvent l'expression traî-
nante et monotone. Par exemple dans ces phrases :

Avez-vous peur que vous ne TOMBIEZ ?

Il ne croit pas qu'il PUISSE *sortir ce soir.*

Je ne lui cacherai point que je le blâme qu'il JOUISSE *du
repos et qu'il te* LAISSE *à toi seul tout le fardeau de la
guerre.*

Il serait mieux et plus correct d'employer l'infinitif
et de dire :

Avez-vous peur de TOMBER ?

Il ne croit pas POUVOIR *sortir ce soir.*

Je ne lui cacherai point que je le blâme de JOUIR *du repos et de te* LAISSER *à toi seul tout le fardeau de la guerre.*

Cependant il serait contraire aux règles du bon goût
et même de la construction, d'employer l'infinitif aux
dépens de la clarté. Ainsi ne dites pas.

Qu'ai-je fait pour VENIR *troubler mon repos ?*

Dieu nous a créés pour TRAVAILLER.

C'est pour DONNER *que le seigneur nous donne.*

Car ces trois phrases sont vicieuses dans leur construction, dites :

Qu'ai-je fait pour que vous VENIEZ *troubler mon repos ?*

Dieu nous a créés pour que nous TRAVAILLIONS.

C'est pour que nous DONNIONS *que le Seigneur nous
donne.*

Le génie de notre langue s'oppose à ce que l'on emploie plus de trois infinitifs de suite. Ne dites donc pas ;

Il ne faut pas CROIRE *pouvoir le* FAIRE OBÉIR, mais bien
il ne faut pas CROIRE *que vous puissiez le* FAIRE OBÉIR.

Le présent de l'infinitif exprime un *présent*, un *passé*
ou un *futur*, selon qu'il est joint à un verbe qui marque
au présent, un passé ou un futur.

EXEMPLES.

J'entends CHANTER. Chanter est un présent, parce que
j'entends est au présent.
C'est comme s'il y avait : on chante
et je l'entends.

J'entendis CHANTER. Chanter est un passé, parce que
j'entendis est au passé.
C'est comme s'il y avait : on chanta
et je l'entendis.

J'entendrai CHANTER. Chanter est au futur, parce que
j'entendrai est au futur.
C'est comme s'il y avait on chantera et je l'entendrai.

DU PRÉTÉRIT.

Le prétérit de l'infinitif exprime seulement un passé à
l'égard du verbe qui le précède.

EXEMPLES.

*Je prétends l'*AVOIR VU *malade.*

*Je prétendais l'*AVOIR VU *malade.*

*Je prétendis l'*AVOIR VU *malade.*

On voit dans ces phra-
ses que l'action d'avoir
vu a été faite avant l'action exprimée par le
verbe qui précède.

DU PARTICIPE FUTUR.

Le participe futur, comme son nom l'indique, marque qu'une chose aura lieu dans un temps où l'on n'est
pas encore. On s'en sert heureusement au lieu du présent ou de l'imparfait de l'indicatif joint à l'infinitif,

EXEMPLE :

Du présent.	*De l'imparfait.*
DEVANT ACHETER *quelques livres, je vous prie de m'avancer une somme de...*, etc.	DEVANT ACHETER *quelques livres, je contractai des dettes que je ne pus jamais acquitter.*
Ce qui répond à :	Ce qui revient à :
Comme je DOIS ACHETER *quelques livres, je vous prie*, etc.	*Comme je* DEVAIS ACHETER *quelques livres, je contractai des dettes*, etc.

EXERCICES.

Comment s'emploie l'infinitif, et de quoi est-il suscep-
tible?
Donnez un exemple?
Comment emploie-t-on le présent de l'infinitif?
Donnez deux exemples ?
Peut-on toujours employer l'infinitif pour un temps per-
sonnel?
Donnez deux exemples ?
Est-il indifférent d'employer plus de trois infinitifs de
suite?
Donnez un exemple?
Qu'exprime le présent de l'infinitif?
Que marque le participe futur et comment s'en sert-on?
Donnez un exemple?

~~~~~~

32e LEÇON. — THÉORIE.

Emploi de l'indicatif (2me mode).

L'indicatif s'emploie pour exprimer d'une manière
certaine et positive qu'une chose *est*, qu'elle *a été*, ou
qu'elle *sera*. Ainsi quand je dis : *J'habiterai une maison
de campagne qui me plaît beaucoup et où je goûterai les
douceurs du repos*; j'affirme, d'une manière positive, que
la maison dont je parle me plaît parce que je la connais,
et que je l'habiterai et que j'y goûterai les douceurs du
repos. Ce mode renferme huit temps : un présent, cinq
passés et deux futurs.

21
~~~~~~

DU PRÉSENT.

Le présent s'emploie pour marquer qu'une chose est ou se fait à l'instant de la parole : Je suis *inquiet*, je crains *pour votre vie*.

On se sert encore du présent pour exprimer un futur très-proche : *Je* reviens *dans l'instant ; ils* arrivent *ce soir ; nous* partons *demain*.

Le présent s'emploie très-heureusement pour le passé soit défini, soit indéfini, afin de donner plus de grâce et d'énergie à ce qu'on raconte : *Turenne* meurt, *tout se* confond, *la fortune* chancelle, *la victoire se* lasse.

DE L'IMPARFAIT.

L'imparfait s'emploie pour exprimer une action ou un état habituel dans un temps passé qui n'est pas défini : *Mon père* était *la bonté même ; il* chérissait *ses enfans, et les* caressait *avec tendresse.*

Il ne faut pas employer l'imparfait pour le présent, lorsque l'action ou l'état a lieu à l'instant où l'on parle ; ainsi ne dites pas : *J'ai appris que vous* étiez *au ministère*, si la personne y est au moment même de la parole. Dites : *J'ai appris que vous* êtes *au ministère.* Ne dites pas non plus ; *Je ne savais pas que la terre* tournait, mais dites *que la terre* tourne.

DU PRÉTÉRIT DÉFINI.

Le prétérit défini ne s'emploie que pour désigner un temps complètement écoulé. Ainsi ce serait contre les règles de la grammaire que de dire : *Je* reçus *un beau joujou ce* matin, parce que le matin fait partie du jour où l'on est encore ; mais on dit fort bien : *Je* reçus hier *un beau joujou*, parce que le jour dont on parle est entièrement passé.

DU PRÉTÉRIT INDÉFINI.

Le prétérit indéfini s'emploie pour exprimer qu'une chose a été faite dans un temps passé désigné ou non, mais qui n'est pas entièrement écoulé : *J'*ai vu *monsieur votre père ; j'*ai vu *monsieur votre père ce* matin.

On l'emploie quelquefois pour exprimer un futur antérieur : AVEZ-*vous bientôt fini ? Oui*, J'AI FINI *dans un
moment* ; c'est-à-dire : AUREZ-*vous bientôt fini ? Oui*,
J'AURAI FINI *dans un moment.*

EXERCICES.

Comment emploie-t-ou l'indicatif ?
Combien y a-t-il de temps dans l'indicatif ?
Comment s'emploie le présent? Parlez des trois cas ?
Comment s'emploie l'imparfait ?
N'y a-t-il pas une remarque à faire sur l'imparfait ?
Comment emploie-t-on le prétérit défini ?
Donnez un exemple ?
Comment s'emploie le prétérit indéfini ? Ne s'emploie-t-il
    pas pour un futur antérieur ?

33e LEÇON.— THÉORIE.

Suite de l'emploi des temps de l'indicatif.

DU PRÉTÉRIT ANTÉRIEUR.

Le prétérit antérieur, comme son nom l'indique, fait
connaître que l'action qu'il exprime est toujours faite
dans un temps passé et antérieur à une autre époque
également passée ; mais il faut remarquer que ce temps
ne s'emploie toujours qu'avec le prétérit défini : *Nous*
EUMES LU *quand vous vîntes* ; *ils* EURENT TERMINÉ *lorsqu'ils partirent.*

DU PLUS-QUE-PARFAIT.

Le plus-que-parfait indique, comme le prétérit antérieur, que l'action qu'il exprime est faite dans un temps
passé et antérieur à un autre temps également passé ;
mais il y a cette différence que le plus-que-parfait peut
s'employer pour désigner un temps qui est encore ou qui
n'est plus, exemple : J'AVAIS MANGÉ *ce* MATIN *quand
vous vous* ÊTES *mis à l'étude*; J'AVAIS TRAVAILLÉ *quand
vous* ENTRATES.

Il ne faut pas employer le plus-que-parfait pour le parfait indéfini, lorsque l'action exprimée par le verbe de la proposition complémentaire est d'une vérité constante ; ne dites pas : *J'ai lu dans les journaux que vous* AVIEZ OBTENU *un emploi au ministère* ; dites : *J'ai lu dans les journaux que vous* AYEZ OBTENU *un emploi au ministère*.

DU FUTUR ABSOLU.

Le futur absolu exprime qu'une chose sera ou se fera dans un temps à venir : *Si je gagne mon procès, je m'*ESTIMERAI *heureuse ; nous leur* OPPOSERONS *une vigoureuse résistance*.

Le futur est quelquefois employé pour l'impératif : *Vous* RESPECTEREZ *vos chefs ; tu* ADORERAS *le Seigneur*, ce qui signifie : RESPECTEZ *vos chefs* ; ADORE *le Seigneur*.

DU FUTUR ANTÉRIEUR.

Le futur antérieur s'emploie pour marquer qu'une chose sera faite lorsqu'une autre qui n'est pas encore aura lieu : *Dès que j'*AURAI MANGÉ, *je travaillerai*. Ce temps se met toujours après ces expressions *quand, après que, dès que, aussitôt que*.

Emploi du conditionnel (3e mode), et de ses temps.

Le conditionnel ne s'emploie qu'avec condition : *Si vous étudiiez, vous* FERIEZ *plaisir à vos parens ; je* SERAIS ALLÉ *vous voir si le temps me l'avait permis*.

Ce mode a deux temps, le présent et le passé.

DU PRÉSENT.

Le présent du conditionnel s'emploie pour exprimer qu'une chose *serait* ou *se ferait* dans un temps présent ou futur, moyennant une condition : *j'*ÉCRIRAIS TOUT A L'HEURE *à ma sœur*, SI *j'avais du papier* ; *j'*IRAIS *au bal* CE SOIR, *si j'avais un habit*.

Le conditionnel ne s'emploie jamais pour le futur ;

ainsi ne dites pas : *J'ai appris que vous* VIENDRIEZ *me voir à ma campagne;* dites *que vous* VIENDREZ.

Le bruit s'est répandu que nous QUITTERIONS *ce pays;* dites *que nous* QUITTERONS.

DU PASSÉ.

On se sert du passé du conditionnel pour marquer qu'une chose *aurait été* ou *serait faite*, moyennant une condition : *Je* SERAIS PASSÉ *moniteur,* SI *j'avais su mieux lire ;* j'AURAIS MARCHÉ *long-temps, si je n'avais pas été blessé.*

EXERCICES.

Comment s'emploie le prétérit antérieur ?
     le plus-que-parfait ?
Pour quel temps ne faut-il pas employer le plus-que-parfait ?
Comment s'emploie le futur absolu ?
Pour quel temps s'emploie le futur absolu ?
Comment s'emploie le futur antérieur ?
Après quel mot se met-il toujours ?
Comment s'emploie le conditionnel ?
     le présent du conditionnel ?
Emploie-t-on le conditionnel pour le futur ?
Comment s'emploie le passé du conditionnel

34ᵉ LEÇON. — THÉORIE.

Emploi de l'impératif, 4ᵉ (mode.)

L'impératif s'emploie pour exprimer l'action avec commandement, prière ou exhortation : SUPPORTEZ *vos douleurs avec résignation ;* MANGE *peu et souvent.*

Ce mode n'a qu'un temps ; mais il s'emploie pour marquer un présent ou un futur. Il marque un présent par rapport à l'action de commander : HONOREZ *Dieu qui vous a donné l'être ;* il marque un futur par rapport à l'action commandée : ÉCRIVEZ *ce soir à vos parens.*

Emploi du subjonctif (5e mode), et de ses temps.

Le subjonctif est le contraire de l'indicatif. Celui-ci exprime l'affirmation d'une manière directe, positive et indépendante de tout autre mot qui pourrait précéder, et à toujours un sens clair et déterminé ; celui-là présente l'affirmation d'une manière indirecte et dépendante d'une proposition principale, et n'a un sens déterminé qu'autant que la principale n'est pas supprimée.

EXEMPLES

DE L'INDICATIF.	DU SUBJONCTIF.
J'ai obtenu *la grâce que j'ai sollicitée.*	*Je souhaite qu'il obtienne la grâce qu'il sollicite.*
On voit que cette phrase à un sens clair, positif et déterminé, et qu'elle ne dépend d'aucune autre idée.	Dans cette phrase, retranchez la principale *je souhaite*, et le reste n'a plus de sens, ou du moins elle n'a qu'un sens vague et indéterminé.

Le mode subjonctif a quatre temps : le *présent*, l'*imparfait*, le *prétérit* et le *plus-que-parfait.*

DU PRÉSENT.

Le présent et le futur du subjonctif se présentent sous la même forme ; ce n'est que par le sens qu'on les distingue, exemple : *Votre père sort tous les jours quoiqu'il* SOIT *malade ; quoiqu'il soit* exprime un présent. *Je souhaite qu'il se* RÉTABLISSE *bientôt ; qu'il se rétablisse* marque un futur.

DE L'IMPARFAIT.

L'imparfait du subjonctif marque, comme l'imparfait de l'indicatif, une action passée mais présente relativement à une autre action également passée, exemple : *Cet orateur parlait toujours quoiqu'on le* HUAT ; mais de plus que l'imparfait de l'indicatif, il est susceptible d'exprimer un futur : *Il faudrait qu'on* ÉTANCHAT *la soif de ce malade.*

DU PRÉTÉRIT.

Le prétérit du subjonctif exprime ordinairement un passé à l'égard du verbe avec lequel il est en rapport ; mais il exprime quelquefois un futur antérieur, exemple : *Je suis fâché que vous* AYEZ FAIT *le désobéissant.* C'est comme s'il y avait : *Vous* AVEZ FAIT *le désobéissant et j'en suis fâché. Vous ne dînerez pas que vous* N'AYEZ APPRIS *vos leçons,* c'est-à-dire : *Vous dînerez quand* VOUS AUREZ *appris vos leçons.*

DU PLUS-QUE-PARFAIT.

Le plus-que-parfait du subjonctif exprime qu'une chose est passée, à l'égard d'une autre chose qui est aussi passée ; il est aussi susceptible d'exprimer un futur ; exemple : *J'aurais voulu que vous* EUSSIEZ FINI *plus tôt votre devoir ; vous eussiez fini* exprime un passé. *Je voudrais que mon père* FÛT ARRIVÉ *quand vous reviendrez ; fût arrivé* marque un futur.

EXERCICES.

Comment s'emploie l'impératif ?
Pour quel temps emploie-t-on ce mode ? Donnez des exemples ?
Quelle différence y a-t-il entre le subjonctif et l'indicatif ?
Combien le subjonctif a-t-il de temps ?
Comment s'emploie le présent du subjonctif ? Donnez des exemples ?
Que marque l'imparfait et pour quel temps s'emploie-t-il ?
Que marque le prétérit du subjonctif et pour quel temps s'emploie-t-il ?
Qu'exprime le plus-que-parfait du subjonctif, et comment l'emploie-t-on ?

35e LEÇON. — THÉORIE.

Cas où l'on emploie le mode subjonctif.

Le subjonctif est le mode dont l'emploi offre le plus

de difficultés. Nous engageons nos élèves à ne pas passer légèrement sur cette leçon.

1°. Quand le verbe de la proposition principale exprime la volonté, le commandement, le souhait, la défense, le doute, la crainte, etc ; le verbe de la proposition complémentaire se met au subjonctif.

Je veux
Je souhaite
Je désire
Je doute } que vous OBÉISSIEZ à vos parens.

2°. Le verbe de la proposition complémentaire se met au subjonctif si la proposition principale est négative ou interrogative.

Je ne crois pas
Il ne doute pas
Pensez-vous
Crois-tu } qu'il fasse son devoir.

EXCEPTION. Le subjonctif n'a pas lieu, quand l'interrogation, loin de marquer le doute, ne sert qu'à affirmer avec plus de force : c'est ce que l'on appelle une interrogation oratoire.

CROIS-TU que toujours ferme au bord du précipice
Elle POURRA marcher sans que le pied lui glisse ?

3°. Quand le verbe de la proposition principale est unipersonnel, le verbe de la proposition complémentaire se met au subjonctif.

Il importe
Il faut
Il convient
Il est utile } que vous SOYEZ présent.

EXCEPTION. Quelques verbes unipersonnels veulent l'indicatif parce qu'ils marquent quelque chose de positif :

Il paraît
Il est évident } qu'il A raison.
Il est clair

4°. Si la proposition subordonnée exprime quelque

(239)

chose de douteux, d'incertain, et qu'elle soit liée à la principale par un pronom relatif, on met le verbe de la subordonnée au subjonctif, etc.

J'achèterai des livres QUI *me* CONVIENNENT.
Nous cherchons une demeure OÙ *nous* SOYONS *sûrs.*
Montrez-moi un chemin QUI CONDUISE *à Rome.*

5°. Le verbe se met au subjonctif quand le pronom relatif *qui* est précédé d'un de ces mots, *le plus, le moins, le mieux, etc.*, ou des expressions *personne, rien, aucun, peu, guère,* etc. *C'est* LE PLUS *aimable homme que je* CONNAISSE ; *il n'y a* PERSONNE *qui, en pareil cas, ne* NÉGLIGEAT *ses intérêts. Il y* A PEU *de rois qui* SACHENT *chercher la véritable gloire.*

6°. Le verbe de la subordonnée se met encore au subjonctif, lorsqu'elle est liée à la principale par les conjonctions ; *de crainte que, encore que, quoique, afin que, pourvu que, pour que, à moins que, soit que,* etc.

Exemple : *Vous étiez parti* AVANT QUE *je fusse venu.*

Il n'est pas le plus ignorant, BIEN QU'*il soit le plus paresseux.*

Je vous accorde la permission, POURVU QUE *vous* FASSIEZ *vos devoirs.*

EXERCICES.

A quel mode met-on le verbe de la proposition subordonnée,
{
1° quand la principale exprime le doute, l'incertitude, le désir, etc? Donnez deux exemples?

2° quand la principale est négative ou interrogative? Citez deux exemples ?
N'y a-t-il pas une exception ?
}

A quel mode met-on le verbe de la subordonnée,
{
quand le verbe de la principale est unipersonnel, quelle est l'exception ?

quand celle-ci marque l'incertitude et qu'elle est liée à la principale par un pronom relatif ?

quand le pronom relatif qui est précédé d'un superlatif relatif ou des expressions personne, rien, etc. ?

lorsqu'elle est liée à la principale par les conjonctions de crainte que, quoique etc. ?
}

36e LEÇON. — THÉORIE.

Concordance des temps du subjonctif avec ceux de l'indicatif et du conditionnel.

1re RÈGLE. Quand le verbe de la proposition principale est au *présent* ou à l'un des *futurs de l'indicatif*, on met le verbe de la proposition complémentaire au *présent* du *subjonctif*, si l'on veut exprimer un *présent*, ou un *futur*.

Exemple. *Nous* DOUTONS *qu'il* SOIT *possible d'avoir une seule vraie vertu, un seul véritable talent ; sans amour de la patrie. Il* FAUDRA *qu'ils se* RENDENT *à la force de la vérité, quand ils* AURONT PERMIS *qu'elle* PARAISSE *dans tout son jour.*

2e RÈGLE. Quand le verbe de la proposition principale est au *présent* ou au *futur de l'indicatif*, le verbe de la proposition complémentaire se met au *parfait du subjonctif*, si l'on veut exprimer un passé ou un futur antérieur à l'égard du premier verbe. Exemple : *Il* FAUDRA *que vous* AYEZ DÉSOBÉI *à votre maître pour qu'il vous punisse si sévèrement.*

Si vous ATTENDEZ *qu'ils* AIENT FINI *leurs devoirs, il ne sera plus temps de nous amuser.*

EXCEPTION. On emploie *l'imparfait du subjonctif* au lieu du *présent* et le *plus-que-parfait* au lieu du *prétérit*, après le *présent* et le *futur de l'indicatif* lorsque le verbe au subjonctif est suivi ou précédé d'une expression conditionnelle.

Exemple : *Si quelqu'un était mordu par ce cruel animal, que* PENSEZ-VOUS *qu'il* ARRIVAT.

Je ne PENSE *pas que cette dame* EUT RÉUSSI SANS *votre intervention.*

3e RÈGLE. Quand le verbe de la proposition principale est à *l'imparfait*, à l'un des *prétérits*, au *plus-que-*

parfait de l'indicatif, ou à l'un des *conditionnels*, le verbe de la proposition subordonnée se met à l'*imparfait du subjonctif*, si l'on veut exprimer un présent ou un futur à l'égard du premier verbe. Exemple :

Dans cette conjoncture,
{ *je demandais / je demandai / j'ai demandé / j'avais demandé / je demanderais / j'aurais demandé / j'eus demandé* }
qu'on me LAISSAT *jouir de ma solitude.*

4e RÈGLE. Quand le verbe de la préposition principale est à l'*imparfait*, à l'un des *prétérits*, au *plus-que-parfait de l'indicatif* ou à l'un des *conditionnels*, le verbe de la proposition subordonnée se met au *plus-que-parfait du subjonctif* si l'on veut exprimer un passé par rapport au premier verbe. Exemple :

Dans cette hypothèse,
{ *Je craignais / Je craignis / J'ai craint / j'avais craint / j'eus craint / je craindrais / j'aurais craint* }
*que vous n'*EUSSIEZ FROISSE *les bons sentimens de votre maître.*

EXCEPTION. On emploie le *présent* du subjonctif, au lieu de *l'imparfait* du subjonctif, lorsque le verbe de la proposition subordonnée exprime une vérité constante, une action qui peut se faire dans tous les temps.

Exemple : *Ces hommes qui* AVAIENT ABUSÉ *de la vertu même, quoiqu'elle* SOIT *le plus grand don des dieux, étaient punis comme les plus scélérats de tous les hommes.*

Dieu A ENTOURÉ *les yeux de tuniques fort minces, transparentes au-devant, afin que l'on* PUISSE *voir à travers.*

EXERCICES.

Après quel temps de l'indicatif met-on le présent du subjonctif ? Citez deux exemples ?

Après quel temps de l'indicatif met-on le prétérit du subjonctif ? Donnez deux exemples ?

A quelle exception donnent lieu ces règles ? Citez deux
exemples ?

Après quel temps de l'indicatif met-on l'imparfait du subjonctif ? Donnez deux exemples ?

Après quel temps de l'indicatif met-on le plus-que-parfait
du subjonctif ? Citez deux exemples ?

Quelle est l'exception à ces règles ? Citez deux exemples ?

PARTICIPES.

37ᵉ LEÇON. — THÉORIE.

Du participe présent et de l'adjectif verbal.

1° Le participe présent est toujours terminé en *ant* et
il est invariable ; exemple :

La mer *mugissant* ressemblait à une personne irritée.

Nous trouvâmes ces bergers *dormant* paisiblement.

Ces domestiques *répugnant* à servir un tel maître, se
retirèrent.

2° Il ne faut pas confondre le participe *présent* avec
l'adjectif verbal : tous deux sont terminés en *ant* ; mais
celui-ci est variable et s'accorde avec le substantif qu'il
qualifie, parce qu'il exprime l'état ou la manière d'être
habituelle ; et celui-là, au contraire, est invariable,
parce qu'il marque toujours action de la part du substantif.

EXEMPLES.

PARTICIPE PRÉSENT.	ADJECTIF VERBAL.
Tous mes sols à l'instant *changeant* de contenance,	Ces étoffes sont changeantes.
Ont loué du festin la superbe ordon-nance.	

Nos pères, nos enfans, nos filles et
nos femmes,
Aux pieds de nos autels *expirant*
dans les flammes.
Les arbres *gémissant* sous les coups
redoublés,
Tombent avec fracas.

Songe aux cris des vainqueurs, songe
aux cris des *mourans*,
Dans la flamme étouffés, sous le fer
expirans.
Je peindrai les plaisirs en foule re-
naissans,
Les oppresseurs du peuple à leur tour
gémissans.

3°. Mais il est un moyen mécanique dont on se sert
pour examiner si le mot en *ant* employé dans la phrase
est, ou participe présent ou adjectif verbal; le voici : si
l'on peut remplacer le mot en *ant* par un autre temps du
même verbe précédé du pronom *qui* ou d'une des conjonctions *lorsque, parce que, si, car, comme,* etc., il est
participe présent; si, au contraire, on ne peut le remplacer que par un des temps du verbe être précédé du pronom *qui,* il est réellement *adjectif verbal.*

EXEMPLES.

PARTICIPE PRÉSENT.

Nous avons vu ces hommes CHAN-
TANT, DANSANT *et* PROFÉRANT *mille
injures,*

Comme on peut dire : Nous avons
vu ces hommes *qui chantaient, qui
dansaient et qui proféraient* mille injures, il résulte que ces mots *chantant, dansant et proférant,* sont réellement participes.

ADJECTIF VERBAL.

Nous voulons des hommes PRÉ-
VOYANS *et fort* OBLIGEANS.

Comme les mots *prévoyans et obligeans* peuvent être précédés du verbe
être sans altérer le sens ni la clarté
de la phrase, on dira donc : Nous
voulons des hommes *qui soient prévoyans et qui soient* fort *obligeans.
Prévoyans et obligeans* sont donc deux
adjectifs verbaux.

D'après cela, on écrira :

Ces femmes *prévoyant* ce qui de-
vait arriver, avaient pris des précau-
tions.

Nous avons vu des enfans *parlant*
avec impertinence.

Il enfonça son poignard dans ses
entrailles *palpitant* de fureur.

J'ai connu bien des femmes *pré-
voyantes.*

Nous avons vu des portraits *par-
lans.*

Là sont amoncelés des corps *pal-
pitans.*

4° Lorsque le participe présent est précédé de la préposition *en* exprimée ou sous-entendue, il est toujours
invariable :

Ces enfans vinrent à nous EN PLEURANT.

Ces enfans vinrent à nous TREMBLANT *de crainte.*

L'autre esquive le coup, et l'assiette VOLANT,
S'en va frapper le mur et revient EN ROULANT.

22

EXERCICES.

Le participe présent est-il invariable ?

Donnez des exemples ?

N'y a-t-il pas une remarque à faire sur les participes présens ?

Donnez des exemples sur la différence du participe présent et de l'adjectif verbal ?

N'y a-t-il pas un moyen mécanique pour distinguer le participe présent de l'adjectif verbal. Citez-le ?

Donnez des exemples de l'un et de l'autre cas ?

Le participe présent précédé de la proposition *en* est-il variable ?

~~~~~~

38ᵉ LEÇON. — THÉORIE.

Du participe passé.

1° Le participe passé est tantôt variable tantôt invariable, cela dépend de la manière dont il est employé dans la phrase.

2° Si le participe passé est employé sans auxiliaire, ou accompagné du verbe *être*, il s'accorde comme l'adjectif, en genre et en nombre avec le mot qu'il qualifie.

EXEMPLES.

Sans auxiliaire.	Avec l'auxiliaire *être*.
La fleur *épanouie*.	Cette demoiselle *est aimée*.
Les fleurs *épanouies*.	Ces demoiselles *sont aimées*.
Un fort *bombardé*.	Votre château *a été détruit*.
Des forts *bombardés*.	Vos châteaux *ont été détruits*.

PARTICIPE PASSÉ EMPLOYÉ AVEC AVOIR.

3° Si le participe passé est accompagné du verbe *avoir*, il y a deux choses à examiner : la première, c'est de voir si le participe a un régime direct ; s'il n'en a pas, le participe est invariable. La deuxième, c'est de remarquer si le régime direct est placé avant ou après le par-
~~~~~~

ticipe ; si le régime est placé avant, le participe passé s'accorde avec ce régime en genre et en nombre ; s'il est placé après, le participe reste invariable.

Exemple du premier cas (sans régime).

Ils ONT CHANTÉ *merveilleusement.*
Elles ONT CHANTÉ *merveilleusement.*
Ma sœur A *très-bien* LU.
Mes frères ONT VÉCU *heureux.*

Comme dans ces phrases il n'y a pas de régime direct exprimé, les participes *chanté* et *vécu* restent invariables.

Exemple du deuxième cas (avec régime direct placé
avant le participe.)

La lettre QUE *vous m'avez* ADRESSÉE *je* L'ai LUE.
Les contrats QUE *vous m'avez* ENVOYÉS *je* LES *ai* DONNÉS.
Je LES *ai* VUS *ces hommes dont vous me parlez.*
Vous m'avez envoyé des mouchoirs, je LES *ai* DÉCHIRÉS.

Ici les participes *adressée, lue, envoyés, donnés, vus, déchirés* s'accordent, parce qu'ils sont précédés de leur régime direct *que, l', que, les, les, les.*

Exemple du troisième cas (avec régime direct placé
après le participe.)

J'ai ACHETÉ *de bien* BELLES ROBES.
Maman a DÉCHIRÉ SES GANTS.
Que j'ai COURU *de* DANGERS !
Mademoiselle a CRU CES MOTIFS *suffisants.*

Les participes *acheté, déchiré, couru, cru* sont invariables, parce qu'ils sont suivis de leur régime direct, *belles robes, ses gants, dangers, ces motifs.*

EXERCICES.

Le participe passé est-il variable ou invariable ?
Le participe passé employé sans auxiliaire ou accompagné de l'auxiliaire être s'accorde-t-il ? Citez des exemples ?

Quelle règle suit le participe passé actif sans régime ?
Donnez deux exemples ?
Quelle distinction y a-t-il à faire quand le participe passé
    a un régime direct ?
Dans quel cas y a t-il accord ?
Donnez des exemples de l'un et de l'autre cas ?

39ᵉ LEÇON. — THÉORIE.

Suite du participe passé.

PARTICIPE PASSÉ DES VERBES NEUTRES EMPLOYÉS AVEC AVOIR.

Le participe passé des verbes neutres employés avec
avoir, est toujours invariable, parce que les verbes neutres eux-mêmes ne peuvent pas avoir de régime direct.
On écrira donc sans accord.

Les trois heures qu'il a DORMI.
Les vingt-cinq ans qu'il a VÉCU.
Les cinq heures qu'il a VOYAGÉ.
Les six jours qu'il a MARCHÉ.

Car on ne dort pas des heures, on ne vit pas des ans,
on ne voyage pas des heures, on ne marche pas des jours,
mais il faut sous-entendre la préposition *pendant* devant
que, c'est comme s'il y avait : les trois heures *pendant*
lesquelles il a dormi, les vingt-cinq ans *pendant* lesquels
il a vécu, etc.

PARTICIPE PASSÉ DES VERBES PRONOMINAUX.

Le participe passé des verbes pronominaux est soumis
à la même règle que les participes passés des verbes actifs, parce que dans ces verbes, le verbe *être* est pris pour
le verbe *avoir*. Ainsi le participe d'un verbe pronominal
s'accorde avec le régime direct, quand il en est précédé,

et il reste invariable lorsque le régime direct est après
ou qu'il n'y en a pas. On écrira donc avec accord :

Ils SE *sont* SALUÉS.

NOUS NOUS *sommes* EMBRASSÉS.

Elles SE *sont* PRÉCIPITÉES *dans la mer.*

Lucrèce s'est TUÉE.

Parce que les participes *salués, embrassés, précipitées,
tuée,* sont précédés de leur régime direct *se, nous, se, se.*

Mais on écrira sans accord :

Vous VOUS *êtes* ENVOYÉ *des joyaux.*

Nous NOUS *sommes* DONNÉ *des coups.*

Elles s'étaient PROPOSÉS *de partir.*

Attendu que les participes *envoyé, donné, proposé,* sont
suivis de leur régime direct, *des joyaux , des coups , de
partir.*

On écrira de même sans accord :

Elles SE *sont* RÉPONDU , *pour elles ont* RÉPONDU A
ELLES.

Nous NOUS *sommes* PARDONNÉ, *pour nous avons* PAR-
DONNÉ A NOUS.

Parce que *répondu* et *pardonné* n'ont pas de régime
direct.

Quand dans un verbe pronominal, il n'est pas possible
de remplacer le verbe être par le verbe avoir, il faut
faire accorder le participe avec le premier pronom. C'est
pourquoi on écrira :

ELLES SE *sont* DOUTÉES *de l'affaire.*

ILS SE *sont* REPENTIS *de leur faute.*

ELLES SE *sont* EMPARÉES *de mes joujoux.*

NOUS NOUS *en sommes* ALLÉS.

Parce que ces verbes sont pronominaux essentiels , et
que le pronom qui précéde est toujours régime direct.
Quoiqu'on ne puisse pas dire :

Elles ont douté soi ou elles de l'affaire.

Ils ont repenti soi ou eux de leur faute, etc. (1)

____

(1) Il y a exception pour le verbe s'arroger , dont le pronom

22*

EXERCICES.

Quelle règle suit le participe passé des verbes neutres employés avec avoir ?
Donnez deux exemples ?
Quelle règle suit le participe passé des verbes pronominaux ?
Dans quel cas s'accorde-t-il ?
Donnez deux exemples ?
Dans quel cas ne s'accorde-t-il pas ?
Donnez deux exemples ?

40e LEÇON. — THÉORIE.

Participe suivi d'un infinitif.

Quand le participe est suivi d'un infinitif, il faut examiner avec attention si le régime direct qui précède appartient au participe ou à l'infinitif. Si le régime appartient au participe, le participe est variable et s'accorde avec son régime ; si, au contraire, le régime appartient à l'infinitif, le participe reste invariable.

EXEMPLES.

ACCORD.	SANS ACCORD.
La femme QUE j'ai VUE arriver.	La chanson QUE j'ai entendu CHANTER.
La personne QUE j'ai ENTENDUE chanter.	Vous avez entendu quoi ? chanter la chanson.
En faisant l'analyse, on aura :	Comme l'on voit, le pronom *que*, dans ces deux phrases, n'appartient pas au participe, mais bien à l'infinitif ; c'est pourquoi il n'y a point d'accord.
J'ai vu qui ? elle (la femme) arriver ;	
J'ai entendu qui ? elle (la personne) chanter. Les deux pronoms sont donc régimes du participe, et comme il le précède, accord.	

Toutes les fois que l'infinitif qui suit le participe pourra

---

réfléchi qui le précède n'est que régime indirect. Exemple : — *Nous nous sommes arrogé ces droits*, les droits que nous nous sommes arrogés.

se changer en participe présent, le régime direct appartiendra de droit au participe et il y aura accord; et, dans le cas contraire, l'infinitif sera le régime du participe et par conséquent il n'y aura point d'accord.

EXEMPLES.

ACCORD.

Je connais la personne QUE *j'ai* ENTENDUE *chanter.*

On a puni les enfans QUE *j'ai* VUS *jouer.*

Comme on peut dire: Je connais la personne que j'ai entendue *chantant* ; on a puni les enfans que j'ai vus *jouant*, il doit y avoir accord.

SANS ACCORD.

Je connais les personnes QUE *j'ai* VU MALTRAITER.

J'ai vu la femme QUE *j'ai* ENTENDU INSULTER.

Comme on ne peut pas dire : Je connais les personnes que j'ai vu *maltraitant* ; j'ai vu la femme que j'ai entendu *insultant*, alors point d'accord.

Le participe *fait*, suivi d'un infinitif, fait exception à la règle. C'est-à-dire qu'il reste toujours invariable, parce que ce participe, et l'infinitif qui suit, ne forment pour ainsi dire qu'un seul verbe, par conséquent le régime direct appartient aux deux expressions réunies qui présentent un sens indivisible ; ainsi on écrira sans accord :

Les habits que j'ai FAIT FAIRE *sont beaux.*

Les maisons que j'ai FAIT CONSTRUIRE *sont élégantes.*

Lorsque l'infinitif est sous-entendu après les participes des verbes *devoir, pouvoir, vouloir*, cet infinitif est le régime direct des participes, et par conséquent ce dernier reste invariable.

J'ai fait pour vous les sacrifices { *que j'ai* DU / *que j'ai* PU / *que j'ai* VOULU } sous-entendu *faire.*

PARTICIPES COUTÉ ET VALU.

Les participes *coûté* et *valu*, qui sont neutres de leur nature, deviennent actifs et variables chaque fois qu'ils signifient : le premier, *causé, exigé occasionné* ; et le second, *procuré, rapporté*. On écrira donc avec accord :

Les peines que votre éducation m'a COUTÉES *c'est-à-dire a occasionnées.*

Les honneurs que votre conduite vous a VALUS, *c'est-à-dire a procurés.*

Mais on écrira sans accord :

Je regrette les sommes que ce jardin m'a COUTÉ.

J'ai employé utilement les dix mille francs que votre propriété a VALU.

EXERCICES.

Quelle remarque y a-t-il à faire sur les participes suivis d'un infinitif ?

Dans quel cas y a-t-il accord ?

Donnez deux exemples ?

Dans quel cas n'y a-t-il pas accord ?

Citez deux exemples ?

Quel est le moyen mécanique de reconnaître auquel des deux de l'infinitif ou du participe appartient le régime direct ?

Quelle est la règle du participe fait suivi d'un infinitif ?

Donnez deux exemples ?

Pourquoi est-il toujours invariable ?

Qu'arrive-t-il lorsque l'infinitif est sous-entendu après les participes pu, voulu, etc. ?

Quand est-ce que les participes coûté et valu s'accordent ?

41ᵉ LEÇON. — THÉORIE.

Participes des verbes unipersonnels.

Le participe d'un verbe unipersonnel est toujours invariable :

La famine qu'il y a EU *cette année* (et non pas *eue*).

Les froids qu'il a FAIT (et non pas *faits*).

Les hommes qu'il a FALLU *guérir* (et non pas *fallus*).

Remarque. On connaît qu'un verbe est unipersonnel quand le pronom qui en est le sujet ne répond à rien. Ex : Il neige. — Qui est-ce qui neige ? pas de réponse.

(251)

PARTICIPE PLACÉ ENTRE DEUX QUE.

Le participe passé placé entre deux *que* reste toujours invariable.

EXEMPLES.

Les leçons que vous n'avez pas VOULU *que j'apprisse.*
Les peines que j'avais PRÉVU *que vous auriez.*
Les sommes que j'ai SU *que vous possédiez.*

Ces participes sont invariables parce qu'ils ont toujours pour régime la fin de la phrase , qui n'est susceptible ni de genre ni de nombre. *Vous n'avez pas voulu quoi ? que j'apprisse les leçons,* etc.

PARTICIPE PRÉCÉDÉ DU PRONOM LE.

Le participe précédé du pronom *le* est toujours invariable, toutes les fois que ce pronom, qui sert de régime au participe, est précédé d'un adjectif avec lequel il est en rapport, parce que l'adjectif n'a par lui-même ni genre ni nombre.

EXEMPLE :

Votre sœur n'est pas aussi belle que je l'avais IMAGINÉ; c'est-à-dire, que j'avais *imaginé* qu'elle était belle.

Madame n'est pas aussi savante que je l'aurais PENSÉ, *que je l'aurais* CRU; c'est-à-dire, que j'aurais *pensé,* que j'aurais *cru* qu'elle était savante.

PARTICIPE PRÉCÉDÉ DU PRONOM EN.

Le pronom étant lui-même un mot invariable de sa nature, ne peut pas communiquer la variabilité au participe; c'est pourquoi il s'écrit toujours sans accord ; ainsi on écrira :

Je vous ai demandé des plumes, vous m'en avez REFUSÉ.
Voulez-vous des plumes, j'en ai ACHETÉ.
Veux-tu de l'encre, on m'en a DONNÉ.

PARTICIPE ACCOMPAGNÉ DU MOT LE PEU.

Les mots *le peu* peuvent signifier une petite quantité ou l'insuffisance, le manque. Quand il signifie une petite quantité, le participe qu'il accompagne s'accorde avec le régime ; dans le cas contraire, il n'y a point d'accord ;

EXEMPLES.

ACCORD.	SANS ACCORD.
LE PEU *d'éducation qu'il a* REÇUE *lui a été fort utile.*	LE PEU *d'éducation qu'il a* REÇU *a été cause qu'il n'a pu être placé.*
LE PEU *d'ardeur que vous avez* MISE *à travailler à votre avancement vous a procuré un poste honorable.*	LE PEU *d'ardeur que vous avez* MIS *à nous obliger nous a fait connaître que vous êtes un ingrat.*
LE PEU, *dans les deux exemples ci-dessus, signifie petite quantité.* Voilà pourquoi il y a accord.	LE PEU, *dans ces phrases, signifie le manque de...* C'est pourquoi il n'y a point d'accord.

EXERCICES.

Quelle règle suit le participe des verbes unipersonnels ?
Donnez deux exemples ?
Quelle règle suit le participe passé placé entre deux *que* ?
Donnez deux exemples ?
Quelle règle suit le participe passé précédé du mot *le* ?
Citez deux exemples ?
Quelle règle suit le participe passé précédé du pronom *en* ?
Citez deux exemples ?
Quelle distinction y a-t-il à faire lorsqu'un participe passé est précédé des mots *le peu* ?
Donnez deux exemples de l'un et de l'autre cas ?

<div align="center">~~~~~~~~~~~~~~~~~~~~~~~~~~~~~~~~~~~~</div>

42e LEÇON. — THÉORIE.

De la Préposition.

Les prépositions étant d'un emploi très-fréquent dans notre langue, méritent beaucoup d'attention ; c'est un des mots où il s'est glissé le plus d'erreurs parmi les personnes peu instruites, et nous engageons nos élèves à se bien pénétrer de la leçon suivante.

Quelques prépositions ont dans les adverbes des mots qui leur correspondent, et avec lesquels il ne faut pas les confondre ; ce sont :

Prépositions.	Adverbes.	Les adverbes ne pouvant avoir de régime, Il ne faut pas dire :
Avant.	Auparavant.	*Auparavant* de venir.
Sur.	Dessus.	Mettez ce livre *dessus* la table.
Sous.	Dessous.	Voyez cette plume qui est *dessous* la chaise.
Dans.	Dedans.	Il entre *dedans* la ville.
Hors. Hors de.	Dehors.	Je le mettrai *dehors* de la maison.
Derrière.	Par derrière.	Il venait *par derrière* lui.
Près de.	De près.	

Entre, se dit de deux objets : ENTRE *la France et l'Espagne s'élèvent les Pyrénées. Parmi*, qui a la même signification, se dit d'un plus grand nombre d'objets : *l'oiseau bâtit au bord des eaux son nid* PARMI *les fleurs.*

A, de, en, doivent se répéter devant chaque régime ; exemple : *Entre nous c'est* A *la vie et* A *la mort. — On a parlé* DE *vous,* DE *lui,* DE *tout le monde. —* EN *tout temps,* EN *tout lieu le public est injuste ; le choléra a exercé ses ravages* EN *Russie,* EN *Prusse,* EN *Autriche,* EN *France.*

Les autres prépositions, surtout celles qui n'ont qu'une syllabe, se répètent seulement quand les mots qui en sont les régimes ont une signification toute différente : ainsi on dira ; *Remplissons nos devoirs* ENVERS *Dieu,* ENVERS *nos parens,* ENVERS *nous-mêmes ;* mais on dira sans répéter la préposition : *Passer sa vie* DANS *la mollesse et l'oisiveté. Il est* SOUS *la garde et la protection des lois.*

Il ne faut pas confondre *hors* avec *hors de ; hors* veut dire hormis, excepté : *Tout ce pays,* HORS *la partie Nord, est très-fertile ; toute cette ville,* HORS *un seul faubourg, est mal bâtie. — Hors de* veut dire en dehors de : *On l'a mis* HORS DE *concours. Il est maintenant* HORS DE *la ville.*

En, ne veut pas être suivi d'un article, et se met presque toujours devant les substantifs pris dans un sens indéterminé ; exemples : *Il était* EN *colère. — Le nuage fond* EN *pluie, l'eau se dissipe* EN *vapeur. —* Cette préposition se met ordinairement devant les noms des pays sans article : EN *France,* EN *Italie,* EN *Flandre,* etc.

En *et* dans suivis d'un nom de temps n'ont pas la même signification :

Il viendra dans *trois jours*, veut dire, *il viendra au bout des trois jours qui vont s'écouler*; *il viendra* en *trois jours*, signifie, *il mettra trois jours à faire son voyage*. Il en est de même de *il fera cet ouvrage* en *peu de temps*, et *il fera cet ouvrage* dans *peu de temps*.

En campagne, *veut dire hors de la maison*. — A la campagne, *veut dire au village*.

En ville *signifie hors de la maison* (quand on habite la ville); a la ville *veut dire dans la ville* (quand on habite la campagne.)

A travers veut un régime direct : a travers les *rochers la peur les précipite*. au travers veut après lui la préposition de : au travers des *grands périls son grand cœur se fait jour*.

Ne confondez pas près de *avec* prêt a. *Près de* veut dire sur *le point de*, *au moment de* : *Il est* près de *partir, il va partir*. — Prêt a *signifie disposé à* : *il est* prêt a *partir*; *il est disposé, préparé à partir*.

Sans, *lorsqu'il est répété*, veut et : Sans *crainte* et sans *pudeur*, sans *vice et* sans *vertu*. — *Lorsqu'il n'est pas répété, il veut* ni, sans *crainte* ni *pudeur*, sans *force* ni *vertu*.

Malgré que *ne doit pas être employé*; *il ne faut donc pas dire* : malgré que *je veuille*, malgré que *je l'aie défendu*.

Vis-a-vis de, *qui ne veut pas dire autre chose que* en face de, *ne doit pas être employé pour* a l'égard de, *envers*; *il est donc incorrect de dire* : *Il est ingrat* vis-a-vis de *ses parens, soyez poli* vis-a-vis de *tout le monde*, etc. Il faut dire : a l'égard de *ses parens*, a l'égard de *tout le monde*, etc.

EXERCICES.

N'y a-t-il pas des prépositions qui ont leur correspondant dans les adverbes?

Citez en quatre?

Quelles différences y a-t-il entre ces prépositions et ces adverbes?

Quelle différence y a-t-il entre la préposition *entre* et
  parmi ?
Quelles sont les prépositions qui doivent se répéter devant
  chacun de leurs régimes ?
Donnez un exemple de chacune ?
Quand les autres prépositions doivent-elles être répétées ?
Quel est l'emploi le plus fréquent de *en* ?
Quelle différence y a-t-il entre *dans peu de jours* et *en peu*
  de jours ?
Que veut dire être *en campagne* ?
                    à la campagne ?
Qu'est-ce que être en ville ?
Et être à la ville ?
Quelle différence y a-t-il entre *à travers* et *au travers* ?
                    entre *près de* et *prêt à* ?
Quand est-ce que *sans* doit être suivi de *ni* ?
Quand doit-il être suivi de *et* ?
Qu'avez-vous à dire sur *malgré que* ?
                    sur *vis-à-vis de* ?
Quelle faute y a-t-il dans cette phrase : *Il est méchant vis-*
  à-vis de son frère ?

43e LEÇON. — THÉORIE.

Des adverbes.

L'adverbe servant à ajouter à l'adjectif, ou au verbe,
ou à un autre adverbe, quelque circonstance de plus ou
de moins que ce qui serait exprimé par ces mots, s'ils
étaient seuls, on voit clairement qu'il ne peut avoir
de régime ; ainsi on ne peut pas dire, *dedans la maison,*
dessous un arbre, à l'entour de sa tombe, *auparavant de*
venir, davantage de, davantage que, etc. Un très-petit
nombre d'adverbes font exception à cette règle, ce sont :
Dépendamment, indépendamment, différemment, plus,
moins, beaucoup, peu, autant, guère, que, qui, peuvent
avoir un régime avec la préposition *de.* Exemples : *Les*
princes agissent DIFFÉREMMENT DES *particuliers.* — *Il m'a*

donné cela INDÉPENDAMMENT DU *reste.* — PLUS DE *peine et* MOINS D'*assujettissement.* — BEAUCOUP DE *peine et* PEU DE *profit.* — AUTANT DE *patience.* — GUÈRE DE *succès.* — QUE D'*embarras dans la vie !* etc.

Et les adverbes *antérieurement, postérieurement, conformément, conséquemment, convenablement, exclusivement, préférablement, proportionnellement, relativement,* qui prennent aussi un régime avec la préposition *à.* Exemples : *Il faut aimer Dieu* PRÉFÉRABLEMENT A *toutes choses.* — *Il n'a pas été récompensé* COMPARATIVEMENT A *son mérite,* etc.

Davantage, peut être employé pour *plus,* lorsqu'il est à la fin d'une phrase, ou qu'il n'a pour régime que le pronom *en* ; exemples : *Vous avez beaucoup employé de papier, mais vous devriez* EN *employer encore* DAVANTAGE ; mais jamais il ne doit être employé pour *le plus* ; ainsi ce serait mal parler que de dire : *Ces deux enfans sont studieux ; mais le plus jeune est celui qui l'est davantage,* il faut, *qui l'est* LE PLUS.

Plus tôt, marque un temps qui précède un autre, et s'écrit en deux mots : *Vous avez promis de venir demain à trois heures ; vous m'obligeriez si vous vouliez venir* PLUS TÔT.

Plutôt, signifie une préférence, et s'écrit en un seul mot : *Je vous renverrai* PLUTOT *que de vous voir perdre votre temps.*

Si, aussi se joignent aux adjectifs et aux adverbes, mais ne doivent pas être employés indifféremment l'un pour l'autre ; AUSSI ne peut être mis en usage que lorsqu'il y a comparaison, et *si* lorsqu'il n'y en a pas, ainsi l'on dira : *Il est* SI *emporté qu'il s'oublie jusqu'à frapper,* parce qu'il n'y a pas comparaison ; mais il faudrait dire : *Il est* AUSSI *emporté qu'il est compatissant,* parce qu'ici il y a comparaison.

Tant, autant se placent devant les verbes et les participes, et doivent être employés, savoir : *Tant,* quand il n'y a point de comparaison, et *autant,* quand il y en a ; exemples : *Cet homme aime* TANT *ses élèves qu'il leur consacre tout son temps. Cet homme aime* AUTANT *ses élèves que ses enfans.*

C'est une faute que de mettre *comme* au lieu de *que*, après *autant* et *aussi*; ne dites donc pas : *J'aime autant l'un* COMME *l'autre*. — *Il n'est pas aussi sage* COMME *son frère*, etc. Mais : *J'aime autant l'un* QUE *l'autre*. — *Il n'est pas aussi sage* QUE *son frère*, etc.

Si ne peut pas se mettre devant les adverbes composés de plusieurs mots ; il serait incorrect de dire : *Il est* SI *en colère*, SI *en peine*, SI *à l'aise, il est venu* SI *à propos*, etc. Il faut dire : *Il est* SI FORT *en colère*, SI FORT *en peine*, SI FORT *à son aise; il est venu* SI BIEN *à propos*, etc. Dans ces cas là, et dans les autres semblables, on peut remplacer *si* par *tellement*, qui ne demande pas d'addition de mots.

Ne confondez pas *de suite* avec *tout de suite*; *de suite* veut dire sans interruption : *Il a marché deux jours* DE SUITE. *Tout de suite* signifie *sur le champ*; *obéissez* TOUT DE SUITE.

Tout-à-coup signifie subitement : *Il s'est arrêté* TOUT-À-COUP. *Tout d'un coup* veut dire tout en une fois : *Il a bu ce plein verre* TOUT D'UN COUP.

EXERCICES.

Quel est l'usage de l'adverbe ?

L'adverbe a-t-il un régime ?

N'y a-t-il pas exception à cette règle ?

Quels sont les adverbes qui peuvent prendre un régime avec la préposition *de* ?

Donnez quatre exemples ?

Quels sont ceux qui peuvent prendre un régime avec la préposition *à* ?

Donnez quatre exemples ?

Quel est l'emploi de l'adverbe *davantage* ?

Quelle faute y a-t-il dans cette phrase : *De tous mes élèves c'est celui que j'aime davantage ?*

Quand doit-on écrire *plus tôt* en deux mots ?

Donnez un exemple ?

Quand faut-il l'écrire en un mot ?

Donnez un exemple ?

Devant quelle espèce de mots se placent *si, aussi* ?

Peut-on les employer indifféremment l'un pour l'autre ?

Donnez un exemple de l'emploi de chacun ?

Devant quels mots se placent *tant* et *autant* ?

Quand est-ce qu'on emploie *tant* ?
Donnez un exemple ?
Quand emploie-t-on *autant* ?
Donnez un exemple ?
Quelle faute y a-t-il dans cette phrase : *Vous n'êtes pas aussi obéissant comme je le désirerais* ?
Que faut-il au lieu de *comme* ?
Quelle faute y a-t-il dans ces locutions : *Si en colère, si en train* ?
Par quel mot peut-on remplacer *si* ?
Quelle différence y a-t-il entre *de suite* et *tout de suite* ?
Donnez un exemple de l'emploi de chacun ?
Que signifie *tout-à-coup* ?
Donnez un exemple ?
Que signifie *tout d'un coup* ?
Donnez un exemple ?

44ᵉ LEÇON. — THÉORIE.

De l'adverbe négatif NE.

La négation s'exprime en français par *ne, ne pas, ne point, non pas, non* ; exemples : *Il est plus méchant que vous* NE *croyez.* — *C'est s'exposer à l'ennui que de* NE PAS *travailler.* — *Je* NE *la cherche* POINT, *je* NE *veux* POINT *d'excuse.* — *Je vous punirai,* NON *que j'espère vous corriger, mais pour l'exemple.*

Les locutions conjonctives *à moins que, de peur que, de crainte que* ; les verbes *craindre que, appréhender que, avoir peur que, trembler que* ; les mots *rien, personne, jamais, autre que, autrement que, plus, mieux, moins que,* veulent être accompagnés de la négation *ne* ; exemples :

DE PEUR *qu'il* NE *se fâche.* — A MOINS QUE *vous* NE *préfériez cette plume.* — *Je* N'AI *vu* PERSONNE. — *Je* N'AI RIEN *vu.* — *Il* NE *sera* JAMAIS *votre ami.* — *Je crains qu'il* N'AIT *offensé son chef.*

On n'emploie pas *ne* lorsque la proposition qui précède *autre, autrement, plus, mieux, moins* et les verbes com-

pris dans la règle précédente, est négative ; exemples :
Il NE *scra* JAMAIS *autrement* QUE *vous l'avez vu.* — *Il n'est
pas à* CRAINDRE *qu'il vienne*, etc.

Après ces mêmes verbes, on met *ne pas* au lieu de *ne*,
quand on souhaite que la chose arrive : *Je tremble qu'il
n'arrive* PAS *assez tôt.* Mais, si le verbe qui vient après
ceux-ci était de la même personne, il faut les faire suivre
de la préposition *de* au lieu de la conjonction *que* ;
exemple : *Je crains, j'appréhende, je tremble, j'ai peur*
D'*être puni,* DE *ne pas savoir mes leçons,* DE *ne pas bien
faire*, etc., et non pas , *que je sois puni, que je ne sache
pas*, etc.

Les verbes *nier, douter, disconvenir, désespérer,* veulent
être accompagnés de *ne*, lorsqu'ils sont accompagnés
d'une négation : *Je ne disconviens pas , je ne nie pas, je
ne doute pas que vous n'ayez rempli tous vos devoirs*, etc.
S'il n'y a point de négation , on ne doit pas faire usage
de *ne* : *Je doute, je nie qu'il ait tort,* etc.

Avant que, sans que, et le verbe *défendre*, ne veulent
pas être accompagnés de *ne : Venez avant qu'il parle.* —
On avait défendu que les élèves fissent cela. Mais si le
verbe qui suit doit être de la même personne que celui
qui précède, il faut se servir de *de* avec l'infinitif ;
exemple : *Venez me voir avant de partir*, etc.

Les adverbes négatifs *pas* et *point* ne doivent pas se
rencontrer avec les mots *aucun, nul, rien, personne,
jamais, guère, nullement, ni* répété et *ne......que* mis
pour *seulement.*

Il faut donc dire : *Je* N'*ai vu personne*, et non , *je
n'ai pas vu personne.* — *Je n'ai rien fait*, et non, *je n'ai
pas rien fait.* — *Il* N'*y a* QU'*un sot qui puisse se conduire
ainsi*, et non, *il n'y a pas qu'un sot*, etc. — *Ce* NE *sera
ni vous ni lui qui l'obtiendrez*, et non , *ce ne sera pas ni
lui ni vous*, etc.

EXERCICES.

Comment s'exprime en français la négation ?
Quel adverbe négatif doit-on joindre aux mots *à moins
que, de peur que, de crainte que, craindre que, trembler que, appréhender, rien, personne, jamais ?*

Donnez quatre exemples?

Mais si la proposition qui précède ces mots est négative?

Donnez quatre exemples?

Quelle négation emploie-t-on quand on souhaite que la chose arrive?

Donnez quatre exemples?

Et si le second verbe est de la même personne que le premier, qu'arrive-t-il?

Donnez quatre exemples?

Dans quel cas les verbes *nier, désespérer, disconvenir, douter*, veulent-ils être accompagnés de *ne*?

Donnez quatre exemples?

Quand est-ce que ces mêmes verbes ne veulent pas être accompagnés de *ne*?

Donnez quatre exemples?

Quels sont les mots qui excluent, c'est-à-dire qui refusent les adverbes *pas* et *point*?

Donnez un exemple de chacun de ces mots employés de cette manière?

⁓⁓⁓⁓⁓⁓⁓⁓⁓⁓⁓⁓⁓⁓⁓⁓⁓⁓⁓⁓

45ᵉ LEÇON. — THÉORIE.

De la Conjonction.

Nous avons vu dans la première partie de la grammaire que la conjonction sert à joindre les propositions entr'elles, ou à marquer quelque rapport entre les propositions.

Ces rapports étant en très-grand nombre, nous ne pouvons pas parler ici de toutes celles qui sont en usage; nous nous contenterons de donner les règles de celles dont l'emploi est le plus fréquent, et surtout celles qui donnent lieu à des fautes de grammaire.

Et exprime une addition : *Le riche* ET *l'indigent, l'imprudent* ET *le sage. Etudiez avec peine* ET *vous saurez avec plaisir.*

Ni sert à exclure, et doit toujours être accompagné de la négation *ne* lorsqu'il est répété. NI *l'or* NI *la gran-*

deur ne nous rendent heureux. — *Je* NE *veux,* NI *ne dois,*
NI *ne puis vous punir,* etc.

Cette conjonction, lorsqu'elle est répétée, ne veut pas
être jointe à la négation *pas* ni à *point*; ainsi il est incorrect de dire : *Il* NE *faut pas être* NI *avare* NI *prodigue;* il
faut dire : *Il* NE *faut être* NI *avare ni prodigue.*

Et peut se mettre avant la préposition *sans* ; ni en
épargne la répétition : SANS *joie* ET SANS *murmure elle*
semble obéir. — SANS *crainte* NI *pudeur,* SANS *force* NI
vertu.

Deux propositions commençant par les mot: *plus,*
moins, mieux, autant, ne doivent pas être jointes par la
conjonction *et* ; Il ne faut donc pas dire : PLUS *vous*
étudierez ET PLUS *vous vous instruirez.* MOINS *vous*
jouerez ET PLUS *vous travaillerez.*

Parce que s'écrit en deux mots, lorsqu'il signifie
puisque, attendu que : Rien n'éblouit les grandes âmes,
PARCE QUE *rien n'est plus haut qu'elles.* — *Je vous récom-*
pense PARCE QUE *vous l'avez mérité.*

Par ce que s'écrit en trois mots quand il signifie *par*
la chose que : Voyez PAR CE QUE *je suis ce que je fus au-*
trefois. — PAR CE QUE *vous venez de me dire je vois quels*
sont vos desseins.

Quoique s'écrit en un seul mot, quand il signifie *bien*
que, encore que: QUOIQU'*il soit instruit il est très-modeste.*
— *Je partirai* QUOIQU'*il fasse mauvais temps.*

Quoi que s'écrit en deux mots, quand il signifie *quel-*
que chose que : QUOI QUE *vous puissiez dire, vous ne*
parviendrez pas à me le persuader.

> Sans la langue en un mot l'auteur le plus divin
> Est toujours, QUOI QU'il fasse, un méchant écrivain.

Quand est tantôt adverbe et tantôt conjonction ; il est
conjonction toutes les fois qu'il signifie *bien que, quoique;*
lorsque. QUAND *vous auriez consulté quelqu'un vous n'au-*
riez pas mieux fait. — *Je n'aurais pu terminer* QUAND
j'aurais travaillé toute la journée. — *Je viendrai* QUAND
je pourrai.

Quand est adverbe quand il est interrogatif : QUAND
viendrez-vous ?

Il ne faut pas confondre *quand* avec *quant* ; ce dernier est une préposition qui signifie *à l'égard de* , *pour ce qui regarde* : QUANT *à votre affaire, je vais m'en occuper.* — QUANT AUX *paresseux, ils seront punis.*

On ne dit plus aujourd'hui *à cause que* , *malgré que* , *devant que* , *durant que.* On dit : *parce que, quoique, avant que, pendant que.*

EXERCICES.

Quel est l'usage des conjonctions ?
Qu'exprime la conjonction *et*?
Donnez deux exemples ?
Quel est l'usage de *ni*?
Donnez deux exemples ?
Quelle est la négation qui doit accompagner *ni*?
Quelles sont les négations qui ne doivent pas accompagner cette conjonction ?
Dans quel cas la préposition *sans* veut-elle être accompagnée de *et*?
Donnez un exemple?
Dans quel cas veut-elle *ni*?
Donnez un exemple ?
Quelle faute y aurait-il dans cette phrase : *Plus vous serez attentif et plus vous profiterez*?
Pourquoi?
Que signifie *par ce que* écrit en trois mots?
Donnez deux exemples?
Que signifie *parce que* écrit en deux mots?
Donnez deux exemples?
Quoique peut-il s'écrire de plusieurs manières?
Quand doit-il s'écrire en deux mots?
Donnez un exemple?
Quand doit-il être écrit en un seul mot?
Donnez un exemple?
Quand ne peut-il pas être adverbe et conjonction?
Quand est-ce qu'il est adverbe?
Donnez un exemple?
Quand est-ce qu'il est conjonction?
Donnez un exemple?
Que signifie *quant à*?
A quelle partie du discours appartient cette expression?
N'y a-t-il pas des conjonctions qu'on n'emploie plus?
Quelles sont-elles?

46ᵉ LEÇON. — THÉORIE.

De la conjonction QUE.

De toutes les conjonctions, *que* est celle dont l'usage est le plus varié.

1° *Que* sert à joindre deux idées dont la première est énoncée de manière à en faire attendre une autre pour former une proposition entière, et faire une continuité de sens, par exemple : *Je crois* QUE *l'âme est immortelle.* — *Je doute* QU'*un criminel soit heureux.* — *Il est si paresseux* QU'*il n'étudie jamais ses leçons.*

2° Il sert à unir les deux termes d'une comparaison, comme : *Cet élève a plus d'orgueil* QUE *de mérite.* — *Je suis arrivé aussitôt* QUE *vous.*

3° On l'emploie pour restreindre ou diminuer la signification des phrases négatives ; dans ce cas il signifie *seulement*, exemples : *On n'est heureux* QU'*en remplissant tous ses devoirs.* — *On ne connaît l'Amérique* QUE *depuis l'an* 1492.

Remarque. Quand on emploie *que* dans ce sens, il faut bien prendre garde à la circonstance que l'on veut restreindre, par exemple, si l'on voulait dire que la grammaire est la seule leçon qu'on ait étudié, il faudrait dire : *Je n'ai étudié* QUE *la grammaire*, et non, *je n'ai qu'étudié ma grammaire.* — Il ne faudrait pas dire non plus : *Je ne suis que venu à deux heures ;* mais, *je ne suis venu* QU'*à deux heures*, etc. On ne peut donner ici d'autres règles que celle-ci. *Que* doit se placer immédiatement avant le mot dont on veut diminuer l'étendue.

4° *Que* sert à marquer un souhait, un commandement, une imprécation, comme : *Qu'il se conduise bien, et il ne sera pas puni.*

5° *Que* se met après il y a : *Il y aura bientôt quatre ans* QUE *cet événement est arrivé.*

6° *Que* s'emploie pour *quoique* : Que *vous soyez riche ou non, vous serez estimé si vous êtes honnête.*

7° Il signifie quelquefois *et cependant* : *Les avares auraient tout l'or du monde qu'ils ne seraient pas contens.*

8° *Que* s'emploie après la conjonction *et*, lorsqu'il y aurait lieu de répéter les mots *lorsque, quoique, bien que, pourvu que, si, comme*, etc. Exemples :

Quand on a des *dispositions, et* qu'*on veut étudier, on fait des progrès.* — Si *les hommes étaient sages, et* qu'*ils voulussent suivre les lumières de la raison,* etc. — Puisqu'on *plaide et* qu'*on meurt, et* qu'*on devient malade, il faut des médecins, il faut des avocats,* etc.

9° Enfin, *que* se joint à beaucoup de mots , conjonctions, prépositions , adverbes, tels que *après, avant, pourvu, ainsi, aussi, bien, dès, jusqu'à ce, sans, aussitôt plus tôt, plutôt, pendant, afin*, etc., avec lesquels il forme ce qu'on appelle des locutions conjonctives ; exemples :

Le mérite des hommes a sa saison aussi bien que *les fruits.*

Ainsi que *la vertu le crime a ses degrés.*

Venez dès qu'*il fera jour,* etc.

La conjonction *que* a encore beaucoup d'autres usages que l'habitude seule peut faire connaître.

EXERCICES.

Quelle est la conjonction dont l'emploi est le plus varié dans le discours?

Combien compte-t-on d'usages principaux auxquels on l'emploie?

Citez en quelques-uns ?

Quand on l'emploie pour signifier seulement, à quoi faut-il faire attention?

Quelle faute y a-t-il dans cette phrase : *Il n'a que fait trois lieues* ?

Pourquoi ?

Et dans celle-ci : *Vous n'avez que déjeûné à onze heures* ?
Pourquoi ?

Qu'est-ce qu'il faut restreindre dans cette dernière phrase?

Citez quelques autres usages de que ?

Nota. On proposera ici une petite récompense à l'élève qui indiquera le plus grand nombre d'emplois de la conjonction *que* , et qui appuiera ses citations de quelques exemples.

47ᵉ LEÇON.—THÉORIE.

Des Interjections.

Quelques grammairiens ont établi une différence entre *ha! ah!* Ils veulent que *ha!* soit employé pour marquer la surprise et l'étonnement comme : *Ha! l'homme savant, on vous y prend aussi.*

Ha! je fais mon possible pour vous l'expliquer, et vous n'écoutez pas!

Ah! exprime la joie, la douleur, l'admiration, la pitié, l'impatience :

Ah que je vous ai attendu! — Ah que vous me faites plaisir! — Ah quel terrible moment il a passé!

Oh! s'emploie dans l'exclamation : *Oh! que tes œuvres sont belles, grand Dieu! — Oh! pour cette fois c'est trop mal.*

Ho! marque l'étonnement et sert à appeler : Ho! *que vous me surprenez. — Ho! que me dites-vous là! — Ho! venez par ici!*

O se met devant les mots mis en apostrophe; exemples :

> . . . . O rochers , ô rivages !
> *Vous mes seuls compagnons , ô vous monstres sauvages!*
> *O sommet de Taygète , ô rives du Pénée !*
> *O campagnes d'Athène, ô Grèce infortunée !*

Eh! s'emploie à peu près dans le même sens que *Oh!* Eh ! qui aurait pu croire?

Hé! a le même usage que *Ho! —* Hé ! *venez ici.*

Il y a des interjections qui appartiennent exclusivement au style familier, et qu'on ne saurait employer dans le style relevé, ce sont :

Aie! ouf! ahi! hihi! pour la douleur.

Ah bon! bien! pour l'approbation.

Fi donc! pour le mépris.

Bah! ho oui! zest! pour la dérision.

Ça ! oh ça ! hardi ! pour encourager.
Gare ! hola ! hem ! pour avertir.
Hola ! hé ! pour appeler.
Chut ! st ! pour le silence.

Et en général les interjections répétées, comme : *Ha
ha ! — Hé hé ! — Ho ho !*

Dans le style relevé on emploie les autres.

EXERCICES.

Quelle différence fait-on entre *ah !* et *ha ?*
Donnez des exemples de *ah ?*
Donnez des exemples de *ha ?*
Oh et *ho* sont-ils la même chose ?
Que signifie *oh ?*
Donnez deux exemples ?
Que signifie *ho ?*
Donnez deux exemples ?
Que signifie *hé ?*
Donnez un exemple ?
Que signifie *eh ! ?*
Donnez un exemple ?
Quel est l'emploi de *ô ?*
Donnez deux exemples ?
Toutes les interjections peuvent-elles être employées in-
différemment dans le style relevé et dans le style familier ?
Quelles sont celles qui appartiennent au style familier ?
Quelles sont les interjections qui expriment la dérision ?
Donnez deux exemples ?
Celles qui expriment la douleur ?
Celles qui expriment l'approbation ?
De quelles interjections se sert-on pour encourager ?
A quel style appartiennent les interjections répétées ?
Donnez des exemples ?

FIN DE LA SYNTAXE.

DES FIGURES DE GRAMMAIRE.

Les figures sont des tours de mots et de pensées qui animent ou ornent le discours.

La construction figurée est celle où l'on ne suit pas l'ordre analytique de la pensée, ou dans laquelle il y a omission ou surabondance de mots. Les figures qui entrent dans la construction figurée sont : l'*Ellipse*, le *Pléonasme*, la *Syllepse* et l'*Inversion*.

DE L'ELLIPSE.

L'Ellipse est une figure de construction, qui consiste à supprimer certains mots que le sens suppose, et qu'il est inutile d'exprimer, parce que leur énoncé n'ajouterait rien à la clarté de la phrase.

Fasse le ciel que vous soyez heureux ! c'est-à-dire : JE DÉSIRE QUE *le ciel fasse* DE MANIÈRE *que vous soyez heureux.*

Tout louer est d'un sot, tout blâmer, d'un caustique ; c'est-à-dire : *tout blâmer* EST *d'un caustique.*

DU PLÉONASME

Le Pléonasme est l'opposé de l'Ellipse : c'est une surabondance de mots qui semblent superflus, mais qui ajoutent à la phrase plus de grâce et d'énergie. Cependant on pourrait le retrancher sans nuire au sens de la phrase. — EXEMPLES :

Il lui appartient bien A LUI *de parler de la sorte.*

Je l'ai vu, dis-je, VU, DE MES PROPRES YEUX VU, CE QU'ON APPELLE VU.

Mais il est des pléonasmes que la grammaire condamne ; tels sont ceux-ci :

Si l'univers ENTIER *s'écroulait sur sa tête, il en serait écrasé, sans être ému.*

Il m'a COMBLÉ *de* MILLE *caresses.*

PEUT-ÊTRE POURREZ-*vous obtenir ces faveurs.*

DE LA SYLLEPSE.

La Syllepse est une figure qui consiste à faire accorder un mot plutôt avec celui auquel il correspond par le sens, qu'avec celui auquel il se rapporte grammaticalement. Voici quelques exemples de syllepse :

*Une multitude d'*ENFANS ONT ÉTÉ CONFIRMÉS.
Une foule de SOLDATS DÉSERTÈRENT *la ville.*

Les verbes *ont été confirmés, désertèrent* sont au pluriel parce qu'ils correspondent avec *enfans* et *soldats*, qui frappent le plus l'attention et non avec *multitude* et *foule* auxquels ils se rapportent grammaticalement.

DE L'INVERSION.

L'inversion consiste dans le déplacement des mots suivant la construction grammaticale. Cette figure est très-commune chez les poëtes.

EXEMPLES.

Déjà prenait l'essor, pour se sauver dans les montagnes cet aigle dont le vol hardi avait d'abord effrayé nos provinces. Phrase qu'on peut construire de cette manière. *Cet aigle, dont le vol hardi avait d'abord effrayé nos provinces, prenait déjà l'essor pour se sauver dans les montagnes.*

PONCTUATION.

La ponctuation est l'art de séparer par des signes reçus, les divers sens que l'esprit sépare dans le discours, et d'indiquer les pauses qu'on doit faire en lisant.

Les signes de la ponctuation sont la virgule (,), le point et virgule (;), les deux points (:), le point (.), auxquels on joint les points suspensifs (. ...), le point d'interrogation (?) et le point d'exclamation (!).

DE LA VIRGULE.

La virgule indique la moindre de toutes les pauses, une

pause presque insensible. On l'emploie 1° pour séparer les parties semblables d'une même proposition, comme les sujets, les attributs et les régimes de même espèce.

EXEMPLES :

La richesse, le plaisir, la santé, deviennent des maux pour qui ne sait pas en user.

Quand il quitta les cieux il se fit médecin, architecte, berger, ménétrier, devin.

Il faut régler ses goûts, ses travaux, ses plaisirs.

2° Pour annoncer qu'un verbe exprimé dans la première proposition est ellipsé dans la suivante.

EXEMPLES.

L'amour de la gloire meut les grandes âmes, et l'amour de l'argent (meut) les âmes vulgaires.

On a toujours raison, le destin (a) toujours tort.

3° Pour séparer la proposition purement explicative de la proposition qui précède ou qui suit.

L'homme, qui veut vivre heureux, doit aimer la vertu.

Le temps, qui fuit sur nos plaisirs, semble s'arrêter sur nos peines.

4° Pour séparer les propositions placées en énumération et les mots mis en apostrophe.

Tout l'agite, l'inquiète, le ronge, le dévore.

Soldats, vaincre ou mourir est notre seul espoir.

DU POINT et VIRGULE.

Le point et virgule marque une pause plus longue que la virgule. On s'en sert 1° après une proposition dont le sens, quoique complet, a une liaison prochaine avec la proposition suivante :

Ce jeune enfant voulut bien imiter son maître ; mais les forces lui manquèrent.

L'honnête homme ne feint jamais ; l'idée d'un mensonge l'épouvante.

2° Pour séparer, dans une phrase, toutes les propositions complémentaires éloignées ayant un même rapport avec la principale :

Le but de ses voyages était d'examiner partout le physique et le moral ; d'étudier les lois et la constitution de chaque pays ; de visiter les savans, les écrivains, les artistes célèbres ; de chercher surtout ces hommes rares et singuliers dont le commerce supplée quelquefois à plusieurs années d'observations et de séjour.

3° Dans les énumérations qui présentent des parallèles, des distributions, des contrastes :

Cette personne est distinguée par son mérite ; celle-ci par sa vertu.

Les devoirs des pères et des mères sont l'instruction et la tendresse ; les devoirs des enfans sont l'obéissance, l'amour et le respect.

DES DEUX POINTS.

Les deux points marquent une pause encore plus longue que le point et virgule. On l'emploie 1° quand on annonce une citation, un discours :

Pythagore a dit : Mon ami est un autre moi-même.

Mentor dit à Télémaque : Sont-ce là les pensées qui doivent occuper le cœur du fils d'Ulysse ?

2° Avant ou après une proposition qui annonce une énumération :

On demande quatre choses à une femme : Que la vertu habite dans son cœur ; que la modestie brille sur son front ; que la douceur découle de ses lèvres, et que le travail occupe ses mains.

Du lait, du pain, des fruits, de l'herbe, une onde pure :
C'était de nos aïeux la saine nourriture.

DU POINT.

Le point indique la plus longue pause. On le met à la fin d'une phrase dont le sens est entièrement fini.

Il n'y en a point qui pressent autant les autres que les paresseux ; lorsqu'ils ont satisfait à leur paresse, ils veulent paraître diligens.

DES POINTS SUSPENSIFS.

On emploie les points suspensifs, lorsqu'il y a interruption dans le sens. Ils annoncent le désordre intérieur causé par une passion violente.

> Ai-je bien lu ?.... Titus ? seigneur !.... est-il possible ?
> Tarquin, dans ses malheurs jusqu'alors inflexible,
> Pourrait ?.. Mais d'où sait-il ?... Comment ?... hélas, seigneur !
> Ne veut-on qu'arracher les secrets de mon cœur ?

DU POINT D'INTERROGATION.

On emploie le point d'interrogation à la fin de toute proposition qui interroge :

> *Où êtes-vous mon fils ? est-ce ainsi que vous soutenez votre mère en proie aux plus cruelles douleurs ?*

DU POINT D'EXCLAMATION.

On emploie le point d'exclamation à la fin des propositions qui expriment quelque mouvement de joie, de crainte, de douleur, d'admiration :

> Me trompez-vous, mes yeux ? O jours abominables !
> O père infortuné ! Tiberinus ! Mon fils !
> Sénateurs, pardonnez..... le perfide est-il pris ?

CRIS ET PARTIES COMMUNES

DES ANIMAUX.

On dit : L'abeille, le bourdon, la mouche *bourdonnent*.
    L'aigle trompette.
    L'alouette *grisolle, tirelire*.
    L'âne *brait*.
    Le bélier *blattère*.
    Le buffle *souffle, beugle*.
    Le bouc *mouette*.
    La brebis *bêle*.
    La caille *carcaille, margotte*.
    Le canard *nasille*.
    Le cerf *brame*.
    Les gros chiens *aboient*.
    Les petits chiens *jappent, glapissent*.
    Le cheval *hennit*.
    La cigale *craquette* et *chante*.

Le cochon *grogne.*
La colombe et le ramier *gémissent.*
Le coq *coqueline* et *chante.*
Le corbeau *croasse.*
La grenouille *coasse.*
Le crocodile *lamente.*
Le dindon *glougloute.*
L'éléphant *barite.*
L'épervier, le lapin et le renard *glapissent.*
Le faon *râle.*
Le hibou *hue.*
L'hirondelle *gazouille.*
La huppe *pupule.*
Le jars *jargonne.*
Le lion *rugit.*
Le loup *hurle.*
Le merle et le serpent *sifflent.*
Le milan *huit.*
Le moineau *pépie.*
Le paon *braille, criaille.*
Le perroquet *cause.*
La pie *jacasse.*
Le pigeon *roucoule.*
Le pinson *frigotte.*
La poule *glousse.*
Les petits poulets *piaulent.*
Le rossignol *ramage, gringotte.*
Le sanglier *gromelle, nasille.*
La souris *chicotte.*
Le taureau *mugit* et *beugle.*
Le tigre *rauque.*
La tourterelle *gémit.*

On dit : LE PIED d'un cheval, d'un bœuf, d'un cerf, d'un mouton, d'une chêvre, d'un chameau, d'un éléphant, d'un cochon et de tous les animaux chez lesquels cette partie est de corne.

LA PATTE d'un chien, d'un chat, d'un lièvre, d'un lapin, d'un loup, d'un lion, d'un ours, d'un singe, d'un rat, d'une grenouille, d'un crapaud , d'un chardonneret, d'un pigeon, d'un pinson, de tous les oiseaux qui ne sont pas oiseaux de proie, et en général de tous les animaux chez lesquels cette partie n'est pas de corne.

LA BOUCHE d'un cheval, d'un chameau, d'un âne, d'un mulet, d'un bœuf, d'un éléphant, etc., et en général en parlant des bêtes de somme et de voiture.

LA GUEULE d'un chien, d'un loup, d'un renard, d'un brochet, d'un crocodile, d'un serpent, d'un lezard, d'une carpe, d'un lion, d'un tigre, d'un ours.

LE BEC d'un perroquet, d'une hirondelle, d'un pinson, en un mot de tous les volatiles.

Le GROIN d'un cochon.

Le MUSEAU d'un renard, d'une belette, d'un chien.

Le MUFFLE d'un taureau, d'un léopard, d'un cerf, d'un lion, d'un tigre.

Les DÉFENSES d'un éléphant, d'un sanglier.

La TÊTE d'un lion, d'un cheval, d'un mouton, d'un oiseau, d'un poisson, d'une mouche, d'un serpent.

La HURE d'un sanglier, d'un loup, d'un brochet, d'un saumon.

Le BOIS d'un cerf.

La CORNE d'un rhinocéros.

Les OS d'une baleine.

Les ARÊTES d'un brochet et de tout autre poisson.

REMARQUES DÉTACHÉES. (1)

Quelques personnes disent :	*Il faut dire :*
Se rappeler d'une chose.	Se rappeler une chose.
Colidor.	Corridor.
Une voix de centaure.	Une voix de Stentor.
Un cocombre.	Un concombre.
Pas guère.	Peu, ou pas beaucoup.
Tout le monde l'ont dit.	Tout le monde l'a dit.
Un caneçon.	Un caleçon.
Transvider.	Transvaser.
Du gaudron.	Du goudron.
Tant pire pour toi.	Tant pis pour toi.
J'ai les fièvres.	J'ai la fièvre.
D'un jour l'un.	De deux jours l'un.
Gigier.	Gésier,
Des nentilles.	Des lentilles.
Fièvre putrine.	Fièvre putride.
Cinq à six personnes.	Cinq ou six personnes ; mais cinq à sept, cinq à huit personnes.
Une hémorragie de sang.	Une hémorragie.
Ce coffre est arithmétiquement fermé.	Ce coffre est hermétiquement fermé.
Une pariure.	Un pari.
Recevoir des errhes.	Recevoir des arrhes.

(1) Les exercices se feront de cette manière : Quelle faute y a-t-il dans cette phrase ?

Comment doit-on dire au lieu de......

Jours ouvriers.	Jours ouvrables.
La demi-carême.	La mi-carême.
Soumissions respectueuses.	Sommations respectueuses.
Un lai d'étoffe.	Une laize d'étoffe.
Vol avec fraction.	Vol avec effraction.
Une belle hôtel.	Un bel hôtel.
J'ai les mains gourmes.	J'ai les mains gourdes.
Un calonnier.	Un canonnier.
Poumonique.	Pulmonique.
Faute d'inattention.	Faute d'attention.
Electeur juri.	Electeur juré.
Cacaphonie.	Cacophonie.
Clerté.	Clarté.
Escorsonaires.	Scorsonères.
Une tête d'oreiller.	Une taie d'oreiller.
Flanc étrier.	Franc étrier.
C'est un chipoteur.	C'est un chipotier.
Il a perdu la trémontade.	Il a perdu la tramontane.
Siau.	Seau.
Visicatoire.	Vésicatoire.
Le feu a consommé cet édifice.	Le feu a consumé, etc.
Cheval forbu.	Cheval fourbu.
De bonnes légumes.	De bons légumes.
Un faignant,	Un fainéant.
Une cigarre.	Un cigare.
Mal des yeux.	Mal d'yeux.
Arche de triomphe.	Arc de triomphe.
A vos âges.	A votre âge.
Vin liqueureux.	Vin liquoreux.
Montre en chrysocale.	Montre en chrysocalque.
Evitez-moi la peine.	Epargnez-moi la peine.
J'en deviens.	J'en viens.
Il faut égaler nos lots.	Il faut égaliser nos lots.
Une incendie.	Un incendie.
Si j'étais que vous.	Si j'étais vous.
Boulie.	Bouillie.
Fortune conséquente.	Fortune considérable.
La soupe sent bonne.	La soupe sent bon.
Quand l'eau bourra.	Quand l'eau bouillira.
Marcher à croche-pied.	Marcher à cloche-pied.
Un nœud courant.	Un nœud coulant.
Mal éduqué.	Mal élevé.
Donne-moi z'en.	Donne-m'en.
Elle s'est faite mal.	Elle s'est fait mal.
Cet homme respectable en impose.	Cet homme respectable impose.
Je vous observe que.	Je vous fais observer.
C'est là où je demeure.	C'est là que je demeure.

Un serpent vénéneux.	Un serpent vénimeux.
Une plante vénimeuse.	Une plante vénéneuse.
Voyons voir, jugez voir.	Voyons ; jugez.
Un cristère.	Un clystère.
Une enflammation.	Une inflammation.
Rhumatis.	Rhumatisme.
En errière.	En arrière.
Des gousses de pois ; égousser.	Des cosses ; écosser.
Il bégue.	Il bégaie.
Marchand en débit.	Marchand en détail.
Jouer de la musique.	Faire de la musique.
Brodures.	Broderies.
Il ne décesse de rire.	Il ne césse de rire.
Faites-moi rappeler de cela.	Rappelez-moi cela, faites-moi souvenir de cela.
Il l'a fixé (pour dire regardé) d'un air insolent.	Il l'a regardé d'un air insolent.
Je n'ai pas rien fait.	Je n'ai rien fait.
Il touche de plusieurs instrumens.	Il joue de plusieurs instrumens.
C'est un homme d'une forte corporance.	C'est un homme d'une forte corpulence.
Midi ont sonné.	Midi est sonné.
J'irai à minuit précise.	A minuit précis.
Elle est petite comme une nine.	Comme une naine.
J'ai déjeûné avec du jambon.	J'ai déjeûné, dîné, soupé de jambon
Cette femme est perclue.	Cette femme est percluse.
Je plains le livre que j'ai perdu.	Je regrette le livre que j'ai perdu.
Faites ce qui vous plaira.	Faites ce qu'il vous plaira.
Ployez votre serviette.	Pliez votre serviette.
Pliez cet arc, cette branche.	Ployez cet arc, cette branche.
Allons promener. -- J'ai promené avec un tel.	Allons nous promener. -- Je me suis promené avec un tel.
Prends garde de ne pas tomber.	Prends garde de tomber.
Cet enfant est tombé à terre en courant	Cet enfant est tombé par terre en courant.
Le clou s'est arraché et le tableau est tombé par terre.	Le clou s'est arraché, et le tableau est tombé à terre.
Cet homme est rancuneux.	Cet homme est rancunier.
Il m'a jeté un coup de pierre.	Il m'a jeté une pierre.
Il m'embête.	Il m'ennuie.

FIN DE LA GRAMMAIRE.

TABLE.

Manière de se servir de cette grammaire. v

PREMIÈRE PARTIE. — NOTIONS PRÉLIMINAIRES.

1. *Leçon*. 1
2. *Leçon*. — Des accens. 2
3. *Leçon*. — Du nom ou substantif. 4
4. *Leçon*. — Du genre. — Du nombre. 6
5. *Leçon*. — Variation des noms. 9
6. *Leçon*. — De l'article. 11
7. *Leçon*. — De l'adjectif. 14
8. *Leçon*. — Adjectifs qualificatifs. — Formation du féminin. 17
9. *Leçon*. — Suite de la formation du féminin. — Formation du pluriel dans les adjectifs. 20
10. *Leçon*. — Adjectifs déterminatifs. — Adjectifs démonstratifs. — Adjectifs de nombre. — Adjectifs possessifs. — Adjectifs indéfinis. 23
11. *Leçon*. — Des pronoms. — Des pronoms personnels. 27
12. *Leçon*. — Des pronoms relatifs ou conjonctifs. — Des pronoms possessifs. 31
13. *Leçon*. — Des pronoms démonstratifs ou indicatifs. — Des pronoms indéfinis. 35
14. *Leçon*. — Du verbe. — Du sujet. 39
15. *Leçon*. — Du régime ou complément. 42
16. *Leçon*. — Des différentes sortes de verbes. 46
17. *Leçon*. — Suite des verbes. 49
18. *Leçon*. — Variation des verbes. — Du nombre. — De la personne. — Des modes. 53
19. *Leçon*. — Suite des modes. — Des temps. 55
20. *Leçon*. — Suite des temps. 56
21. *Leçon*. — Suite des temps. — De la conjugaison. 58
22. *Leçon*. — Verbe auxiliaire *Avoir*. 60
23. *Leçon*. — Verbe auxiliaire *Etre*. 64
24. *Leçon*. — Première conjugaison. 68
25. *Leçon*. — Seconde conjugaison. 73
26. *Leçon*. — Troisième conjugaison. 77
27. *Leçon*. — Quatrième conjugaison. 82
28. *Leçon*. — Observations sur quelques verbes des quatre conjugaisons. 86
29. *Leçon*. — Suite des observations sur les verbes. 88
30. *Leçon*. — De la formation des temps dérivés. 89
31. *Leçon*. — Suite de la formation des temps dérivés. 91
32. *Leçon*. — Temps formés du participe passé. 93

33. *Leçon.* — Des verbes irréguliers et des verbes défectifs.   95
35. *Leçon.* — Observations générales sur l'orthographe des verbes.   104
36. *Leçon.* — Conjugaison des verbes passifs.   105
37. *Leçon.* — Conjugaison des verbes neutres.   110
38. *Leçon.* — Conjugaison des verbes pronominaux.   114
39. *Leçon.* — Conjugaison du verbe unipersonnel.   119
40. *Leçon.* — Du participe.   122
41. *Leçon.* — De la préposition.   126
42. *Leçon.* — De l'adverbe.   131
43. *Leçon.* — De la conjonction.   135
44. *Leçon.* — De l'interjection.   139
45. *Leçon.* — Orthographe.   143
46. *Leçon.* — Emploi des caractères. — Initiales.   145
47. *Leçon.* — Suite des initiales.   146
48. *Leçon.* — Finales.   148
49. *Leçon.* — Suite des finales.   150
50. *Leçon.* — Suite des finales.   152
51. *Leçon.* — Du doublement des consonnes.   154
52. *Leçon.* — Emploi des majuscules. -- Emploi des signes orthographiques -- Des accens. -- De l'apostrophe -- De la cédille. -- Du trait-d'union. -- Du trait de séparation. -- De la parenthèse.   155

SECONDE PARTIE. -- SYNTAXE.

1. *Leçon.* — De la proposition.   159
2. *Leçon.* — Suite de la proposition.   161
3. *Leçon.* — Suite de la proposition.   164
4. *Leçon.* — Suite de la proposition.   167
5. *Leçon.* — Suite de la proposition.   170
6. *Leçon.* — Du substantif. -- Genre des substantifs.   172
7. *Leçon.* — Suite du genre des substantifs.   174
8. *Leçon.* — Nombre des substantifs.   176
9. *Leçon.* — Suite du nombre des substantifs.   177
10. *Leçon.* — Substantifs composés d'une préposition et d'un nom.   179
11. *Leçon.* — Suite du nombre des substantifs.   181
12. *Leçon.* — De l'article. -- Accord de l'article. -- Emploi de l'article.   183
13. *Leçon.* — Cas où on ne doit pas employer l'article.   185
14. *Leçon.* — Suite de l'article. -- Répétition de l'article.   187
15. *Leçon.* — Syntaxe des adjectifs. -- Adjectifs qualificatifs. -- Accord des adjectifs.   188
16. *Leçon.* — Suite des adjectifs.   190
17. *Leçon.* — Régime des adjectifs.   192
18. *Leçon.* — Adjectifs déterminatifs. -- Adjectifs de nombre. -- Adjectifs possessifs.   194
19. *Leçon.* — Adjectifs indéfinis,   197

20. *Leçon.* — Des pronoms. — De leur emploi en général. — Des pronoms personnels. 200
21. *Leçon.* — Suite des pronoms personnels. 203
22. *Leçon.* — Suite des pronoms. 206
23. *Leçon.* — Suite des pronoms. 208
24. *Leçon.* — Des pronoms possessifs. — Des pronoms relatifs. 210
25. *Leçon.* — Des pronoms indéfinis. 214
26. *Leçon.* — Du verbe. 217
27. *Leçon.* — Suite de l'accord du verbe avec son sujet. 219
28. *Leçon.* — Place du sujet. — Répétition du sujet. — Place du régime. 222
29. *Leçon.* — Complément de chaque verbe. 224
30. *Leçon.* — Emploi des deux auxiliaires. 226
31. *Leçon.* — De l'emploi des modes et des temps. — Emploi de l'infinitif. 228
32. *Leçon.* — Emploi des temps de l'indicatif. 231
33. *Leçon.* — Suite de l'emploi des temps de l'indicatif. 233
34. *Leçon.* — Emploi de l'impératif. — Emploi des temps du subjonctif. 235
35. *Leçon.* — Cas où on emploie le mode subjonctif. 237
36. *Leçon.* — Concordance des temps du subjonctif avec ceux de l'indicatif et du conditionnel. 248
PARTICIPES. — 37. *Leçon.* — Du participe présent et de l'adjectif verbal. 242
38. *Leçon.* — Du participe passé. 244
39. *Leçon.* — Suite du participe passé. 246
40. *Leçon.* — Participe suivi d'un infinitif. — Participes *coûté* et *valu.* 248
41. *Leçon.* — Participes des verbes unipersonnels. — Participe placé entre deux *que.* — Participe précédé du pronom *le.* — Participe précédé du pronom *en.* — Participe accompagné du mot *le peu.* 250
42. *Leçon.* — De la préposition. 252
43. *Leçon.* — Des adverbes. 255
44. *Leçon.* — De l'adverbe négatif *ne.* 258
45. *Leçon.* — De la conjonction. 260
46. *Leçon.* — De la conjonction *que.* 263
47. *Leçon.* — Des interjections. 265
Des figures de grammaire. 267
Ponctuation. 268
Cris et parties communes des animaux. 271
Remarques détachées. 273

FIN DE LA TABLE.

* 9 7 8 2 0 1 4 4 5 3 5 5 3 *